호주에서 만난 그리운 사람들의 인생 이야기

넌 지금 잘 가고 있니?

박범진 에세이

"호주에서의 일 년 살기로 흔들리는 인생의 작은 해답을 얻다."

눈을 떠보니 반평생이 지나가고 있는 나에게 호주의 짧은 삶은 내가 잘 가고 있는지에 대한 질문에 어렴풋이 대답해 주었다. 한 번도 한국을 떠나 살아본 적 없던 나에게 호주의 삶은 내 가슴에 새로운 활력을 불어 넣었다. 호주에서의 삶이 행복했던 이유는 획일화된 한국의 삶과 달리 어딘가로 달려가는 다양한 삶의 모습들을 발견했기 때문이다. 그것이 내가 지금 잘 가고 있는지에 대한 불안감을 살며시 위로해 주었다.

입학식 때는 왜 항상 날씨가 우중충했을까? 흐린 하늘 아래 겨울의 기운이 가시지 않은 질퍽거리는 운동장에 서있었다. 흘러내리는 콧물을 왼쪽 가슴에 단 손수건으로 연신 닦으며 초등학교에 입학하였다. 중학교 때는 마요네즈 통에 김치 아니면 깍두기가 전부인 반찬과 양은 도시락의 식은 밥을 먹으며 밤 10시까지 야간자율 학습을 하였다. 고등학교 때는 2차 베이비부머 세대답게 치열한 경쟁 속에서 고단한 인생의 여정을 예감하기 시작했다. 담임선생님이 학력고사 점수별로 표시해 둔 대학교와 학과 중에서 점수에 맞는 대학교와 학과를 아무생각 없이 골라서 지원하였다. 대학교를 졸업할 무렵 닥친 외환위기는 내가 사회인이 되는 것을 허용하지 않았다. 빨리 직장을 잡아 돈 벌기를 바라는 부모님을 설득하여 대학원에 진학하였다. 2년의 대학원 생활을 마치고 다행히 남들이 부러워하는 증권회사에 취업하였다. 고객이 소개해 준 아내와 결혼하여 두 딸의 아빠가 되었고 근근이 직장생활을 이어가다 은퇴할 운명이었다. 그렇게 난 남들이 만든 인생의 굴레에 순응하며 남들처럼 사는 것에 대해 다행한 일이라며 감사해했다. 그러나 가슴 깊은 곳에서 올라오는 '난 지금 잘 가고 있는가?'라는 질문에는 항상 얼버무리곤 하였다.

증권회사에서 고객들과 울고 웃으며 12년의 세월을 보냈다. 그러나 세계경제의 소용돌이 속에서 고삐 풀린 망아지처럼 주가는 춤을 추었고 낮은 실적으로 직장에서 잘릴지 모른다는 불안감이 엄습해 왔다. 희망에 가득 찼던 20대의 젊은 패기는 온데간데없고 언제부턴가 내 인생은 바람이 부는 대로 나부끼기 시작했다. 단지 돈과 바꿔 온 내 인생이 흔적도 없이 사라지고 있을 때 난 무모한 도전을 하였다. 직장생활을 하며 지방대학에서 어렵게 박사학위를 받았고 용기 내어 대학교의 문을 두드리기 시작했다. 주말에 학술대회에 갈 때마다 '돈이나 벌지 왜 이런 곳에 기웃거리나?' '지방대학 학위로는 교수가 될 수 없으니 서울에 가서 학위를 다시 따와라.'라는 교수들의 핀잔 속에서 마지막 희망은 속절없이 무너져 갔다. 난 교수 채용공고가 나오는 대로 모두 지원하였고 덕분에 전국 일주를 하게 되었다. 더 이상 희망이 없어 포기할 때쯤 이미 두 번이나 떨어져 기대 않던 대학교에서 다시 교수 채용공고가 나왔다. 기대하지 않았지만 지푸라기라도 잡는 심정으로 처음이자 마지막으로 아내에게 지원서 제출을 부탁했다. 아내 덕분일까? 난 그렇게 교수가 되었고 호주에 살아볼 수 있는 기회를 얻었다.

호주의 사업구조는 관광사업, 교육사업 그리고 이민사업으로 이어진다 해도 과언이 아닐 것이다. 많은 사람들은 호주로 관광을 왔다가 아름다운 자연과 여유로운 삶에 매료되어 이민을 결심한다. 호주로 이민을 가기 위해서는 호주 정부가 원하는 인력이 되어야 한다. 그러한 인력이 되기 위해서는 호주에서 다시 교육을 받아야 한다. 교육을 받아도 영주권을 얻기 위해서 많은 어려운 조건들을 충족해야 한다. 이민의 꿈을 품은 사람들이 연료로 태우는 쌈짓돈은 그렇게 호주 경제에 수혈된다.

잠시나마 머물게 된 호주에서 애초부터 인생의 정답이 없다는 것을 깨달았다. 난 지금 잘 가고 있는지 수없이 내게 묻던 질문에 대해 호주의 삶은 작은 위안이 되었다. 우주먼지 같이 보잘것없고 순간처럼 지나갈 내 인생에 대해 난 너무 많은 질문을 던지고 있었던 것이다. 그러나 이 세상에 태어난 것이 행운이다. 보잘것없이 순간처럼 지나갈 인생이지만 행복해질 특권이 나에게 있다는 것을 깨닫는다.

이민자의 국가인 호주에서 어느 누구도 자기가 이 땅의 주인이라고 주장하지 않는다. 자기 기준에서 한발 물러날 수 있는 아량을 지녔기에 누구나 행복해질 수 있는 긍정의 에너지를 만들 수 있다. 나의 눈에 비친 호주는 다양한 색깔의 삶 속에서도 행복이라는 공통분모를 지켜내기 위해 다른 것을 한 몸에 조화롭게 채워가는 것 같았다. 쉽게 부러지는 획일화된 삶의 기준보다 다양한 삶의 기준이 오히려 행복이라는 공통분모를 혹독하게 지켜낼 수 있는 원동력인 것 같다. 서로 존중되는 다양한 삶의 기준들이 내가 지금 잘 가고 있는지 불안할 때 나를 위로해 준다.

호주의 쉰 두 번 주말 중 집에서 시간을 보낸 적은 한 번도 없었다. 아이들 방학도 허투로 보낸 날이 하루도 없었다. 온몸을 다해 고스란히 낯선 것을 느끼고 싶어 정신없이 뛰어다녔다. 주말에 TV나 보며 시간을 보냈던 한국 생활을 생각하면 호주는 나에게 확실히 삶의 활력을 주었다. 당신이 지금 잘 가고 있는지 불안할 때 모든 것을 벗어던지고 낯선 곳으로 떠나길 추천한다. 잠깐 한눈판다고 인생이 어떻게 되겠는가? 지나고 보면 작은 일탈이 인생에서 가장 잘한 일일 수도 있다. 낯선 곳에서 바라본 익숙한 나의 고민들은 허탈한 웃음으로 되돌아올 것이다. 우리는 보잘것없는 우주 먼지지만 행복을 느낄 수 있는 특권을 갖고 있다는 작은 해답을 안고 돌아올지도 모른다.

당연하게 받아들였던 삶의 방식과 고민들이 낯선 곳에서는 다른 해석으로 다가온다. 호주에서는 틀린 삶의 방식이 하나도 없다. 그저 내 삶의 방식이 다른 사람들의 그것과 약간 다를 뿐 틀리지는 않는 것이다. 내가 지금 잘 가고 있는지에 대한 물음은 내가 행복하다면 나밖에 대답할 수 없는 것이다. 수많은 질문을 가슴에 품고 무심히 건너간 낯선 곳에서 당신이 잘 가고 있음을 발견했으면 좋겠다. 행복해질 수 있는 당신이 지구에 태어난 것이 얼마나 행운인지 느끼길 바란다.

박범진

차 례

Part II | 자연 속에 인간은 그저 자연일 뿐

Part III | 인생에 정답은 없다

Part IV | 꿈을 꾸게 만드는 사람들

Part V | 끝은 언제나 희망을 품은 아쉬움

Part I

낯선 곳으로의 출발

1. 낯설어 두렵지만 설렌다

2018년 2월 1일 캐리어 3개, 이민 가방 2개, 배낭 2개 그리고 아이들이 호주에서 공부할 책을 포함하면 150kg이 넘을 것 같다. 일 년이라는 시간을 새로운 곳에서 보낼 생각하니 나를 옭아맸던 수많은 빗장들이 서서히 풀리기 시작했다.

오후 1시 반 인천공항에 도착하여 싱가포르항공 체크인 카운터로 향했다. 싱가포르를 경유하여 호주의 브리즈번(Brisbane)으로 가는 거라 승객의 대부분은 중국인이었다. 오후 4시 반 가족을 태운 비행기는 육중한 몸으로 활주로를 내달리더니 급기야 하늘 속으로 풍덩 빠져든다. 어느새 비행기는 미세먼지로 가득한 인천상공을 뚫고 파란 하늘아래 구름 위로 달리고 있었다. 턱턱 막히는 미세먼지 구덩이에 나를 속박했던 굴레들을 모두 던져버렸다. 날아오르는 비행기 속에서 새장을 벗어난 한 마리 새처럼 자유의 희열을 느끼고 있었다. 무엇이 그리도 나를 짓

이민 가방 위에 앉아 출국을 기다리는 서진

누르고 있었는지 알 수는 없지만 새털 같은 내 마음을 확실히 느낄 수 있었다. 오후 10시 10분쯤 싱가포르 창이공항에 도착하였다. 내가 지금 한국에 있지 않다는 사실만으로도 알지 못할 쾌감을 느꼈다. 익숙한 삶의 편안함이 새로운 삶의 두려움보다 내 마음을 더 답답하게 했다는 것을 깨닫게 했다.

2월 2일 오전 0시 45분 우리 가족은 다시 브리즈번으로 가는 비행기에 몸을 실었다. 오전 10시 반 밀려오는 피곤과 설렘의 교차 속에서 우리 가족은 브리즈번공항에 도착하였다. 도착하자마자 옵터스(OPTUS) 매장으로 달려갔다. 지구 반대편에서 앳된 얼굴의 백인 청년이 우리를 기다렸다는 듯이 알아서 척척 유심(USIM)칩을 교체해 주었다. 어제는 상상할 수 없었던 백인 청년이 우리를 맞이한 첫 번째 호주 사람이다.

한국에서 미리 예약한 픽업서비스의 운전사에게 카카오톡으로

우리 가족을 호주까지 태워다 줄 싱가포르항공 비행기

연락하였다. 오후 1시 그가 알려준 장소로 150kg의 짐을 끌고 갔다. 매일 음식 투정이나 하고 신경질적이던 아이들이 긴장하는 엄마와 아빠의 모습을 보고 위기감을 느낀 것 같았다. TV에서나 보던 수많은 백인들이 스쳐지나갈 때마다 아이들의 입은 더욱 굳게 닫혔다. 다행히도 픽업장소에는 마음씨 좋아 보이는 한국의 동네 아저씨가 서있었다. 모든 것이 낯설어 긴장되었는데도 그가 한국 사람이라는 이유만으로 반갑게 느껴졌다. 한국에서 6개월 동안 카카오톡으로만 연락을 주고받았지 그의 얼굴을 본 것은 이번이 처음이다. 그의 자동차는 우리의 최종 목적지인 골드코스트(Gold Coast)로 향했다.

그는 가는 내내 본인이 경험한 호주에 대해 이야기를 쏟아냈다. 검은 피부에 머리숱은 많지 않지만 나이는 나와 비슷한 것 같았다. 그의 말투와 억양은 경상도 사람이었다. 대부분의 이민자가 그러하듯이 그 역시도 한국에서 직장생활을 하였다. 아내가 미용기술로 기술이민을 오면서 그도 함께 이민을 오게 되었다. 지금은 픽업서비스로 생계를 이어가지만 금전적으로 사는 데 아무런 지장이 없다고 한다. 그는 인구가 너무 많아 치열한 한국이 싫었고 입시경쟁으로 공부에 찌든 아이들이 안타까워 이민을 결정하였다. 한국과 호주의 삶 중에 어느 삶이 더 행복하냐고 물어본다면 그건 아빠와 엄마 중에 누가 더 좋으냐고 물어보는 것과 같은 질문이라고 했다. 그러나 한국에서만 반평생을 살아온 나에게 일거리가 있으면 일하고 없으면 낚시하며 쉰다는 그가 왜 그렇게 부러운지 모르겠다. 출근을 위해 새벽별 보며 지하철에 몸을 실었고, 세상이 어두워져야 퇴근하는 줄 알았었다. 상사의 비위를 못 맞추면 회사에서 잘리는 줄 알았고, 돈이면 세상의 모든 행복을 얻을 수 있을 거라 믿어왔다. 누구나 생각하는 같은 모습의 삶에서 벗어나면 낙오자가 되는 줄 알았다. 다른 사람들이 모두 자장면을 먹겠다고 하면 나 혼자 짬뽕을 먹을 수 없었던 나에게 그의 삶은 부러워만 보였다. 그는 자장면과 짬뽕이 틀린 것이 아니라 다른 것이라고 말하고 있었다. 어떻게 살면 남들이 잘 살았다고 말할까? 난 여전히 내 삶을 다른 사람에게 물어보고 있다.

오후 3시 호주에서의 첫 만남을 뒤로 하고 예약한 Earls Court Motor Inn에 짐을 풀었다. 3시 반에 숙소로 찾아온 이 교수는 낯선 호주에서 불안한 마음을 달래줄 구세주와 같았다. 이 교수는 몇 해 전 후배와 한 학술대회에 갔다가 후배의 소개로 알게 된 친구이다. 그때의 짧은 인연이 닳아 없어지지 않고 버텨줘서 이렇게 우리를 이어주었다. 그는 우리 가족을 차에 태워 골드코스트를 드라이브시켜 주었다. 긴장된 동공 넘어 구름 한 점 없는 호주의 파란 하늘이 들어오기 시작했다. 거리에는 시간을 잊은 사람들이 세상을 즐기고 있었다. 이 사람들은 어떠한 방식으로 살아가는지 궁금해졌다.

2. 꼼지락거리면 어떻게든 되겠지

2월 3일 늦은 잠을 털어내고 우리 가족은 허기를 채우기 위해 나섰다. 어제와 마찬가지로 가까운 차이나타운에서 낯선 음식으로 배를 채웠다. 다행히 울워스(Woolworths)에서 비싸서 먹기 어려웠던 체리를 가볍게 집어 들었다.

오후 3시 반 이 교수는 우리 가족을 자기 집으로 초대했다. 이 교수는 나와 나이는 비슷하지만 작년에 첫 아이를 가졌다. 아이의 이름은 '한나'이다. 한나 엄마는 7개월 된 아이를 돌보느라 힘들텐데도 우리에게 식사 대접을 하였다. 이 교수와 한나 엄마는 독일에서 유학 중에 만났고 결혼해서 호주에 정착하였다. 누구를 만나 어디에 살든 행복하기만 하면 되는데 난 왜 이리 복잡하게 살았는지 모르겠다. 이 교수는 성당의 지인으로부터 사둔 혼다(HONDA) CR-V 왜건(wagon)의 열쇠를 나에게 주었다. 운전석 옆에는 전 주인의 소망을 담은 작은 성모마리아 상이 있었다. 우리 가족이 1년 동안 무사하길 기원하였다. 이제 살 집을 구해야 한다. 그 사실이 커다란 부담으로 다가오기 시작했다.

2월 4일 벌써 호주에 온 지 삼일이 되었다. 일요일이라 집을 구하기 위한 어떤 일도 할 수 없었다. 이 교수가 알려준 Realestate 사이트만 하염없이 바라보지만 호주에서 집을 빌리는 절차를 이해하기 어려웠다. 오후에 이 교수가 추천한 사우스포트(Southport)의 H2O 아파트에 가보았다. 리조트같이 생긴 아파트 앞으로 잔디밭

사우스포트(Southport)에서 보이는 씨월드(Sea World) 테마파크(가운데 중간)와 바다 전경

이 넓게 펼쳐져 있었고 그 끝에는 푸른 바다가 넘실거렸다. 잔디밭에는 평화롭게 바비큐 파티를 즐기는 사람들이 "일요일은 이런 거야"라고 말하고 있었다. 어릴 적부터 부모님은 미래를 위해 열심히 살아야 한다고 강조하셨다. 그러나 난 무엇을 위해 열심히 살아야 하는지 여쭤본 적은 없었다. 그 무엇은 이런 일요일이 아닐까? 우리는 열심히 살아야 하는 이유도 모른 채 열심히만 살려고 한다. 부모님은 그 무엇을 찾으셨는지 궁금해졌다.

2월 5일 창 너머로 출근하는 사람들의 분주함이 느껴졌다. 20년간 직장생활을 하면서 빨간 날을 제외하고 맘 편히 쉬어본 적은 별로 없었다. 출근하는 사람들을 보며 세상 끝에 홀로 떨어진 고독감 아니 불안감을 느낀다. 오전에 Realestate에서 찾은 Whitby 거리의 집을 보러갔다. 집을 구하기 위해 먼저 중개사(agent)가 올린 광고를 보고 집을 보러 갈 날짜를 예약해야 한다. 예약된 날짜에 집을 방문하여 검사(inspection)를 하고 중개사로부터 지원서를 받아 작성한다. 지원서를 중개사에게 주면 중개사는 지원서를 들고 집주인에게 간다. 집주인은 집을 깨끗하게 쓰고 임대료를 잘 낼 것 같은 사람을 세입자로 선택한다. 좋은 집은 예약된 날짜에 방문해 보면 사람들이 많아 경쟁이 치열하다. 한국에서는 집주인과 먼저 계약한 사람이 세입자가 되는데, 호주에서는 집주인의 마음에 드는 사람이 세입자가 된다. 경기침체로 공실을 걱정하는 한국의 집주인과는 너무 다른 모습이다. 이런 모습에 불안감이 엄습하였다. 호주에 처음 온 우리 가족에게 신용도가 있을 리 없고 아이가 있는 가족이라 집주인이 쉽게 아파트를 내줄 리 없다. 집을 구하는 데 찬밥 더운 밥 가릴 형편이 아닌 것 같았다.

빨리 집을 구하지 못하면 난감한 상황이 닥칠 수 있다. 이 교수가 틈틈이 정보를 주지만 그도 본업에 충실해야 해서 내 집을 구하는 데 많은 시간을 할애할 순 없다. 내 인생을 남이 대신할 수 없듯이 집을 구하는 일은 내가 해야 한다. 내 일인데도 불구하고 뜻대로 되지 않을 때 주변에 서운한 건 어쩔 수 없나 보다. 흘러가는 인생에 다 그런 걸 알면서도 외로운 건 어쩔 수 없다. 집을 몇 군데 방문하면 하루가 훌쩍 지나간다. 아내와 아이들은 사먹는 음식에 서서히 지쳐갔다. 한인 마트에서 즉석 밥과 김을 사서 저녁 식사로 해결하였다. 우리의 사정도 모르고 아름답기만 한 호주가 야박하게 느껴졌다.

2월 6일 세입자는 집을 빌리기 위해 집주인에게 신용정보를 제공해야 한다. 주로 여권, 출생증명서, 은행 잔액 증명서, 호주 운전면허증 그리고 전기나 물과 같은 공공요금 납부서 등을 제출한다. 신용수준을 확인하기 위해 각각의 증명서에 점수를 부여해 놓았고 합계가 최소 100점은 넘어가야 집을 구할 수 있다. 내가 가진 것은 딸랑 여권 하나였다. 발가벗겨져 외딴 곳에 내동댕이쳐진 느낌이다. 무언가를 해야 했다.

오전에 사우스포트의 커먼웰스(Commonwealth)은행으로 가서 계좌를 개설하였다. 직불카드를 받을 주소만 있다면 계좌개설이 가능하였다. 중국인 직원이 친절하게 도와주어 어려움은 없었다. 한국에서 느꼈던 중국에 대한 부정적 감정이 봄눈 녹듯 사라졌다. 검증되지 않은 풍문은 부정적인 편견이 되어 우리의 눈을 멀게 하고 멀어진 이웃은 우리를 고독으로 질식하게 만든다. 은행에서 만난 '아이비'라는 이름을 가진 한국 여성이 통역을 도와주었다. 그녀는 아이 둘과 호주에 살고 있는데 그녀의 얼굴이 그늘져 보였다. 사연으로 가득한 그녀의 얼굴에 다른 질문은 할 수 없었다. 그녀는 또 다른 삶의 이야기를 품고 있을 것이다.

은행에서 발급받은 잔액증명서를 들고 Transport and motoring service center에 찾아 갔다. 호주에는 주민등록증이 없기 때문에 운전면허증이 중요한 신분증이다. 호주의 공공기관은 대부분 오후 5시면 문을 닫는다. 급한 마음에 열심히 달려가니 4시 반에 도착하였다. 다행히 직원이 친절하게 처리해 주었다. 1주일이면 운전면허증을 받을 것 같았다. 직불카드와 운전면허증을 이 교수 집으로 보내도록 하였다. 아무것도 하지 않으면 아무 일도 일어나지 않는다. 안타깝지만 아무리 힘들어도 세상은 냉정하기만 하다. 죽을힘을 다해 발가락이라도 꼼지락거리면 그제야 세상은 우리를 한 번 쳐다본다. 우리의 인생이 그런 것 같다.

2월 7일 집을 구하지 못해 숙소에서 이틀 더 머물기로 하였다. 오전에는 서퍼스 파라다이스(Surfers Paradise) 셰브런(Chevron) 섬의 집에 갔다. 가격도 싸고 가구도 갖춰져 있지만 아내와 아이들은 싫은 내색이다. 이 지역은 주로 젊은 친구들이 워킹홀리데이로 와서 잠깐 머무는 곳이다. 숙소 직원은 밤에 마약을 하는 친구들이 많아 위험한 곳이라고 했다

오후 2시에는 사우스포트의 H2O 아파트로 갔다. 다섯 그룹의 지원자들이 와 있었다. 기회는 나에게 올 것 같지 않았다. 집주인은 아이들이 있는 사람에게 집을 잘 빌려주지 않는다. 특히 나같이 신용이 없는 사람에겐 더욱 더 그렇다. 아이가 없는 젊은 백인 커플과 돈 많아 보이는 젊은 중국인 커플이 나보다 우선순위에 있을 것 같았다.

오후 3시에는 골드코스트의 위쪽지역인 비거라 워터스(Biggera Waters)의 아파트를 보러갔다. 가격은 비싸지만 가까운 곳에 하버타운(Harbour Town) 쇼핑몰이 있었다. 아내와 아이들에게 좋은 놀이터가 될 것 같았다. ZEPHYR라는 이름의 그 아파트에 지원하기로 하였다. 일반적으로 중개사에게 지원서를 제출하여 집주인으로부터 승인을 얻는 데 최소 5일이 걸린다. 난 그렇게 오래 기다릴 수 없었다. 지금의 숙소는 방 하나에 침대 4개가 들어 있어서 비

ZEPHYR 아파트 앞에서 보이는 하버타운(Harbour Town)(왼쪽 중간)과 사우스포트(Southport)(왼쪽 맨 뒤의 숲 너머 건물들)

좁고 공기도 안 좋았다. 아내와 아이들은 답답한 숙소 생활에 지쳐갔다. 난 스트레스로 황당한 목감기에 걸려 목은 잠기고 눈은 실핏줄이 터져 붉게 물들었다. 내일 오전 ZEPHYR 아파트에 가서 매니저와 담판을 지어야겠다.

2월 8일 오전 10시 아파트 매니저에게 지원서를 주면서 빨리 집을 구해야 한다고 말했다. 아파트 매니저는 초등학생 둘을 둔 엄마이다. 파란 눈에 하얀 피부를 가졌으며 뚱뚱한 전형적인 호주 사람이다. 나의 답답한 사정이 그녀의 마음을 움직였는지 승인 여부를 두 시간 안에 알려주겠다고 하였다. 이 교수와 난 근처 커피숍에서 승인 여부를 기다리며 이야기를 나누었다. 한국에는 '갑질' 문화에 따른 성희롱이나 직장 내 불공정을 고발하는 미투(me too) 운동이 번지고 있었다. 호주에서는 일처리가 느리고 답답하지만

'갑질' 문화는 없다고 한다. 한국 사람들은 사람을 만나면 본인이 '갑'인지 상대방이 '갑'인지 구분해야 직성이 풀리는 것 같다. 특히 머리를 조아렸던 '을'이 뻣뻣이 고개든 '갑'이 되면 그동안 당했던 수모를 '갑질'로 보상받는 악순환이 지속되는 것 같다. 개구리가 올챙이 시절을 기억할 수 있다면 개구리도 '갑질'은 안 할 것 같다. 2019년 7월 16일부터 시행되는 한국의 "직장 내 괴롭힘 금지법"이 다른 나라에도 있을까? 갑질을 막을 수 있는 법이 생겨 한편으로 다행이면서 한편으로 이렇게까지 해야 하나 슬프기만 하다. 나는 분명히 갑이었던 적이 없었다. 그러나 꼼지락거렸더니 지금은 호주에 있다. 우물 안의 '갑'보다 우물 밖의 '을'이 진정한 '갑'이 아닐까? 인생은 어차피 흘러간다. 뭐라도 꼼지락거리면 인생이 더 재밌지 않을까? 그때 꼼지락거리지 않은 것을 후회하지 않으려면 지금 꼼지락거려야 한다. 다행히도 갑이나 을이나 시간은 똑같이 주어졌다.

오후 1시쯤 아파트 매니저가 내일부터 아파트에서 살 수 있다고 연락을 주었다. 일주일 동안 비좁은 숙소에서 참고 견뎌준 아내와 아이들에게 고마움을 느낀다. 지나고 보면 좁은 공간에서 우리 가족이 서로의 체온을 맞댔던 소중한 시간이었다. 인생의 끝자락에서 헛웃음만 나올 작은 일들에 나를 괴롭히지 말자. 기쁨도 슬픔도 그냥 다 지나간다. 그저 재밌게 살려고 좀 더 꼼지락거려 보자.

3. 인연의 실타래에 그분이 계셨다

어제 아파트 매니저로부터 승인 연락을 기다리며 아파트 로비에 앉아 있을 때 승강기에서 내리는 한 동양인을 보았다. 그는 반백의 머리에 60세 정도로 보였지만 다부진 체구를 가졌다. 호주에서 만나는 대부분의 동양인은 중국인이며 간혹 가다 일본인 또는 한국인일 수 있다. 1년 간 호주에서 생활하려면 많은 정보가 필요했다. 정보를 줄 사람이 한국인 이민자라면 가장 좋을 것이다. 같은 아파트에 살게 될 동양인이라 혹시나 하는 마음에 인사를 건넸다. 그는 감사하게도 한국인이었다. 호주에 머물면서 나는 그분을 정 선생님이라고 불렀다. 그분은 낯설고 외로운 호주 생활에서 우리 가족이 흔들릴 때마다 살포시 잡아준 은인이 되었다. 한국에서 내가 왜 인간관계에 힘들어 했는지 해답을 주신 분이기도 하다. 출발선이 어디부터인지는 알 수 없지만 인연의 실타래는 정 선생님과 이어져 있었다.

2월 9일 아침 일찍 우리는 Earls Court Motor Inn을 떠나 어제 구한 아파트로 향했다. ZEPHYR 아파트에 도착할 즈음 정 선생님으로부터 여러 통의 전화가 왔었다는 것을 알게 되었다. 아파트에 도착하니 정 선생님이 우리를 반기셨다. 정 선생님은 우리에게 호주의 집과 관련된 제도를 설명해 주셨다. 세입자는 입주할 때 집에 문제 있는 부분을 사진으로 꼼꼼히 찍어두어야 한다. 그래야 이사 나갈 때 손해를 보지 않는다. 한국으로 따지면 보증금과 유사한 Bond Fees라는 것을 미리 지불해야 한다. 그 금액은 대략 4

운 좋게 일주일 만에 들어가 살게 된 ZEPHYR 아파트의 전경

주치의 월세 정도 된다. 세입자는 나중에 집을 떠날 때 집을 청소해 주고 가야 한다. 대개 Bond Fees로 청소업체에 비용을 지불하고 나머지 돈만 돌려받는다. 내가 입주할 때 확인하지 못한 집의 문제들을 집주인이 원상회복시켜 달라고 요구하면 증거가 없는 한 나는 꼼짝없이 그것들을 수리해줘야 한다. 어떤 경우는 이사를 갈 때 청소 비용뿐만 아니라 막대한 수리비도 물어줘야 해서 오히려 추가 비용을 지불해야 한다고 한다. 정 선생님의 도움으로 무사히 짐을 옮겼고 매니저로부터 입주 시 제출해야 할 서류 양식을 받았다. 정 선생님의 직업이 무엇인지 모르겠지만 오후에 출근해야 한다며 댁으로 돌아가셨다. 한국에서 사람에 치어 살던 내가 이렇게 쉽게 낯선 사람을 믿어본 건 난생처음이다. 눈감으면 코 베어가는 세상에 이곳에선 눈을 감아도 아무 일도 일어나지 않을 것 같다.

오후에 낯선 전화번호가 전화기를 울렸다. 호주에 온 지 일주일

밖에 안 되었는데 나를 찾는 사람이 대체 누굴까? 바로 정 선생님의 사모님이셨다. 사모님은 오늘 아파트에서 잘 수 있겠느냐고 물으셨다. 아파트의 바닥은 카펫이지만 아무런 살림살이가 없었다. 자기 집에 와서 이불을 가져가라고 하신다. 정 선생님은 출근하시고서도 우리 가족이 걱정되어 사모님께 살펴보라고 하신 것이다. 외국 생활을 처음 해본 나에게 이불이 이렇게 소중한 존재인지 예전엔 미처 몰랐다. 정 선생님은 처음에 뉴질랜드로 이민을 가셨다. 자제분들이 호주의 대학교로 진학하면서 다시 호주로 이민을 오셨다. 정 선생님은 뉴질랜드로 이민을 가셨을 때 정말 많은 어려움을 겪으셨다고 했다. 그러나 많은 분들의 도움으로 포기하지 않고 지금까지 살게 되었다고 했다. 그래서 낯선 땅을 처음 디딘

위에서 본 아파트 뒤편의 전용수영장 모습

우리 가족들에게 더 없이 따뜻하게 대해주시는 것 같다. 정 선생님은 뉴질랜드에서 살아남기 위해 닥치는 대로 일을 하셨다. 한국에서 잠깐 안정적인 공무원 생활도 하신 것 같았다. 뉴질랜드에서 관광가이드도 하고 양 목장도 운영하며 양털이불을 만들어 파셨다. 사모님이 우리 가족에게 건넨 이불은 뉴질랜드에서 정 선생님이 직접 만드신 양털이불이다. 이불을 덮을 때마다 정 선생님의 힘들었던 이민초기 모습들이 천장에 펼쳐진다.

한국에 살면서 모르는 누군가에게 그렇게 쉽게 호의를 베푼 적은 없었다. 나의 뇌는 내가 도와줘야 할 사람이 나에게 무언가를 해줄 수 있는 사람이어야 한다고 잘못 설정되어 있었다. 사람이 그리워 사람을 만나는 데 무슨 조건이 필요한가? 사람들에 둘러싸여 있어도 우리는 늘 외로워한다. 보고 싶은 것만 보고 듣고 싶은 것만 들으려는 우리의 욕심은 소중한 사람들을 멀어지게 한다. 사람의 마음보다 겉모습에만 집착하는 우리는 그래서 항상 마음이 외로운 것이다. 애써 밝은 척해도 이내 밑천이 드러날 우리의 외로움은 스스로를 가둬버린 욕심의 형틀 때문일 것이다. 어쩌면 우리는 용기 내어 베푼 호의가 돌아오지 않는 메아리가 되어 상처로 남을까 봐 두려운지도 모른다. 그것도 우리의 욕심 아닐까 생각해 본다. 외로움은 우리 스스로가 만들어낸 소심함일지도 모르겠다. 정 선생님과 사모님은 그런 상처를 두려워하실 분들이 아니었다. 넉넉한 미소를 가진 그분들은 이미 인생이 어디로 흘러가는지 눈치 채신 것 같았다.

4. 행복의 저울은 누구에게나 있다

뼛속까지 한국 사람인 난 호주에서 다양한 삶의 공식으로 행복을 찾는 사람들을 발견한다. 그들은 우리가 그토록 찾아 헤맸던 행복이 지금 이곳에 있다고 말하는 것 같았다. 나에게 죽었다가 다시 살아날 수 있는 능력은 없지만 삶의 방식을 선택할 능력은 있다는 걸 깨닫는다.

2월 10일 퀸즐랜드 비전(http://www.qldvision.com.au/)에서 베노와(Benowa)의 한 타운하우스에서 차고세일을 한다는 것을 봤다. 우리 가족은 베노와로 달려갔다. 퀸즐랜드 비전은 퀸즐랜드 주에 사는 한인들이 정보를 공유하기 위해 만든 사이트이다. 집주인은 4년 전 골프선수인 자녀들 뒷바라지를 위해 호주로 오셨다. 따님

살림살이가 대충 정리된 아파트 내부의 모습(왼쪽은 베노와(Benowa)에 사는 한인으로부터 산 식탁)

중 한 분이 호주 골프대회에서 우수한 성적을 거두어 가족이 몇 년간 머물 수 있다고 했다. 그분은 서울 강남에서 의사로서 많은 부와 명예를 누렸지만 자녀와의 시간을 보내기 위해 모든 것을 포기하셨다. 가족과 함께 보낼 수 있는 시간은 부나 명예와 바꿀 수 없다고 하셨다.

최근에 따님 중 한 분이 미국의 골프 대행사로부터 스카우트 제의를 받아 가족 모두 미국으로 이주할 예정이다. 집주인은 이케아(IKEA)의 책상이나 침대를 자녀들과 조립하면서 가구 하나하나에 소중한 추억을 불어넣었다. 대부분의 한국 사람들은 외국에 오면 낮은 자리에서 낮은 자세로 일을 한다. 그러나 삶에 대한 만족도는 한국보다 훨씬 높은 것 같다. 한국에서는 체면이라는 굴레가 몸값을 높이는 원동력이 되지만 호주에서는 행복에 대한 갈망이 삶의 원동력이 된다. 처음 만난 사람의 배경을 굳이 알려고 애쓰

아이들 살림살이로 베노와 한인의 따님이 쓰던 모자(맨 위)와 인형들(왼쪽 아래에서 두 번째 칸)

지 않아도 그 사람과 친해지는 데 아무런 문제가 없다. 서로가 체면을 집어던지니 이렇게 만남이 자유로울 수 없다. 낡은 반바지에 티셔츠 차림의 집주인에 대해 어떠한 편견도 존재할 수 없었다. 난 그 가족의 사랑이 듬뿍 담긴 식탁을 사기로 하였다. 덤으로 따님들이 갖고 놀던 인형과 골프 모자를 우리 아이들의 선물로 받았다.

2월 11일 밀린 빨래를 해결하러 사우스포트의 빨래방에 갔다. 2월 초순이지만 한 여름이다. 그래서인지 반바지만 입고 다니는 남자들이 많다. 빨래를 마치니 오후 3시가 되었다. 미옥 씨에게 이불을 돌려주기 위해 전화를 걸었다. 교회 캠프에 갔는지 전화를 받지 않았다.

미옥 씨는 여기 와서 집을 구하면서 알게 된 분이다. 그분은 한국에서 영어 학원을 운영하였다. 아이들이 좀 더 행복하게 살았으면 하는 바람으로 모든 것을 접고 호주로 왔다. 정말 두 아들 건이와 강이를 위해 무작정 호주로 온 것 같았다. 미옥 씨는 학생신분으로 왔기 때문에 아이들의 학비가 일부 면제되었다. 그러나 생활비는 여전히 부족하여 한국에서 일하던 남편도 호주로 불러들였다. 건설업에서 일을 했던 남편은 호주에서 타일 붙이는 일을 하며 생계를 꾸리고 있었다.

미옥 씨 남편은 우리를 만날 때면 미옥 씨를 타박한다. 본인은 한국에 돌아가고 싶은데 미옥 씨가 허락하지 않는다고 했다. 그녀에게 "호주에 영주권자로 살려고 왔나요?"물어보면 그냥 아이들에게 넓은 세상을 보여주고 싶어 나왔다고 했다. 그녀는 영주권을 받기 위해 치열하게 사는 다른 한국 사람들과 달리 모든 것을 시간의 흐름에 맡긴 것 같았다. TV에서 가끔 보는 행복을 선택한 사람들이 이분들 아닐까 생각한다.

4월이 되면 미옥 씨 가족은 다시 뉴질랜드로 이민을 간다. 최근에 미옥 씨 남편이 뉴질랜드의 한 회사로부터 취업비자를 얻었다. 뉴질랜드로 가면 아이들 학비는 걱정 안 해도 된다고 했다. 미옥 씨는 나중에 유럽에서 살 거라고 했다. 그녀는 우리 가족이 놀러 갈 때마다 맛이 없어도 먹어보라며 밥상을 차렸다. 그녀도 호주에 온 지 1년밖에 안 되었다. 좋은 이웃을 만나자 마자 다시 뉴질랜드로 떠나보내야 했다. 그녀도 호주에 왔을 때 너무 막막했는데 많은 분들의 도움으로 지금까지 살아오고 있다고 했다. 그래서 그녀도 누군가를 돕기로 마음먹은 것이다. 늦은 저녁이 돼서야 그녀

건이네랑 낚시 갔었던 씨월드(Sea World) 드라이브 해변에서 바라본 사우스포트(Southport)

와 연락이 닿았다. 며칠 전에 빌렸던 이불을 돌려주며 다음에 우리 집에 놀러오라고 했다.

대부분의 한국 사람들은 대학교를 나와 취직을 한다. 그리고 그만둘 때까지 회사를 다니며 반백년을 흘려보낸다. 우리는 무엇을 위해 그렇게 살아야 했나?

하루하루의 생계가 두려움으로 다가올 때마다 우리는 더욱 더 회사에 충성해야 한다고 다짐을 한다. 우리가 그토록 찾고자 했던 행복은 현재에 있음을 미래에 깨닫는다. 과거가 되어버린 현재의 행복을 뒤늦게 후회하면서도 우리는 또 앞만 보며 달려간다. 잠시 멈출 수 있는 용기가 부족하여 우리는 행복이 미래에 있다고 믿고 싶었던 것이다. 결국 부질없는 욕심을 멈출 때 비로소 행복이 보인다. 그러나 행복은 이미 커져버린 욕심에 묻혀 도무지 보이질 않는다. 그래서 우리는 욕심에 가려진 현재의 행복을 미래에 있다고 믿으며 스스로 위로하는지도 모른다. 멈췄다가 다시 달리든 계속 달리든 우리는 어차피 인생의 끝에서 다시 만난다는 사실을 잊고 있었던 건 아닐까?

누군가는 한국에서 온 의사 분이 경제적으로 풍요롭기 때문에 그러한 삶을 영위할 수 있다고 말할지도 모른다. 미옥 씨는 영어 학원을 운영해 봤기 때문에 외국의 삶을 더 쉽게 결정했을 거라고 말할지도 모른다. 내 눈에는 그들이 가진 행복의 무게가 똑같아 보인다. 각자의 저울로 그들은 가장 묵직한 행복을 재고 있는 것이다. 남의 눈에 의해 평가되는 행복과 내 눈으로 평가하는 행복

아파트 발코니에서 간식을 먹는 모습(왼쪽부터 나, 서진, 소징)

은 엄연히 다르다. 난 그들의 삶을 현실의 도피가 아닌 행복의 추구라고 말하고 싶다. 그들은 돈과 바꿀 미래의 시간으로 현재의 행복을 산 것이다. 그들은 비록 다른 모습의 삶이지만 다시 못 올 인생의 오늘을 무엇과도 바꾸고 싶지 않은 것이다. 그러한 삶은 그들 스스로의 선택일 뿐이다.

오늘도 월급은 허탈하게 통장을 지나가고 내가 산 주식은 늘 나를 초조하게 만든다. 빨리 미래로 달려가 내가 산 주식의 가격을 확인해 보고 싶은 마음뿐이다. 오늘 핀 길가의 꽃들도 구름이 흘러가는 파란 하늘도 나를 기쁘게 하지 못한다. 오늘도 자란 아이의 모습과 미용실에 다녀온 아내의 모습이 기억나지 않는다. 우리는 행복을 잴 수 있는 저울을 잃어버렸는지도 모르겠다. 미래의 신기루를 위해 아름다운 오늘을 희생하지 않았으면 좋겠다.

5. 내가 나에게 그렇게 말하고 싶어

2월 14일 호주에 온 지 2주가 되어 간다. 오전 9시 반 은행에서 만났던 아이비 씨를 비거라 워터스(Biggera Waters) 초등학교에서 만났다. 아이들의 입학처리를 위해 도움이 필요했는데 마침 그녀도 비거라 워터스 지역으로 이사할 예정이었다. 그래서 같이 학교 입학에 대해 알아보기로 했다. 렌트한 집이 학교의 캐치먼트(catchment) 지역에 속해 있어서 이 학교로 아이들을 보내는 데 문제는 없었다. 다만 이 학교에는 한국인 학생이 하나도 없었다. 아이들이 학교생활에 잘 적응할 수 있을지 걱정은 되지만 선택의 여지는 없다. 소정이는 한국에서 영어 학원이라도 잠깐 다녔지만, 둘째 서진이는 알파벳조차 모른다. 아이비 씨의 도움으로 대충 입학에 대한 절차가 마무리 되었다. 그녀는 어린이 집에 출근해야 한다며 학교

비거라 워터스(Biggera Waters) 초등학교 전경(운동장이 보이는 가운데)

를 먼저 떠났다. 헤어지며 흔드는 그녀의 손목에 선명한 자해 흔적이 순식간에 나타났다 사라졌다. 그러고 보니 남편에 대한 얘기는 한마디도 없었다. 이유는 알 수 없지만 그늘져 보이는 그녀의 미소가 한 점 걱정 없는 파란 하늘과 교차한다. 머릿속에 떠오르는 영화나 드라마가 그녀의 인생을 자꾸 가늠하려고 하였다. 그녀의 옅은 미소에서 고단한 이민의 삶이 베어 나오는 것 같았다. 그러나 이런 생각조차 나의 착각이었으면 좋겠다. 그녀가 지나간 것은 지나간 대로 두고 다가올 것만 생각했으면 좋겠다.

오후 1시에 작성된 입학서류와 여권사본을 학교에 제출하였다. 직원의 말을 제대로 이해하기는 힘들었지만 우리 가족을 도와주려는 따스함을 느낄 수 있었다. 한 시간도 지나지 않아 비거라 워터스 초등학교로부터 연락이 왔다. 내일 오전 9시에 교장 인터뷰가 있으니 오늘 같이 온 아이비 씨와 같이 오라는 것이다. 아이비 씨에게 연락을 하니 내일 오전에 일이 있어서 우리와 같이 학교에 갈 수 없다고 했다. 학교에서는 통역을 위해 우리가 누군가와 같이 오기를 바라는 것 같았다. 기댈 곳은 정 선생님밖에 없었다. 정 선생님은 두 아들을 훌륭하게

비거라 워터스(Biggera Waters) 초등학교 주차장에서 소정(왼쪽)과 서진(오른쪽)의 모습

키우셨다. 우리의 부탁을 흔쾌히 수락해 주셨다. 본인이 아이들을 학교에 보냈을 때 느꼈던 그 막막함이 생각나셨던 것 같다. 쩔쩔매는 우리 가족의 모습이 바로 자신의 모습이었다고 생각하신 것 같았다. 나도 가끔 생각한다. 20대에 무슨 고민을 그리 많이 지고 살았는지 말이다. 다시 돌아갈 수 있다면 20대의 나에게 살며시 귓속말로 얘기해 주고 싶다. 그냥 두면 다 지나간다고 말이다. 내가 잠 못 이룬 수많은 밤들을 나에게 다시 돌려주고 싶다.

2월 15일 아침 정 선생님은 아이들이 호주 학교에 가는 첫날이라며 본인의 차로 우리를 태워주셨다. 9시 반 교장과의 인터뷰가 있었다. 처음에 그분이 그 학교의 교장인 줄 몰랐다. 밝은 표정의 중년 여성이 사무실에서 학부모들과 스스럼없이 이야기를 나누고 있었다. 교장은 영어가 짧은 우리를 많이 배려해 주었다. 아이들이 영어를 못한다고 걱정하니 중국에서 온 학생들도 여기서 공부하고 영어를 잘하게 되었다고 자랑하신다. 첫째와 둘째 아이의 담임선생님이 될 분도 소개시켜 주셨다. 소정이는 5학년으로 서진이는 1학년으로 다니게 되었다. 서진이의 초등학교 생활은 호주에서 처음 시작된 것이다. 정 선생님은 본인의 휴대폰으로 우리 가족을 찍으면서 계속 따라오셨다.

오후에 교장선생님이 말씀하신 준비물을 사기 위해 오피스워크(Officeworks)로 갔다. 목록대로 준비물을 사는 데 거의 20만 원이 들었다. 아이들이 호주 아이들에게 위축되지 않도록 필요한 물건들을 모두 사 주려고 노력했다. 처음에 문구용품을 어디에서 사야할지 몰라서 2시간이나 시내를 헤맸다. 모든 것이 낯설지만 설렘

학교에서 수업을 받는 서진(왼쪽은 담임선생님)

으로 다가왔다. 바닥부터 새롭게 시작한다는 것이 이렇게 기쁜 일인줄 몰랐다. 올라온 자리에서 떨어질까 봐 그렇게 밤잠을 못 잤었는지 반문해 본다.

저녁에 카카오톡을 열어보니 정 선생님이 우리 가족을 찍은 사진과 동영상들로 가득하였다. 정 선생님은 늘 뉴질랜드에서 아이들을 학교에 보냈던 때가 생각난다고 하셨다. 아이들이 뉴질랜드 아이들과 잘 지낼 수 있을지 학교생활은 잘 적응할 수 있을지 걱정이셨을 거다. 이민 1세대라 영어가 서툴고 동양의 작은 나라에서 온 이방인이기에 아이들을 학교에 보낼 때 부모로서 무력감을 느꼈을지 모른다. 우리 아이들이 정 선생님의 아련한 옛 기억을

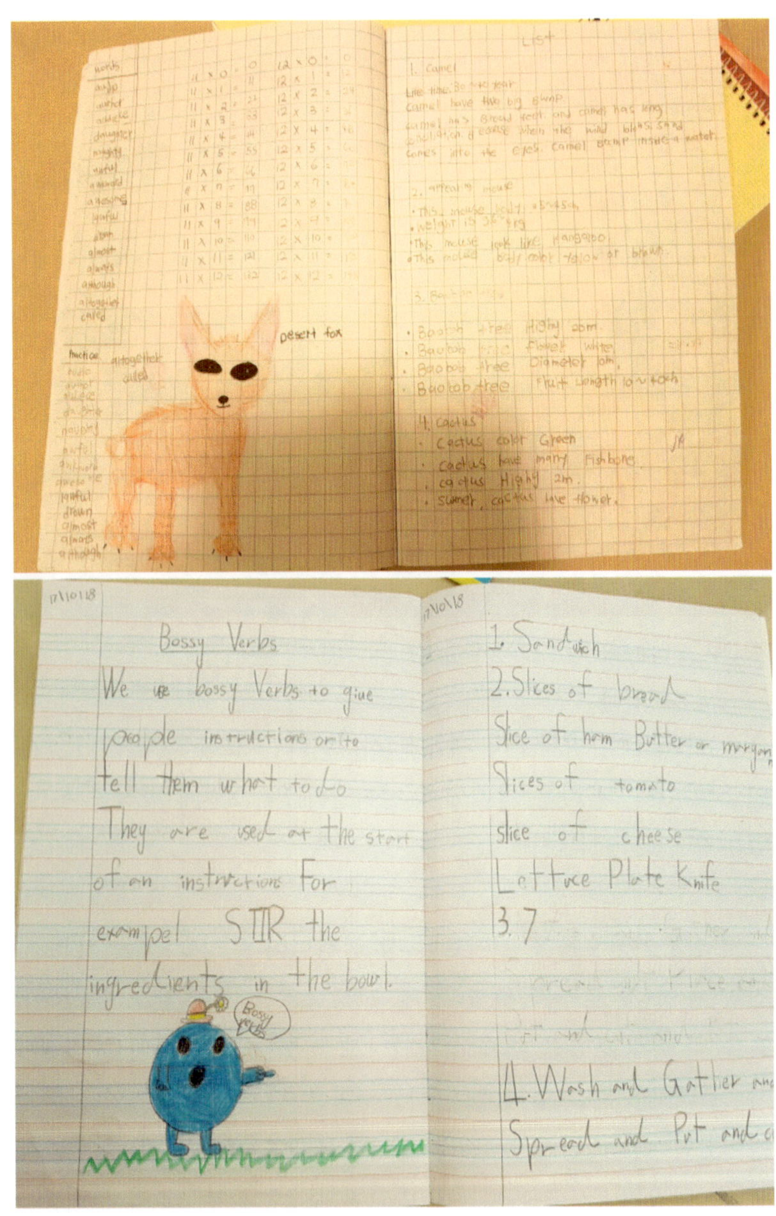

소정이 숙제 노트(위쪽)와 서진이 숙제 노트(아래쪽)

소환한 것 같다. 정 선생님 자제분들은 어느새 성인이 되어 더 이상 정 선생님의 손이 필요치 않다. 이제야 본인의 아이들에게 빚진 마음을 우리 아이들에게 갚고 있는 것은 아닌가 생각해 본다. 동영상 속에는 기댈 곳 없이 무기력했을 정 선생님이 커다란 거인이 되어 우리 가족을 지켜주고 있었다.

6. 기억에도 없던 그놈이 왔다

2월 17일 어렸을 때 잠깐 봤던 사촌동생 승우가 온다. 승우 아버지는 지방의 사립 대학교에서 교수생활을 마치시고 올해 퇴직하신다. 외숙모의 얼굴은 잘 기억나지 않는다. 그러나 서울 냄새가 물씬 풍기는 그런 분이었던 것으로 기억된다. 외삼촌은 시골에서 자랐지만 열심히 공부하여 서울에 있는 대학을 나오셨다. 외갓집은 내 고향 옥천에서도 한참 들어가는 '지양리'라는 곳이다. 엄마 얘기로는 초등학교를 가는데 십리는 족히 걸어야 한다고 하셨다. 그러니 외삼촌은 그 당시 개천에서 난 용이었을 것이다. 어렸을 때 외삼촌이 전축을 고쳐준다며 신기한 전기 장비를 가져왔었다. 결혼을 하셨다는 소식과 함께 몇 해 지나지 않아 승우를 안고 계셨던 모습이 기억난다. 그러니까 난 서진이보다 한참 어린 승우를 봤었지만 기억 속에서 승우의 모습을 찾을 순 없었다. 그저 승우 얼굴에 외삼촌의 유전자가 들어 있을 거라는 막연한 추측뿐이었다.

승우는 지금 브리즈번에 살고 있다. 몇 해 전 외삼촌과 통화를 하다가 승우가 호주에 산다는 소식을 들었다. 난 호주에 대한 정보를 얻기 위해 한국에서 카카오톡으로 승우와 연락하곤 하였다. 그러나 승우의 얼굴은 물론 목소리도 전혀 상상이 되지 않았다.

많은 한국 사람들이 그러하듯이 승우도 대학생일 때 워킹홀리데이로 호주에 왔다가 눌러 살기로 마음먹었다. 영주권을 얻기 위해 한국에서 배운 지식을 다 포기하고 TAFE라는 호주 전문학교에서 자동차 정비기술을 익혔다. 영주권 점수를 빨리 채우기 위해 가산점을 얻을 수 있는 시골 농장에서 10년을 전전하였다. 인적 없는 농장에서 밤하늘의 별을 보며 기타치곤 했다고 했다. 그래서 승우는 작년에 영주권을 얻었고 지금은 브리즈번의 혼다 대리점 정비공으로 일하고 있다.

오후 1시 반 승우가 집에 왔다. 어렸을 적 잠깐 봤던 모습과 외삼촌의 모습을 조합해 보면 승우가 맞는 것 같았다. 그는 벌써 30대 중반을 넘어가고 있었고 결혼은 아직 안 했다. 어느 청년보다도 건실한 생각을 가진 진정한 오지(Aussie)가 된 것 같았다. 승우는 내가 호주에 머무는 동안 내가 산 혼다 CR-V를 점검해 주겠다고 했다. 처음의 어색함도 잠시뿐이었다. 우린 몇 십 년 만에 만난 단지 서류상의 친척임에도 불구하고 식사를 하면서 금방 친해질 수 있었다.

오후 3시 승우와 서퍼스 파라다이스(Surfers Paradise)에 가서 모래를 밟았다. 아이들을 걱정하니 승우는 다양한 인종이 섞여 있는 이곳이 오히려 아이들이 학교에 적응하기 수월할 거라고 했다. 백인과 흑인 사이에서 애매하게 서있는 것보다 다양한 인종에 섞여 있을 때 더 안전하다는 것이다. 최근에 승우는 여자 친구가 몇 번 바뀌면서 결혼에 대한 망설임이 커지는 것 같다. 다양한 사고방식을 가진 이곳 사람들 중에 딱 맞는 인생의 반려자를 찾기는 쉽지 않을 것이다. 혼자 살아도 좋고 둘이 살아도 좋으니 정답을 찾으려 애쓰지 말라고 했다. 반은 한국 사람이고 반은 호주 사람인 승우는 있지 않은 정답을 찾느라 힘들어 한다. 잠깐의 만남을 뒤로

승우(맨 왼쪽)와 서퍼스 파라다이스(Surfers Paradise) 해변을 걷고 있는 모습

서퍼스 파라다이스(Surfers Paradise) 옆 브로드비치(Broadbeach)에서 본 건물들

서퍼스 피리디이스(Surfers Paradise) 거리의 모습

하고 승우는 브리즈번으로 돌아갔다.

승우는 친척들도 자주 언급하지 않았던 잊혔던 아이이다. 승우는 외동아들이라 부모님의 큰 기대 속에서 자라왔다. 외삼촌은 교수이고 외숙모는 흔히 알고 있는 사모님이었던 것 같다. 승우에 대한 그분들의 기대는 얼마나 컸을까? 승우가 성공하기를 바라며 승우 부모님은 어렸을 때부터 원어민 영어강사를 붙여주었다. 공부 잘하는 아이들과 모임을 만들어 사교육을 받게 하였다. 외숙모는 승우의 성공을 위해 좋은 과외선생님을 찾아 다니셨던 것 같다. 승우는 아침에 집을 나와 친구들과 하루 종일 놀다 친구 집에서 저녁을 해결하고 들어왔던 나하고 차원이 다른 아이였다. 친구 집에서 먹은 저녁이라고 해봐야 김치가 둥둥 떠 있는 수제비나 칼국수가 전부였다. 시골에선 그렇게 자랐어도 부모님이 크게 걱정하

지 않으셨다. 앞집 아이도 뒷집 아이도 모두 그렇게 자랐으니까.

승우는 도시에서 자란 아이이다. 승우는 고등학교 때의 숨 막히는 경쟁과 주입식 교육에 참을 수 없었다고 했다. 우여곡절 끝에 대학교는 들어갔지만 본인이 원하는 세상은 열리지 않은 것이다. 우연한 계기로 친구들과 호주에 왔다가 눌러 앉은 것이다. 한동안 부모님을 통해 간간히 승우에 대한 얘기를 들었지만 어느 순간부터 거의 듣지 못했다. 아마 그때가 승우가 호주로 건너간 때인 것 같았다.

승우 부모님은 여전히 승우가 호주에서 자동차 정비공으로 사는 것을 아쉬워하시는 것 같다. 승우는 검사나 판사 그리고 의사가 된 친구들과 비교되는 것을 힘들어했다. 지금 행복하고 앞으로도 행복할 것인데 무엇이 더 필요하단 말인가? 한국에서는 상위 1%에 들어도 행복을 느끼지 못하지만 호주에서는 하위 99%에 들어도 행복하다는 사람들의 말이 생각난다. 내가 본 승우는 한국의 어느 청년보다도 당당하게 세상을 맞이하고 있었다. 또한 주어진 시간을 누구보다 행복하고 자유롭게 자신을 위해 누리고 있는 것 같았다. 같이 왔던 한국 친구들은 영주권에 대한 확신을 하지 못해 대부분 한국으로 돌아갔다. 그들은 취업에 성공했지만 지금은 회사에서 잘릴까 봐 두려워한다고 했다. 옳고 그른 인생은 없지만 승우는 10년 전 본인의 선택을 만족해하였다.

나는 매일 아이들이 공부보다 행복하고 밝게 살기를 바라는 부모가 되겠다고 다짐을 한다. 그러나 한국의 현실은 치열한 경쟁에 체면문화까지 더해져 부모는 공부 잘하고 성공한 자식만을 내 자식으로 내세우고 싶을 것이다. 호주에서는 아이들이 한국의 고등학생 나이가 되면 자기의 삶을 스스로 결정한다. 부모도 아이들의 삶에 간섭하지 않고 아이들도 부모님의 힘에 그들의 삶을 의존하려 하지 않는다. 그래서 부모와 자식이 만나는 데 아무런 거리낌이 없다. 주말만 되면 가족들은 바닷가에 모여 바비큐 파티를 한다. 속사정은 잘 모르겠지만 내 눈에는 그들이 그저 행복해 보인다. 어느 누구도 서로의 삶을 간섭해서는 안 되며 잘난 자식이나 못난 자식이나 다 같은 자식이다. 아니 잘난 자식도 못난 자식도 없다. 그저 모두 내 자식인 것이다. 소중한 아이들이 있는 내 인생을 감사해야 할지도 모른다.

호주의 부모들은 자식에 대한 평가를 다른 사람의 시선에 의존하지 않는다. 자식은 그냥 소중한 가족이다. 한국의 부모들은 자식이 자신들의 소유물이라고 생각하는 것 같다. 자식들이 그들의 뜻대로 움직여줘야 한다. 그들의 체면을 세워줄 훌륭한 소장품이 되어야 한다. 다른 사람들의 눈에 부족한 자식은 감추기 급급한 것 같다. 다른 사람들의 자식보다 부족한 자식에 대해 부모는 열등감에 젖어든다. 삐뚤어진 한국의 교육문화가 또 다른 승우를 만드는 건 아닌지 모르겠다. 가끔은 걱정한다. 치열한 경쟁의식과 학벌 문화에 지친 젊은이들이 한국을 떠날까 봐 말이다.

난 소중한 아이들을 더 소중하게 느끼고 싶다. 한국의 교육 문화로 자식에 대해 눈먼 부모가 되고 싶지 않다. 한국에 살면 그것이 쉽지 않다는 걸 나도 잘 안다. 사실 어떤 부모가 자식을 사랑하지 않겠는가? 잘못된 교육제도와 질리는 체면문화가 자식을 사랑하는 부모의 마음을 속인 거라고 믿고 싶다. 부모가 생각하는 성공의 삶이 아이들이 생각하는 행복한 삶이라고 단언할 순 없다. 그저 자식이 힘들게 살까 봐 걱정하는 부모의 마음일 것이다. 그냥 부모의 마음을 그렇게밖에 표현할 수 없는 현실이 안타까울 뿐이다. 장난감 사달라고 조르고 음식 투정하던 아이들이 먼 훗날에도 소중한 아이들로 기억되길 바란다. 그저 지금처럼 세월이 흘러도 같이 여행 다닐 수 있었으면 좋겠다.

오늘 난 호주에 오지 않았으면 평생 못 볼 그 놈을 만난 것이다.

7. 너무 까칠하게 굴지 말자

2월 18일 주말이라 골드코스트에서 가까운 스프링브룩(Spring Brook) 국립공원에 가기로 했다. 낯선 학교에 적응하느라 잔뜩 긴장했는지 아이들이 잠에서 헤어 나오질 못한다. 10시쯤 집을 나섰다. 50분쯤을 내륙으로 달리니 길은 점점 경사지기 시작했다. 어느덧 산 위에 난 오르막길을 오르고 또 오르니 펄링 브룩(Purling Brook) 폭포에 도착했다. 생각보다 많은 사람들이 폭포 근처에서 산책하고 있었다. 신기한 것은 산 위에 작은 마을이 있다는 것이다. 마을에는 아기자기한 꽃들로 장식된 식당도 있고 숲으로 둘러싸인 작은 초등학교도 보였다. 한때 한국에서 산악회 활동을 하면

비치몬드(Beechmont) 거리의 The Flying Bean Cafe에서 바라본 스프링브룩(Spring Brook) 국립공원의 전경

펄링 브룩(Purling Brook) 폭포(왼쪽) 아래로 사람들이 수영하는 모습

서 많은 산을 다녔다. 그러나 호주의 산은 나에게 상상하기 힘든 광경을 선사해 주었다. 산길을 따라 더 올라가니 캐년 전망대(Canyon Lookout)가 나타났다. 어두운 열대우림의 숲길을 한참 걸으니 갑자기 넓게 펼쳐진 장엄한 광경이 나타났다. 태초의 지구를 보는 느낌이었다. 둥글게 푹 꺼진 계곡 사이로 빼곡한 열대우림만 가득했다. 태초의 신비를 간직한 큰 산이 도시에서 1시간 거리에 있다는 것이 믿겨지지 않았다.

호주 대륙은 정말 오래되었다고 한다. 호주의 산들은 오랜 세월 비바람에 깎이면서 산꼭대기도 둥글다 못해 평평한 고원의 형태를 띠고 있다. 열대우림이 우거진 숲길을 지나 산 위에 오르면 반드시 작은 카페나 마을을 볼 수 있다. 한국에서는 볼 수 없는 신기한 풍경이다. 한국의 아이들에게 산을 그리라고 하면 뾰족한 삼각형

스프링브룩(Spring Brook) 국립공원의 열대우림의 모습

형태의 산을 그린다. 그러나 호주 아이들에게 산을 그리라고 하면 찐빵같이 꼭대기가 둥근 형태의 산을 그린다고 한다. 몇몇의 산을 제외하면 호주 대부분의 산은 꼭대기가 둥글거나 평평한 모습을 하고 있다. 그래서인가 호주 사람들은 산을 많이 닮아 있다. 사람 사는 곳이 어디나 다 그렇지만 좋은 사람들도 있고 나쁜 사람들도 있다. 그러나 유독 호주 사람들의 가슴엔 둥근 산을 품고 있는 것 같다. 햇빛 한줄기 들어오지 않는 열대우림 숲길에서 덩치 큰 호주 사람들을 만나도 그렇게 무섭지는 않았다. 언제나 그들은 먼저 우리에게 인사를 하였고 친절하게 산에 대해 설명을 해 주었다. 내가 만난 대부분의 호주 사람들은 자신들이 영국으로부터 온 죄수의 후손이라는 것을 잘 알고 있다. 호주는 자신들의 땅이 아니라는 것도 너무 잘 알고 있었다. 그들은 호주 대륙의 이방인이라는 낮은 자세로 이민자들을 품었기에 지금의 호주가 유지된 것 같

다. 그들은 세상을 갖는 것이 아니라 공유하는 것이라고 일찍부터 깨달은 것 같다. 바람처럼 왔다가 바람처럼 사라질 인생에서 가질 수 있는 것은 아무것도 없다는 것을 말이다. 사람위에 사람 없이 그저 같이 행복해지면 그만이라고 생각하는 것 같다.

한국에서도 모든 사람들이 다 그렇진 않을 것이다. 그러나 많은 사람들은 호주의 환경과 달라서인지 다른 사람 위에 군림하고 싶어 한다. 치열한 경쟁의 삶은 동등한 인간관계를 허락하지 않는 것 같다. 다른 사람보다 돋보일 수 있는 무언가를 찾지 못하면 다른 사람을 깎아 내려서라도 자신을 돋보이고 싶어 한다. 그래서일까? 사람들은 다른 사람들을 헐뜯거나 뒷담화하는 것을 쉽게 즐긴다. 자신도 뒷담화의 주인공이 될 수 있다는 걸 알면서도 그 시간만은 다른 사람을 희생양으로 삼는다. 그렇게 해야 자신이 희생양보다 돋보이고 기득권을 유지할 수 있다고 믿는 것 같다. 증권회사에서 근무할 때 무수히 많은 근거 없는 소문을 접하였다. 근거 없는 소문은 확인절차 없이 사람들의 마음에 진실이 되어 잔인한 희생으로 끝날 때까지 돌아다닌다. 우리는 생존을 위해 가장 쉬운 방법으로 시기와 질투를 선택했는지도 모른다. 난 누군가가 다른 사람에 대해 험담해도 내 눈으로 확인하기 전까지 믿고 싶지 않다. 누군가의 감정 실린 험담이 비수가 되어 소중한 사람들을 다치게 하는 걸 원치 않는다. 인생에서 누가 승자고 누가 패자겠는가? 누구나 인생의 끝에 도달하는 건 마찬가진데 말이다.

어두운 산속에서 길을 잃어 헤맬 때 누군가를 만난다면 우리는 그를 아무런 편견 없이 반가워 할 것이다. 우리는 그에게 애써 돋보일 이유가 전혀 없다. 오로지 서로를 의지하며 어둡고 무서운 산속을 빠져나오고 싶은 마음뿐이다. 우린 그동안 자신과 배경이 다르다는 이유로 다름을 틀림으로 부정해버리고 뾰족한 언행으로 사람들의 가슴에 비수를 꽂았는지 모른다. 홀로된다는 두려움에 다름을 틀리다고 동조하며 기득권의 무리에서 자신을 속이며 살아온 것은 아닐까?

외로움을 두려워하여 거짓된 사고로 뇌를 속이지만 시간이 지날수록 거짓에 속박된 우리는 더 공허하고 외로워질 것이다. 내가 더 우월하다는 생각에 젖을수록 가슴에 품을 소중한 인연은 사라지고 더욱 더 외로움에 말라 죽을 것이다.

직장생활하면서 은근한 따돌림을 경험한 적이 있었다. 그럴 때마다 '너희들은 나보다 더 외로움에 나약한 존재야'라고 생각했다. 어차피 인생은 혼자다. 누가 누굴 아프게 하나! 혼자 가는 길에 외롭지 않으려면 너무 까칠하게 굴지 맙시다.

8. 돈보다 자유가 좋은 나이가 된 걸까?

2월 20일 오후 1시 하버타운의 산츄로(San Churo) 커피숍에서 우리 부부는 정 선생님 부부와 한 노부부를 만났다. 오늘 처음 만난 노부부의 남편은 서울에서 치과의사셨다. 좋은 공기를 마시며 사셔서 그런지 60세가 훌쩍 넘었는데도 건강해 보이셨다. 나는 그 치과의사 분을 조 선생님이라고 불렀다. 이곳 사람들은 다른 사람의 사생활에 대해 깊이 물어보지도 관심 갖지도 않는다. 그러나 대부분의 한국 사람들은 사람을 만나면 그 사람의 직업이나 살아온 배경을 알고 싶어 한다. 이런 관행은 역사로부터 남겨진 잠재적인 체면문화와 계급의식의 잔재가 아닐까 생각해 본다. 내가 상대방보다 더 높은 위치에 있는지 아니면 상대방이 나보다 더 높은 위치에 있는지를 가늠하고 싶어 한다. 이런 물음에 대한 대답으로 상대방에게 어떠한 태도를 취할지 결정하게 된다. 나보다 잘난 사람이라면 어려워하고 나보다 못난 사람이라면 편하게 대해도 된다는 확신을 얻는 것일까?

여기는 호주다. 나 역시 조 선생님에 대해 궁금한 것은 많았지만 조 선생님이 나의 궁금증을 풀어주시기 전까지 입을 꾹 닫았다. 조 선생님이 이민을 결심한 이유에는 여러 가지가 있겠지만 한국의 체면문화도 한몫한 것 같다. 서울 강남에서 치과의사로서 많은 부와 명예를 얻으며 자본주의 혜택의 정점에서 살아오신 것 같다. 자세히 말씀은 안 하시지만 50대 초반을 넘어서면서 돌연 몸에 이상이 생기셔서 큰 수술을 받으셨다. 그동안 한국의 체면문화에 염증을 느끼고 계셨는데, 큰 수술을 계기로 좀 더 자유로운 삶을 택하신 것 같다. 처음에 호주의 태즈메이니아(Tasmania)로 이민을 오신 후, 시드니(Sydney)와 멜버른(Melbourne)을 거쳐 골드코스트(Gold Coast)로 이사를 오셨다. 그렇게 10년 이상 호주의 많은 도시를 옮겨 다니며 돈보다는 다양한 삶을 위해 시간을 보내셨다. 본인은 이제 인생의 황혼기인 70세에 가까워졌지만 선택한 삶에 대해 후회하지 않는다고 하신다.

파라다이스 포인트(Paradise Point)에서 바비큐 파티(왼쪽부터 조 선생님 부부, 정 선생님 사모님, 나)

"내가 지금까지 서울에서 치과의사를 했다면 더 많은 돈을 벌었을 겁니다. 그러나 내 삶은 지금보다 더 불행했을지도 몰라요."

조 선생님에게는 두 아들이 있다. 조 선생님은 이민을 오실 때 두 아들도 같이 데려오려고 하셨다. 그러나 두 아들은 한국에서 살고 싶어 했다. 조 선생님은 그들의 선택을 존중했다. 주변을 보면 늘 느끼지만 자식으로부터 자유로울 때 노후가 행복해지는 것 같다. 가진 것에 대한 자랑을 통해 다른 사람의 부러움을 끌어내고 싶어 하는 사람들이 있다. 상대방보다 우위에 있을 때 행복감을 느끼는 것이다. 나이 들어 자랑할 것이 없으면 자식 자랑이라도 해서 남들보다 우월함을 입증해야 한다. 태어나 죽을 때까지 누가 더 잘났는지 비교를 하며 살아야 하는 것이다. 조 선생님은 본인의 삶을 다른 사람들의 삶과 비교하려 하지 않았다. 그들의 자랑을 더 이상 듣고 싶지도 않으신 것 같았다. 본인의 인생에 집중하지 못하고 자식의 인생에 목을 매는 사람들을 볼 때마다 안타깝다고 하셨다.

조 선생님은 사모님의 계모임을 보면서 한국의 체면문화에 더 염증을 느끼셨다. 계모임에서 분위기를 주도하는 사람은 항상 돈이 많거나 사회적 지위가 높은 사람의 아내였다. 조 선생님의 사모님이 활동하셨던 계모임은 모 제약회사 사모님이 분위기를 주도하였다. 제약회사 사모님은 계모임할 때마다 본인의 재력을 과시하기 위해 식사비도 내고 계원들에게 선물도 자주 했다고 한다.

조 선생님이 알려주신 에반데일(Evandale) 공원에서 바라본 서퍼스 파라다이스(Surfers Paradise)

인생의 종착지일 것 같은 해밀턴(Hamilton) 섬의 선착장

재력을 과시함으로써 계원들의 부러움을 사고 주눅 들게 하여 본인을 따르게 하려고 했던 것 같았다. 체면상 계원들에게 비싼 음식을 사야 했고 비싼 선물을 해야 했다. 그렇게 해야 보이지 않는 계급 서열에서 높은 위치를 점할 수 있는 것이다. 계모임에서 두 번째 서열에 있던 분은 늘 제약회사 사모님의 자리를 넘보고 있었다. 시간이 흐르고 흘러 경기가 안 좋아지자 서열 1위의 사모님은 다음 서열의 사모님에게 자리를 내주게 되었다. 남편이 경영하던 제약회사가 망했다고 한다. 그 계모임에서 서열 3위는 조 선생님의 사모님이었다고 한다. 믿거나 말거나 조 선생님은 아내가 계모임의 서열 1위가 되기 전에 빨리 호주로 오고 싶었다고 했다. 조 선생님은 체면을 위해 과시용으로 쓰는 돈이 너무 아깝다고 하셨다.

1년 내내 반바지에 반팔 티셔츠면 충분한 이곳이 너무 좋다. 아무리 비싼 옷을 입고 자랑하고 싶어도 이곳에서 필요한 건 그저 반바지와 반팔 티셔츠뿐이다. 자랑하고 싶은 명품 가방도 뜨거운 태양아래에선 그저 거추장스러운 존재이다. 여유로운 삶은 좋은 신발을 신고 빨리 달릴 필요가 없는 것이다. 그저 이름 모를 쪼리 하나면 족하다. 주변을 둘러봐도 모두 다 걸친 것이 별로 없기에 비슷하게 살아갈 수밖에 없다. 서로 비교하며 사는 것은 의미 없는 시간 낭비다. 그저 아름다운 하루하루를 각자의 방식대로 즐기며 살아가면 되는 것이다. 화려하고 좋은 옷에 명품 가방을 든 사람들은 호주에 온 지 얼마 안 된 사람들이다. 그들은 시간이 지나면서 좋은 옷에 명품 가방을 들고 다닐 필요가 없다는 걸 깨닫게 될 것이다. 머릿속에 족쇄와 같은 체면문화와 계급의식도 서서히 잊힐 것이다. 모임에서 서열을 고민할 필요도 없고 남의 돈 자랑과 자식 자랑에 주눅들 필요도 없다. 조 선생님은 돈 대신 몸과 마음이 자유로운 호주의 삶을 택하셨다. 조 선생님의 말씀에 공감하는 걸 보니 나도 돈보다 자유가 좋은 나이가 된 것 같다.

9. 누가 누굴 평가하겠는가!

2월 27일 아이들이 학교에 등교한 지 2주가 되었다. 한국에서 영어공부를 전혀 하지 않았던 서진이보다 영어 학원을 다녔던 소정이가 학교생활을 더 힘들어 한다. 고학년인 소정이는 친구들과 몸으로 부딪치며 놀기보다는 수다 떨며 놀아야 한다. 소정이는 의사소통이 원활하지 않아 친구들을 사귀지 못하는 것 같다. 반면에 서진이는 영어는 못하지만 손짓 발짓으로 의사소통하며 친구들과 사이좋게 지내는 것 같았다. 우리 부부는 가끔 친구들에게 주라며 소정이와 서진이에게 한국에서 가져온 연필을 주곤 하였다.

교장선생님(칠판 옆)께서 학생들에게 소정이와 서진이를 소개하는 모습

소정이 선생님의 이름은 트레시(Tracey)이다. 그녀를 처음 봤을 때 아내와 난 매우 당황스러웠다. 남자인지 여자인지 분간이 안 되는 몸매와 거친 피부를 가진 40대 백인 여성이었다. 그녀는 항상 남자들이 입을 법한 반바지에 줄무늬가 그려진 티셔츠를 입고 있었다. 소정이 선생님과 면담을 할 때 의사소통이 되지 않아 너무 힘들었다. 뚫어지게 나를 보는 그녀의 파란 눈도 부담스러웠다. 그녀는 몸이 안 좋은지 말할 때 늘 숨이 찼다. 얼굴에는 푸른빛이 돌곤 하였다. 웃지 않으면 무섭기까지 했다. 호주 아이들만 예뻐하면 어쩌나 하는 내심 걱정도 앞섰다.

서진이가 수업받는 모습(왼쪽 담임선생님, 오른쪽 교장선생님)

서진이 선생님은 20대의 전형적인 호주 여성이다. 누가 봐도 예쁘고 상냥하며 영화 속에서나 볼 수 있는 젊은 여배우 같았다. 소정이 선생님은 40대로 보였지만 서진이 선생님은 20대로 보였다. 처음엔 학교에 반바지 입고 다니는 선생님이 많이 어색했다. 사실 나만 어색한 것 같다.

5월 30일 오후 3시 학교에서 아이들을 태우고 집으로 오는데 소정이가 갑자기 울음을 터뜨린다. 반에 있는 아이들이 자꾸 놀리고 괴롭힌다는 것이다. 화가 나기 시작했다. 소정이가 영어를 못한다는 이유로 자꾸 아이들이 소정이 말투를 따라하며 놀리는 것이다. 아무리 이방인이라 해도 부모이기에 무력해지면 안 될 것 같았다. 내일 트레시에게 이메일을 보내기로 하였다.

며칠 후, 트레시는 아이들을 데리러 간 우리를 보고 잠깐 얘기하자고 하였다. 트레시는 소정이가 학교에 적응하는 것을 힘들어한다는 걸 잘 알고 있었다. 이미 이 문제를 교장선생님과 상의했다고 한다. 트레시는 소정이를 놀리는 아이들을 따로 불러내었다. 그리고 그녀는 아이들을 혼내기보다 친구들을 놀리면 너희들에게

책 읽기 주간에 책을 읽고 그린 서진과 소정 그림

어떠한 불이익이 생기는지를 차근차근 설명했다고 한다. 그래서인지 그 이후 아이들은 소정이를 더 이상 괴롭히지 않았다.

호주 학교에서는 문제를 일으키는 학생이 발생하면 그 학생을 다른 반으로 이동시킨다. 그래도 계속 문제를 일으키면 다른 학교로 전학 보낸다. 이러한 절대적 권한은 교장선생님에게 있다. 학부모는 교장의 절대적 권한에 대해 동의하며, 교장의 권한에 대해 어떠한 이의도 제기하지 않는다고 한다. 따라서 아이들에게는 반을 이동하고 전학을 가야 한다는 것이 어떤 무엇보다도 무서운 형벌이다. 선생님은 학생의 행동이 잘못된 점을 정확하게 얘기할 뿐이다.

한국에서 왜 학교폭력이 근절되지 않는지 곰곰이 생각해 본다. 일부 부도덕한 교사들로 인해 전체 선생님들의 명예는 바닥으로 떨어진다. 존경하고 믿어야 할 선생님에게 도전하고 불신하는 일부 학부모들로 인해 선생님의 교권은 실추되고 있다. 공교육이 사교육의 밑에 있다고 생각하는 아이들과 사교육을 통해 배우라는 일부 몰지각한 교사들로 인해 학교의 생태계는 무너지고 있다. 열심히 공부하겠다는 학생에게 배움의 기회를 제공해야 한다. 교육을 방해하는 학생에게는 엄격한 처벌과 함께 책임을 지도록 해야 한다. 교육에 있어서 타협은 없어야 한다. 가해학생 학부모들의 압력에 의해 학생에 대한 처벌기준이 모호해지고 자리에 연연한 일부 교사들은 이에 타협을 하곤 한다. 그러면서 우리의 학교 생태계는 썩어가고 있다. 다음 세대를 짊어지고 갈 학생들이 이렇게 유년 시절을 보낸다면 우리의 미래는 어떻게 될 것인가?

외모도 다르고 언어도 달라 서로를 이해하긴 어렵다. 그러나 소정이에 대한 호주 선생님의 대응을 보면서 보편타당한 교육에 대한 신념은 똑같다는 것을 이해하였다. 어떠한 외압에도 흔들리지 않는 호주 학교의 교장선생님과 균등한 교육의 기회를 제공하려는 트레시의 노력으로 소정이는 학교를 무사히 다닐 수 있었다. 학부모의 기대를 등에 업고 부여받은 권한을 교장선생님은 공정하게 사용하였다. 매번 바뀌는 한국의 교육제도를 보면서 제도가 아니라 사람이 문제라는 것을 다시 한 번 깨닫는다. 한국에서 온 우리 가족이 이방인임에도 불구하고 호주 선생님들은 우리 가족을 공평하게 대했다.

트레시의 겉모습만 보고 트레시를 평가하려 했던 내가 너무 부끄러웠다. 누구나 자기 경험을 바탕으로 세상을 평가하려 한다. 떳떳하다면 남의 평가에 너무 주눅들 필요는 없을 것 같다. 금방 트레시에게 감사할 걸 누가 누굴 평가하겠는가! 직장생활하면서 다른 사람 눈치 보느라 힘들었던 것이 생각난다. 모순투성이인 누군가에 의해 내 인생이 슬퍼졌다는 것에 잠시 화가 난다. 잘 보이고 싶고 친해지고 싶은 선한 마음을 갑질하는 모순덩이들에게 먹이로 주지 말자.

10. 할 말 다하며 살고 싶다

나는 지금 일 년 중 200일 이상 해가 뜬다는 선샤인(sunshine) 지역에 살고 있다. 이 소중한 시간은 나에게 그 무엇과 바꿀 수 없는 벅찬 선물이다. 호주에 와서 정착하느라 정신없는 시간을 보냈다. 이제야 호주의 모습들이 하나씩 들어온다.

3월 1일 연구를 위해 그리피스 대학(Griffith University)으로 갔다. 이 교수가 마련해 준 연구실의 열쇠를 받았고 그리피스 대학의 신분증도 발급받았다. 이 교수는 너무 바빠서 독일에서 온 박사과정 학생 데이비드를 나에게 붙여 주었다. 그는 호주에 온 지 5년이 되었다. 박사학위를 취득하여 이곳에 정착하려고 하는 것

그리피스 대학(Griffith University) 골드코스트 캠퍼스(Gold Coast campus) 경영대학 전경

같았다. 그의 아내는 아직도 독일에서 일하고 있었다. 본인이 영주권을 받으면 아내를 호주로 데려올 생각이었다. 데이비드가 학교의 시설들을 설명해 주며 이곳저곳 나를 데리고 다녔다. 지날 때마다 동네 사람 만나듯이 만나는 모든 사람들과 몇 분씩 이야기를 주고받는다. 처음에는 데이비드가 아는 사람들인 줄 알았다. 알고 보니 처음 만나는 사람들도 많았다. 한국에서만 살던 나에게 그의 행동은 너무 신기하면서도 부러웠다. 내가 한국에 살면서 처음 만난 사람과 수다 떤 적이 있었는가? 더 놀라운 것은 데이비드가 지도교수인 이 교수에게 하고 싶은 말을 다 한다는 것이다.

데이비드는 현재 모든 수업을 마쳤고 박사학위 논문을 제출한 상태이다. 학교에는 1주일에 한두 번밖에 나오지 않는다. 나의 박사과정 시절을 떠올리면 지도교수에 대한 데이비드의 행동은 용납될 수 없다. 박사학위 논문에 도장이 찍힐 때까지는 지도교수의 심기를 거스르지 않아야 한다. 아무리 하고 싶은 말이 있어도 대부분의 박사과정 학생들은 학위를 받을 때까지 지도교수 앞에서 모든 걸 인내한다. 그러나 데이비드는 본인의 역할을 충실히 다하고 남은 시간은 온전히 본인의 인생을 위해 사용하였다. 이 교수는 한국에서 자라 유학을 갔기 때문에 한국의 문화를 잘 알 것이다. 이 교수에게 물어보니 호주의 지도교수가 개인적인 일을 위해 학생을 동원하거나 이유 없이 감정적으로 소위 '갑질'을 하면 학생이 인권단체에 고발을 하여 지도교수가 다칠 수 있다고 했다. 그래서 공적인 일에서의 관계를 사적인 일로 가져갈 수가 없다고 한다. 이런 문화는 자연스럽게 호주에 스며들어 어느 누구도 이런 문화에 대해 무성하거나 이상하게 생각하지 않는다고 했다.

난 한국과 호주의 대학문화 차이가 기회의 유연화에서 온다고 생각한다. 한국과 같이 인맥을 중시하고 집단적 사고방식을 갖는 나라에서 지도교수의 권한은 막강할 수밖에 없다. 가뜩이나 작은 나라에서 특정 학계의 인간관계는 더 좁고 좁다. 이런 한국에서 박사학위를 받는다는 것은 미래의 인생이 지도교수에 달려있는 것이나 마찬가지이다. 지도교수가 학생에 대해 안 좋은 의견을 내면 그 학생은 한국의 어느 곳에서도 교육자로 일하기가 쉽지 않다. 수년간 스트레스를 받으며 공부했던 지식을 모두 포기하고 먹고 살기 위해 전혀 다른 길을 간다는 것은 그리 간단하지 않다. 오죽하면 일부 박사들은 교육자의 길을 걷지 못하는 것이 너무 서럽고 억울하여 죽음을 택하겠는가?

데이비드는 본인의 인생이 지도교수의 손에 있지 않고 본인의 선택에 있다고 생각하는 것이다. 독일에서 온 데이비드의 인생을 호주의 이 교수가 좌지우지할 수 없다. 인생의 모든 기회를 본인의 나라에서 찾지 않고 전 세계에서 찾는다면 어느 누구도 그의 인생을 옥죄지는 못할 것이다. 물론 본인의 나라에서 기회를 찾고자 하는 자는 그 나라의 문화를 따라야 할 것이다. 나라가 고유문화를 발전시키려면 외부의 변화에 순응하여 좋은 점은 계승하고 나쁜 점은 없애려는 노력이 필요할 것이다. 그러나 이러한 사회적 합의가 일어나려면 엄청난 시간과 고통이 수반될 것이다. 이 시간들을 기다릴 여유가 없다면 본인의 인생을 찾아 움직이는 것이 더 빠를지도 모른다.

한국에서도 대학원생의 작은 반란이 시작되었다. 최근 신문을 보고 "김박사넷"이라는 사이트를 알게 되었다. 가입자는 주로 대학원생으로 지도교수에 대한 평가를 댓글 형식으로 나타내고 있었다. 물론 대학원생은 익명의 형태로 댓글을 단다. 일부 사람들은 교수에 대한 잘못된 평가가 해당 교수의 명예를 왜곡시킬 수 있다고 우려한다. 반면에 일부 사람들은 교수에 대해 전혀 몰랐던 사실을 알게 되어 해당 교수를 다시 평가할 수 있다고 긍정적인 반응을 보인다. 그러나 대부분의 사람들은 그동안 얼마나 지도교수들이 대학원생들에게 '갑질'을 많이 했으면 이런 사이트가 생겨났을까하는 안타까운 반응이다. 권력이나 이해관계가 있는 자에게 아부하고 상대적으로 약자의 위치에 있는 사람들에게 갑질하던 몇몇 교수들이 생각난다.

최근 젊은 세대를 중심으로 집단주의 사고에서 개인주의 사고로 분위기가 바뀌고 있다. 직장에 대한 충성 분위기에서 개인의 삶을 중시하는 분위기로 바뀌고 있다. 많은 사람들이 대중매체의 접촉이나 해외여행을 통해 다양한 국가의 문화를 체험하는 것 같다. 그러한 과정들은 한국의 문화들을 서서히 변화시키고 있다. 새로운 문화는 양날의 검과 같아서 긍정적인 면과 부정적인 면이 항상 공존한다. 그러나 사람들은 그들의 삶에 긍정적인 면을 더 쉽게 수용하려고 할 것이다.

대학원생 연구비 횡령, 대학원생에게 논문대필 지시, 개인적인 일에 학생 동원하기, 대학원생에 대한 성추행 그리고 기여도 없이 논문저자로 끼워 넣기 등에 대해 이젠 그만하자고 외치고 싶다. 모든 교수가 다 그렇지는 않겠지만 남의 인생을 공짜로 가지려는 그런 교수들은 한국의 발전을 위해 사라져야 한다. 남의 인생을 책임지지도 못하면서 남의 인생을 좀먹는 인간들에게 하고 싶은 얘기 다하자. 그런 인간들에게 하고 싶은 얘기를 다 하지 못하면 당신의 상처는 곪아터져 인생을 완주하지 못할 수도 있다. 생계를 거들먹거리며 남의 인생을 위협하려는 그런 인간들 뒤로 용기 있는 당신 모습에 두려워할 겁쟁이가 숨어 있을지도 모른다. 가식으로 포장된 그런 인간들의 뒤를 잘 살펴보기 바란다.

나도 집에 가면 소중한 아들이자 귀여운 아이들의 가장이다. 어느 누구도 나에게 함부로 소리치며 폄하할 수 없다. 내 인생은 나밖에 책임질 수 없다. 한 번뿐인 내 인생을 남을 위해 살지 말자. 아프고 힘들어도 스스로를 위로하며 한발 한발 나아가자.

독일에서 온 데이비드가 꽃길만 걸으며 행복한 삶을 살았으면 좋겠다. 한국의 대학원생들도 독일의 데이비드처럼 넓은 세상에서 마음껏 인생의 꿈을 펼쳤으면 좋겠다.

11. 어떻게 하면 좋은 아빠가 될 수 있지?

3월 2일 아이들의 학교생활이 익숙해질 무렵 아내는 교민들을 통해 사우스포트에 '제임스안'이라는 학원을 알게 되었다. 원래는 안 씨 성을 가진 한국 사람이 운영했던 학원인데 최근에 중국 사람이 학원을 인수했다. 호주로 밀려드는 중국 사람들의 증가와 무관하지 않은 것이다. 학원에는 중국 아이들로 북적였다. 아내는 학원에서 아이들이 영어도 공부하면서 수학 실력이 늘어나길 기대했다. 사실 이 학원은 호주 대학교의 입시시험 준비 교육과정을 운영하고 있다. '맛단지' 식당의 사장님은 아들을 이 학원에 보냈었고, 지금은 치과의사가 되었다고 했다. 아내는 그 얘기에 귀가 솔깃했던 것 같다. 소정이와 서진이를 위해 한 달 치 학원비를 내면서 아내와 난 다투기 시작하였다.

오후 3시가 되면 아내와 난 아이들을 태우고 제임스안으로 달렸다. 학원은 1주일에 두 번 가지만 한국과 달리 집에서 학원까지의 거리가 꽤 멀다. 따라서 아이들을 학원에 데려다주고 수업이 끝날 때까지 기다렸다 태우고 와야 했다. 아내와 난 번갈아가며 아이들을 데려다 주기로 했다. 그러나 혹 아내가 교통사고 날까 봐 계속 신경이 쓰였다. 호주에서 무슨 일이 생기면 내가 나설 수밖에 없다. 내가 나선다고 특별히 달라질 건 없지만 모든 것이 생소한 이곳에서 가만히 있을 수는 없는 것이다.

2주 정도 지나 아이들에게 학원이 어떠냐고 물어보았다. 아이들은 배우는 내용이 너무 어렵고 재미없다고 했다. 우리의 기대와 달리 학원의 목표는 대학교 입시에 맞춰져 있었다. 난 이미 지불한 학원비가 아까워 아내에게 투덜거렸다. 한 달이 지나고 아내와 상의한 후 더 이상 아이들을 학원에 보내지 않았다.

호주의 교육문화는 한국과 정말 다르다. 호주 아이들이 가장 많이 다니는 학원은 영어와 수학학원이 아니라 수영학원이다. 골드코스트는 바다 옆에 있어서 수영을 배우는 것이 매우 중요한 과제이다. 태권도나 중국 무술학원에 다니는 학생도 꽤 많다. 호주 아이들은 주로 운동과 관련된 학원에 많이 다녔다. 그러나 동양에서 온 이민자의 자녀들은 구몬(Kumon)과 같은 수학학원에 많이 다녔다. 인구가 밀집된 아시아 국가의 부모들은 여전히 공부만이 성공의 지름길이며 계층 상승의 유일한 사다리라고 믿는다. 그러한 믿음은 호주라고 달라지지 않는 것이다.

5월 13일 교회에서 아이들의 조기유학을 위해 이곳에 온 한국 아주머니를 만났다. 그녀에게는 아이 둘이 있었다. 아이들은 모두 사립학교에 다닌다. 1년에 아이 한 명당 2천 5백만 원 이상의 학비를 지불해야 한다. 아파트 임대료와 생활비까지 합하면 지출비용은 1억 원이 넘을 것이다. 나 같은 직장인에겐 감당하기 힘든 금액이다. 그녀는 아이들이 의사가 되길 바랐다. 한국에선 해외 조기유학도 사교육이라면 사교육일 것이다. 상대적으로 경쟁이 덜한 호주에서 공부할 뿐 아이들에 대한 한국 부모의 기대는 달라지지 않는 것이다.

웻앤와일드(Wet'n'Wild) 테마파크에서 놀고 있는 아이들(계단 오르는 서진)

정 선생님은 호주 아이들이 고등학생이 되면 공부해서 먹고 살지 아니면 기술을 배워 먹고 살지 결정한다고 했다. 모르는 사람들은 호주의 아이들이 매일 놀기만 한다고 생각한다. 그러나 호주에서 공부로 성공하려는 아이들은 어느 나라의 아이들보다도 치열하고 힘들게 공부한다. 호주의 교육정책은 모든 아이들이 공부를 잘 해야 한다고 생각하지 않는다. 누군가는 자동차도 고쳐야 하고 집도 수리해야 하며, 누군가는 변호사가 되기도 하고 의사가 되기도 해야 한다. 즉 모든 아이들이 그들의 몸에 맞지 않는 옷을 입기 위해 공부에 매몰되는 것은 사회적 비용의 낭비라고 보는 것이다.

한국에 돌아오자마자 아내는 아이들을 보낼 학원을 알아보았다. 호주에서 아이들의 인생은 아이들의 자율에 맡기자고 아내와 다짐에 다짐을 했었다. 그러나 아내는 한국에 와서 주변 엄마들의 학

브로드워터(Broadwater) 공원에서 공연하는 아이들

원 성공담에 흔들릴 수밖에 없었다. 대한민국의 아이들은 성공하기를 바라는 부모의 바람 속에 대부분 학원으로 내몰린다. 아이들은 학원에 가지 않으면 같이 놀 친구도 만날 수 없다. 아이들의 학원비에 부모의 노후준비는 오래전에 뒷전으로 밀려났고 지출되는 학원비는 아이들에 대한 부모의 걱정을 잠시 잊게 할 뿐이다. 아이들이 공부 잘해서 화이트칼라가 되길 바라는 한국 부모들에게 블루칼라가 될 아이들의 모습은 상상조차 할 수 없다. 학원비에 실려 보낸 자식 사랑이 애초부터 잘못 설정된 건 아닌지 걱정이 앞선다. 아이들은 초등학생 때부터 밤늦게 학원숙제로 엄마와 실랑이하고 출근을 위해 잠을 청해야 하는 아빠는 답답하기만 하다. 아이들 방학 때는 학원비로 월급이 통장에 머무를 겨를이 없다. 피땀 흘려 번 돈이 남의 손에 넘어갈 때 걸려오는 전화한통이 씁쓸한 웃음을 짓게 한다. 아이가 학원에서 열심히 공부한다는 말에

엄마들은 기뻐한다. 그러나 아빠들은 밑 빠진 독에 물 붓는 것 같아 마냥 웃을 수 없다.

엄마는 숙제 안한다고 혼내고 아이는 놀 시간이 없다고 화낸다. 유튜브에서 본 어느 부자처럼 다른 나라에 이민 가서 아이들을 키우면 더 행복하지 않을까 생각도 해 본다.

호주에는 직업의 귀천(貴賤)이 없다. 그저 흘린 땀방울의 무게만큼 보상을 받기에 직업의 귀천이 필요치 않다. 한국에서는 여전히 흘린 땀방울과 보상이 비례하지 않는 것 같다. 체면문화와 함께 직업의 귀천은 우리의 의식 저변에 깔려있다. 고려시대부터 내려온 사농공상(士農工商)의 사회적 계급은 여전히 우리 마음 어딘가에 단단히 자리 잡고 있다. 호주에서 그렇게 밝았던 소정이와 서진이는 투덜거리면서도 친구를 만나기 위해 학원에 간다. 호주에서 밝았던 아이들의 낯빛이 서서히 한국의 그늘에 가려진다. 왜

파라다이스 포인트(Paradise Point)에서 놀고 있는 소정과 서진

호주가 아이들의 천국인지 한국에서 다시 한 번 느껴본다.

같은 시간을 공유하면서 아이들에게 좋은 아빠로 남고 싶다. 한국은 다 그렇다면서 아이들의 인생에 괜히 간섭만 하는 건 아닌가 걱정된다. 누구나 각자의 인생을 살 권리가 있지만 한국에서는 너무 많은 기준들이 사람들의 인생을 지배한다. 어렸을 때 부모님이 나를 크게 신경 안 쓰셨다고 얘기하면 아내는 지금 세상이 달라졌다고 말한다. 아이들이 자랐을 때의 세상은 어떻게 변해 있을지 궁금하다. 앞으로도 좋은 아빠가 될 수 있는 방법은 풀리지 않는 숙제가 될 것 같다.

Part II

자연 속에 인간은 그저 자연일 뿐

1. 내가 주인이라고 착각하지 마

3월 4일 늦은 아침을 해결하고 우리 가족은 할리(Harley) 공원에 갔다. 집에서 차로 10분 거리에 있는 작은 공원이다. 공원은 바닷가를 따라 있었고 공원 끝에는 채리스씨푸드(Charis Seafoods) 가게가 있다. 가게 앞에는 깊지 않은 곳까지 부표로 표시해두어 가족들이 즐길 수 있는 천연 수영장이 있다. 바다 속은 정말 깨끗하였다. 바닥은 모래로 되어 있어 맨발로 다녀도 다칠 염려가 없다. 바닷물 속에는 사람들이 던져주는 빵 부스러기를 먹으려고 제법 큰 물고기들이 돌아다녔다. 시간이 조금 지나자 커다란 펠리컨 두 마리가 바다 위로 사뿐히 내려앉는다. 펠리컨은 늘 그래왔다는 듯이 수영하는 사람들 사이에서 유유히 수영하고 있었다. 시간이 좀 더

채리스씨푸드(Charis Seafoods) 뒤 바다에서 펠리컨과 놀고 있는 사람들(왼쪽부터 소정, 서진, 중간 펠리컨)

흐르니 스무 마리 이상의 펠리컨들이 사람들 속에서 수영하고 있었다. 부표로 둘러쳐진 수영장 안에는 사람 반 펠리컨 반이다.

어쩌면 이곳은 원래부터 펠리컨이 주인인데 사람들이 주인이라고 착각하는지도 모르겠다. 아이들이 물놀이를 하지만 펠리컨들은 아이들을 경계하거나 두려워하지 않는다. 매일 오후 1시만 되면 채리스씨푸드(Charis Seafoods)에서 손질하고 남은 생선찌꺼기를 펠리컨에게 먹이로 준다. 이제는 펠리컨에게 생선찌꺼기를 주는 행사가 하나의 관광 상품이 되어 버렸다. 그 시간만 되면 많은 관광객들이 신기한 광경을 보려고 몰려든다. 펠리컨들은 오후 1시가 가까워지면 가게 앞에 줄을 선다. 가게 점원은 큰 통에 있는 생선찌꺼기를 펠리컨들에게 골고루 던져준다. 사람들이 가까이에서 사

채리스씨푸드(Charis Seafoods) 직원이 펠리컨에게 생선찌꺼기를 나눠주는 모습

진을 찍어대도 펠리컨들은 전혀 미동도 하지 않는다. 수영하는 사람들은 펠리컨을 쫓아내지도 않으며 곁을 지나는 많은 물고기들을 잡으려 하지도 않는다. 그냥 자연 속에서 잠깐 머물다가 다시 제자리로 돌아갈 뿐이다. 그들은 그저 자연의 일부이며 죽어서도 다시 자연으로 돌아간다는 걸 너무 잘 아는 것 같았다.

지난주에 갔던 쿰바바호수 보호구역(Coombabah Lakes Conservation Area)에는 오후만 되면 야생 캥거루들이 먹이활동을 하러 들판에 나온다. 거짓말을 조금 보태면 캥거루가 온 들판을 뒤덮고 있다. 그렇게 많은 야생 캥거루는 처음 보는 것 같다. 보호구역 안에는 많은 산책로가 있어 항상 운동하는 사람들로 북적인다. 어른 캥거루에게 가까이 가면 공격받을 수 있다고 한다. 그러나 대부분의 캥거루는 사람이 가까이 가도 공격하거나 도망가지 않는다. 내가 산책 갈 때마다 늘 캥거루를 보러 온 관광객들을 만난다. 아름다

쿰바바(Coombabah) 보호구역의 유칼립투스 숲길

운 자연이 누군가에게는 일상이 되었지만 누군가에게는 신기한 구경거리가 되었다. 모든 캥거루가 야생 캥거루라고는 믿겨지지 않을 만큼 온순하고 사람들에게 친근하였다. 각자의 영역을 침범하지 않을 때 자연의 질서는 유지되고 서로가 상생하는 것이다. 어느 누구도 자연 앞에 주인은 없는 것이다.

펠리컨이나 캥거루는 사람들이 자신들을 공격하지 않는다는 것을 잘 알고 있었다. 얼마 전 소정이는 학교에 야생 오리가 날아와 알을 낳았다고 했다. 오리 알은 건물의 입구에 있었다. 학교에서는 어미 오리가 알을 편안하게 돌보도록 아이들이 건물에 다른 입구로 들어가도록 하였다. 오리 알 근처에는 펜스를 치고 아이들이 접근하지 못하도록 하였다. 호주 아이들은 어렸을 때부터 자연스럽게 동물을 보호하는 걸 보고 자란다. 자연은 존중되고 지켜질

쿰바바호수 보호구역(Coombabah Lakes Conservation Area)에서 야생 캥거루를 배경으로 서 있는 소정과 서진

아파트 뒤쪽의 작은 공원과 저녁만 되면 과일박쥐가 날아드는 나무들(가운데) 그리고 동네 전경

때 자연은 사람들을 품을 것이다. 어렸을 때 창가에 늘 지저귀던 참새들도 요즘은 정말 보기 어려워졌다. 여러 가지 원인으로 참새가 사라졌겠지만 어렸을 때 어른들로부터 참새를 구워먹었다는 얘기를 자주 들었다. 야생동물들이 살 수 있는 장소를 지켜주고 침범하지 않는다면 사람들은 그들과 공존할 수 있을 것이다.

저녁식사를 하고 우리 가족은 하버타운으로 산책을 갔다. 머리 위로는 까치만한 과일박쥐들이 제 세상 만난 듯 떼 지어 날아다닌다. 호주의 아름다운 자연환경이 그냥 공짜로 얻어지는 것은 아니었다. 많은 나라에서는 당연히 일상이 되어야 할 자연이 인간의 이기심에 의해 파괴된다. 이제는 돈 주고 사야 할 구경거리가 되었다. 자연에 군림하지 않고 자연 속에서 공존하려는 아름다운 호주 사람들을 발견한다.

우리는 모두 자연의 일부이다. 그러나 주변에서 나 아니면 안 된다는 생각을 갖고 사는 사람들을 발견한다. 이런 생각을 주인의식이라고 해야 하나? 당신이 없다면 세상은 더 아름답게 발전할지도 모른다고 말해주고 싶다. 이런 사람들은 자기 기준으로 세상을 평가하고 자기 기준에 맞지 않는 사람들에게 상처를 준다. 당신이 이 세상의 주인이라고 착각하지 않았으면 좋겠다. 우리 모두는 흘러가는 시간 속에 그저 자연의 일부임을 잊지 않았으면 좋겠다.

2. 인생을 너무 걱정하지 마

3월 10일 한 달간의 호주 생활은 열한 달밖에 남지 않은 호주 생활을 아쉽게 한다. 시간이 금방 지나갈 것 같다. 서둘러 4월 초에 가족들과 뉴질랜드 남섬(South Island)에 여행가기로 하였다. 며칠 전 현대투어 여행사로부터 뉴질랜드 남섬 패키지 여행상품을 구입하였다. 현대투어는 로컬여행사이므로 우리가 호주에서 뉴질랜드 남섬까지 건너가는 것을 인솔하지 않는다. 따라서 우리 가족이 실수로 뉴질랜드 남섬의 여행팀에 합류하지 못해도 책임지지 않는다. 어제 스카이스캐너(Skyscanner)에서 골드코스트에서 뉴질랜드 크라이스트처치(Christchurch)를 왕복하는 비행기 표를 구입했다. 한국에서 뉴질랜드까지 상당히 먼 거리라 패키지 상품으로 여행을 하면 많은 돈을 지불해야 한다. 호주까지 와서 뉴질랜드 여행을 가지 않으면 후회될 것 같아 용기를 내었다. 가족을 데리고 뉴질랜드 남섬까지 무사히 갔다 올 수 있을지 걱정이 되었다.

아이들과 바이런베이(Byron Bay)에 가기로 약속했었다. 비는 간간히 날리지만 아침 일찍 집을 떠났다. 바이런베이를 가는 가장 큰 목적은 4월 초 뉴질랜드 여행을 갈 때 비행기를 타게 될 골드코스트 공항을 미리 가보기 위해서이다. 바이런베이로 가는 길에 위치한 골드코스트 공항을 이용해 본 적이 없었다. 뉴질랜드 여행에서 당황하지 않으려면 예행연습이 필요하다. 골드코스트 공항은 집에서 50km 정도 떨어져 있고 M1 고속도로를 타니 1시간 정도 걸렸다. 골드코스트 공항 앞에는 공항과 어울릴 것 같지 않은 노스키라비치(North Kirra Beach)가 있었다. 비치에는 많은 사람들이 서핑이나 수영을 즐기고 있었다. 비치 위로 수시로 이착륙하는 비행기의 모습은 호주의 낭만적인 매력을 더 했다. 골드코스트 공항에서 바이런베이까지는 58km 정도로 1시간을 더 달려야 한다.

바닷가 옆으로 난 고속도로를 한참 달리다보면 비가 왔다가 개었다가를 반복한다. 깨끗한 공기 뒤로 끝없이 이어진 푸른 산들은 차와 함께 달리고 있었다. 산을 지나 넓게 펼쳐진 초원 위에는 말과 소들이 한가로이 풀을 뜯고 있었다. 1시간을 더 달려 오후 1시쯤에 바이런베이에 도착하였다. 바이런베이는 아주 작은 해변 마을이다. 말 그대로 베이(bay)가 있어서 서핑하기 적합한 파도가 만들어졌고 지금은 서퍼의 천국이다. 마을 옆 작은 언덕 위에는 바이런베이 등대가 서있다. 그곳에 오르면 돌고래 가족을 볼 수 있

멀리서 바라본 바이런베이(Byron Bay) 등대

바이런베이(Byron Bay) 등대

다고 한다. 바이런베이는 한국에서 음료 광고 촬영지로 유명하여 생각보다 많은 한국 사람들을 볼 수 있었다. 메인 비치의 베이거(Bayger) 식당에서 점심으로 햄버거를 먹었다. 하얀 피부의 꽃미남 청년이 투박하게 건넨 햄버거가 의외로 맛있었다. 바이런베이 지역은 일주일 내내 모든 주차장이 유료이다. 얼마나 많은 사람들이 이곳을 찾기에 일주일 내내 주차비를 받는 걸까? 골드코스트에서는 평일에도 오후 5시가 넘어가면 모든 주차장을 무료로 사용할 수 있다. 주말에는 하루 종일 무료로 사용할 수 있다.

일부 얌체족은 무인 정산 기계에 주차비를 내지 않고 차를 세우는 것 같다. 마을에서 산길을 따라 3km를 올라가니 등대에 다다랐다. 작은 주차장이 몇 개 있는데 1시간에 8달러이다. 이렇게 넓은 땅에도 사람이 몰리는 곳엔 반드시 주차비가 따라온다. 등대

위 파란 하늘에는 패러글라이딩을 타는 사람들이 갈매기처럼 정지하여 경치를 즐기고 있다. 등대를 지나 오솔길을 따라 내려가니 절벽 밑 바다 속엔 돌고래 가족들이 놀고 있었다. 바다색은 손에 잡힐 듯이 투명한 청록색이다. 바다 멀리에는 카누를 타거나 요트를 즐기는 사람들이 많이 보인다. 정말 평화로운 풍경이다.

등대 너머 산책로를 따라가면 작은 표지판을 만나게 된다. 표지판에는 이곳이 호주 대륙의 가장 동쪽에 위치한 땅이라고 쓰여 있다. 왜 서퍼들뿐만 아니라 많은 호주 사람들이 이곳을 찾는지 이해가 되었다. 바이런베이는 호주 사람들에게 지리상 의미 있는 장소이다. 호주같이 넓은 대륙에도 끝은 있는 것이다. 산책로에서 만난 많은 호주 사람들은 하나같이 먼저 인사를 건넨다. 서로 피해를 주지 않으려고 몸을 비틀며 배려를 한다. 지나는 길에는 쓰

바이런베이(Byron Bay) 앞 바다에서 서핑하는 사람들

레기 하나 찾아 볼 수 없다. 사람이 지나갔을 뿐 자연 그대로의 모습으로 보존되어 있다. 산책로는 오래된 나무가 다치지 않게 애써 둘러 만들어져 있다. 호주의 많은 사람들은 호주가 자기들의 땅이 아니라 후손들에게 빌려 쓰고 있다고 생각한다. 그래서일까? 무인가 투박한 그들의 삶 속에서도 반드시 지키려는 섬세한 무언가가 존재하는 것 같다. 필요한 만큼만 자연에서 취하고 사라지는 자연을 닮은 사람들의 겸손함을 발견한다.

우리 인생은 걱정으로 채워져 있다. 태어나서 배우는 것이 걱정이고 자라서는 먹고사는 것이 걱정이고 늙어서는 죽는 것이 걱정이다. 그러나 알고 있는 걱정은 더 이상 걱정이 아니다. 언제까지 걱정으로 인생을 채울 것인가? 걱정 사이에는 분명히 행복이 있다. 바이런베이에서 바라본 광활한 바다 앞에 우리의 걱정은 한낱 먼지같이 느껴진다. 세월이 지나도 바이런베이는 그대로 있겠지만 그곳을 스쳐간 사람들은 바뀌고 또 사라질 것이다. 자연 앞에 우리의 걱정들도 그렇게 흔적조차 없이 사라질 것이다. 너무 걱정하지 말라는 거대한 자연 앞에 행복해질 기회를 다시 한 번 확인해 본다.

3. 남의 삶도 내 삶만큼 소중하다

3월 24일 승우가 자동차를 점검해 준다고 하여 브리즈번으로 갔다. 브리즈번을 가기 위해 M1 고속도로를 타야 했다. 고속도로를 타고 가는 내내 긴장되었는지 손에 땀이 흥건하였다. 호주 사람들의 자동차는 크고 튼튼해 보여 무섭기까지 하다. 승우가 자동차를 점검하는 동안 우리 가족은 길 건너 커피숍에서 기다리기로 했다. 1시간 뒤 승우가 차량 상태에 대해 얘기해 주었다. 앞바퀴 조인트가 낡았고 엔진오일이 너무 오래되었다고 했다. 승우는 우버(Uber)를 해야 해서 우리 가족과 동행할 수 없었다. 주말에 우버를 해서라도 빨리 경제적인 안정을 찾고 싶어 했다. 한국의 친구

브리즈번(Brisbane) 사우스뱅크(Southbank)의 전경

들이 직장 다니며 돈 버는 동안 승우는 영주권을 따기 위해 10년을 썼다.

승우가 알려준 마이어(Myer) 백화점에 차를 주차하고 사우스뱅크(Southbank)로 향했다. 브리즈번 시내는 주차비용이 비쌌다. 사설 주차장은 보통 시간당 10달러를 받는다. 마이어 백화점은 토요일에 한해 하루 종일 주차해도 10달러만 받는다. 시내에서 브리즈번 다리를 건너 사우스뱅크에 도착하였다. 사우스뱅크에 있는 브리즈번 휠(The Wheel of Brisbane)을 타는 데 5만 원이 지출되었다. 너무 비싸다고 생각했지만 무료 수영장을 보고 마음이 누그러졌다.

사우스뱅크에는 모래를 깔아 만든 인공해변이 있었다. 바다가

사우스뱅크(Southbank)에 있는 브리즈번 휠(The Wheel of Brisbane)의 모습

사우스뱅크(Southbank)에서 바라본 브리즈번 시내의 건물들

가까이 있는 브리즈번에 왜 이런 시설이 만들어졌는지 처음에 의아했다. 나중에 알고 보니 브리즈번과 인접한 바다는 갯벌이어서 수영을 즐기기에 부적합하다고 한다. 모래가 있는 해변에서 수영하려면 1시간 떨어진 골드코스트로 가야 하는 것이다. 브리즈번 시는 시민들을 위해 브리즈번 강 옆에 3개의 수영장을 만든 것이다. 수영장 안에는 알록달록한 전 세계 인종이 다 모여 있었다.

어느 나라에서 왔는지 짐작하기 어려운 다양한 사람들이 가족들과 하루를 즐기고 있었다. 옆에 잔디밭에는 영화의 한 장면처럼 비키니 차림의 여성들이 일광욕을 즐기고 있었다. 사우스뱅크 뒤로는 주말마다 열리는 거리시장이 자리를 잡고 있었다. 근처 바에는 많은 사람들이 손에 든 맥주를 치켜 올리며 웃고 있었다. 하늘

브리즈번 강 쪽에서 바라본 사우스뱅크

은 구름 한 점 없이 끝없이 파랗다. 브리즈번 강은 햇살에 눈부시게 빛났다. 브리즈번 강에는 웃음을 가득 실은 배들이 여유롭게 떠다녔다. 모두들 근심 걱정이라고는 먼지 하나 없을 만큼 주말을 즐기고 있었다. 오늘을 내일에 희생하지 않겠다는 의지만큼 최선을 다해 오늘의 즐거움을 누리는 것 같았다. 흑백사진 같던 한국의 하루와 달리 호주의 하루는 천연색의 사진으로 다가왔다.

승우가 예전에 직장에서 쉬었던 일이 생각난다. 어느 날 승우가 퇴근한 후 승우로부터 차량을 수리받은 고객이 문제가 생겨 다시 대리점에 왔다. 그러나 그날 승우는 대리점으로부터 어떠한 전화도 받지 않았다. 승우가 차량을 수리하다 실수한 부분을 남아있던 직원들이 말끔히 처리해 주었다. 승우는 이 이야기를 그 다음날

브리즈번 중심지 거리의 모습

출근해서야 알게 되었다. 호주에서는 직원이 퇴근하면 어떠한 일이 발생하여도 잘 연락하지 않는다고 한다. 그것은 개인의 사생활을 존중하기 때문이다. 승우도 나중에 누군가의 실수로 고객이 찾아오면 성심성의껏 해결해 줄 것이다. 일처리에 문제가 생기면 책임을 전가할 사람부터 찾는 데 급급한 사람들이 생각난다.

카카오톡이 생기면서 퇴근 후의 사생활이 더욱 더 침해당하는 것 같다. 카카오톡이 생기기 전에도 많은 상사들은 퇴근한 직원에게 거침없이 연락하곤 했다. 나 역시 직장생활에서 그러한 일들을 자주 겪었다. 카카오톡은 더 친밀한 인간관계를 유지하는 데 기여하였다. 효과적이고 효율적으로 일을 처리하는 데도 기여하였다. 많은 사람들이 동시에 공간의 제약을 받지 않고 의사소통과 의사

결정을 할 수 있다. 그러나 가끔은 카카오톡이 회사에 대한 충성심을 보여주는 왜곡된 수단으로 변질되기도 한다. 누군가 뚱딴지같이 회사관련 내용을 카카오톡 채팅방에 띄우면 궁금해서 안 볼 수가 없다. 회사에 대한 충성심을 보여주기 위해 채팅방에는 퇴근 후나 주말에도 업무와 관련된 글을 띄우는 이가 종종 있다. 카카오톡은 24시간 인간관계를 연결시켜 주지만 24시간 회사에 묶여 버리게도 한다. 최근에는 사생활을 존중하는 분위기라 일과 후에 업무와 관련된 카카오톡을 하면 옛날 사람으로 취급받는다. 그러나 아직도 왜곡된 충성심을 보이기 위해 스마트폰을 만지작거리는 누군가가 있을지도 모른다.

본인의 목적을 달성하기 위해 남의 사생활을 침범해도 되는가? 퇴근시간이나 주말을 앞두고 일거리를 던져주는 인간들에게 너희들은 퇴근 후나 주말에도 일을 하는지 물어보고 싶다. 나의 사생활은 소중하고 남의 사생활은 마음대로 해도 되는지 물어보고 싶다. 호주 사람들의 삶을 속속들이 알 순 없지만 나의 눈에 그들의 주말은 존중받는 것으로 보인다. 다른 사람의 삶을 존중할 때 내 삶도 존중받을 수 있다는 당연한 진리를 깨닫는 하루이다.

4. 자연 속에 흘러가는 인생이 그립다

3월 17일 날씨는 덥고 등줄기에는 땀이 흐른다. 시원한 곳이 그리웠다. 아이들과 아내는 산보다 바다를 더 좋아했다. 그러나 난 골드코스트에 있는 산을 포기할 수 없었다. 혼자서 탬버린(Tamborine) 산의 폭포들과 갤러리워크(Gallery Walk) 거리를 가기로 했다. 집에서 50분 정도 내륙방향으로 달리니 테마파크 드림월드(Dream World)가 나타났다. 그 뒤로 가파른 길이 시작되었다. 가도 가도 산 정상은 나오지 않았다. 한참을 올라가니 갑자기 산 위에 거리가 펼쳐졌다. 갤러리워크이다. 주로 관광객들을 대상으로 수공예품을 파는 가게들이 줄지어 있었다. 가게들이 파는 물건보다 산

갤러리워크(Gallery Walk) 거리의 의자에 앉아 있는 어느 부부의 모습

위에 거리가 있다는 것이 더 흥미로웠다.

거리를 지나 열대우림 사이의 산길을 더 달렸다. 숲속의 구불구불한 내리막길은 시더크릭(Cedar Creek) 폭포로 이어졌다. 갈림길에 차를 세우고 열대우림이 빽빽한 산속 길을 내려갔다. 시더크릭 폭포라는 작은 팻말과 함께 오솔길이 나타났다. 오솔길을 따라가니 거대한 바위가 깎여 만들어진 여러 개의 작은 폭포들이 있었다. 작은 폭포 밑에는 수영하기 좋은 물웅덩이가 어김없이 있었다. 물웅덩이마다 아이들과 청년들이 옆의 바위로 기어 올라가 연신 다이빙을 하였다. 호주 아이들은 자연 속에서 시간 보내는 것이 매우 익숙해 보였다. 오솔길에는 팔뚝만한 도마뱀들이 분주히 길을 건너고 있었다. 나를 제외한 어느 누구도 도마뱀을 무서워하지 않았다. 자연 속에서 사람은 도마뱀과 같은 동물일 뿐이다.

시더크릭(Cedar Creek) 폭포의 웅덩이에서 물놀이하는 호주의 젊은이들

시더크릭(Cedar Creek) 폭포에서 만난 도마뱀(왼쪽)과 커티스(Curtis) 폭포의 모습(오른쪽)

갤러리워크로 돌아오는 길에 커티스(Curtis) 폭포에 들렀다. 폭포라고 부르기엔 호주 대륙에 걸맞지 않게 너무 소박하였다. 그러나 폭포를 둘러싼 밀림은 세상과 단절된 평화로운 공간이었다. 우연히 폭포에서 사진을 찍고 있는 젊은 한국인 부부를 만났다. 한국에 살던 남편은 호주의 아내를 알게 되어 편지로 연락을 주고받았다. 결국은 둘이 결혼하여 브리즈번에 살고 있다. 아내는 이민자의 딸이라 늘 한국을 동경해 왔고 남편은 아름다운 호주를 늘 동경해 왔다. 그렇게 그들은 서로의 부족함을 채워 하나의 가족이 되었다. 이제 갓 태어난 아이와 걷기 시작한 아이를 보면서 "너희들은 좋겠다. 부모덕에 아름다운 호주에 살 수 있으니 말이다"라며 부러워했다. 서로의 아쉬움을 채우며 사는 것이 가족 아닐까 생각한다.

자연 속에서 물장구치던 때가 언제인가? 나도 어렸을 땐 집 근처 개울가에서 수영하곤 했었다. 산업화로 오염된 지금은 상상도 할 수 없는 일이다. 학교에서 끝나면 친구들과 개울에 가서 미꾸

라지도 잡고 붕어도 잡았다. 어렸을 때는 친구들과 어울리지 않으면 심심해서 견딜 수가 없었다. 자연 속에서 친구들과 즐길 것들이 정말 무궁무진했다. 이젠 그 흔했던 개구리도 찾아보기 어렵다. 요즘 아이들은 동물을 보기 위해 동물원에 가야 한다. 백과사전을 통해 예전에 그런 동물이 있었다는 정도만 이해할 뿐이다. 학교에서 아무리 자연보호를 강조해도 동물원에나 가야 동물들을 볼 수 있는 지금 아이들에게 자연을 보호하라는 것은 달 위의 토끼를 보호하라는 것만큼 공허해 보인다. 공장폐수와 생활하수로 몸살을 앓고 있는 많은 하천에서 다시 수영할 수 있을까? 인간의 욕심에 희생되었던 자연이 비수가 되어 우리에게 돌아오고 있다. 더 늦기 전에 아이들이 자연과 공존해야 하는 이유를 이해할 수 있었으면 좋겠다. 인간은 자연 속에 잠시 머물다 지나갈 뿐 자연을 소유할 순 없다.

7월 11일 호주의 산을 보여주고 싶었다. 우리 가족은 점심을 준비하여 탬버린 산으로 향했다. 패러글라이딩을 즐긴다는 로터리(Rotary) 전망대로 갔다. 전망대에 도착하니 탬버린 산의 뒤편이 보이고 언덕 밑으로 잔디밭이 깔려 있었다. 패러글라이딩을 하는 사람들이 잔디밭을 달려 사뿐히 허공에 안긴다. 많은 사람들은 파란 하늘로 빠져드는 그들의 모습에서 자유의 대리만족을 느꼈다. 산 밑에는 카눈그라(Canungra)에서 보더서트(Beaudesert)로 이어지는 길이 실처럼 보였다. 둥근 산만큼이나 하늘도 푹신해 보였다.

전망대를 지나 커티스(Curtis) 폭포 옆 잔디밭에서 점심을 먹었다. 드디어 자동차 트렁크 밑에 숨겨져 있던 식탁을 사용하게 되

패러글라이딩을 즐긴다는 로터리(Rotary) 전망대의 잔디밭

었다. 건이네 가족이 주고 간 접이 의자도 요긴하게 사용하였다. 외국영화에서나 보던 잔디밭에 돗자리를 깔고 점심을 누렸다. 점심으로 먹은 음식은 비록 샌드위치 몇 조각이지만 우리 가족에겐 잊을 수 없는 호사스런 추억이 되었다.

언젠가 과거의 하루가 될 오늘이 너무나 그립고 다시 느껴보고 싶은 아름다운 내일이 되길 바랐다. 애써 기억에 강요하지 않아도 진정 먼 훗날 그리워할 행복한 시간이 되었다. 멈춰버렸으면 하는 시간들을 멈출 수 없기에 그 시간들이 소중하고 아름다운 것이다. 자연 속에 흘러가는 인생이 아쉽고 그리울 것 같다.

5. 부자와의 거리는 그저 다리 하나뿐

주말에도 가족과 함께 움직여야 한다. 아는 사람 하나 없는 호주 벌판에서 가족이 뭉치지 않으면 헤쳐 나가기 쉽지 않다. 아이들도 서서히 학교생활에 적응해 가는 것 같다.

3월 18일 오늘은 집 근처에 세 군데 장소를 돌아보려고 한다. 먼저 백만장자들만 산다는 소버린(Sovereign) 섬이다. 집에서 20분 정도 북쪽으로 올라가면 파라다이스 포인트(Paradise Point)가 나온다. 파라다이스 포인트는 가족들이 쉴 수 있는 공원이다. 공원 뒤로 식당이 줄지어 있고 공원 앞으로는 바다가 펼쳐져 있다. 채리

파라다이스 포인트(Paradise Point)에서 갈매기를 쫓고 있는 서진

스씨푸드 앞에 바다와 마찬가지로 사람들이 물놀이 할 수 있도록 안전한 깊이까지 부표로 표시되어 있다. 공원에는 가족들과 파티를 즐기는 사람들로 북적인다. 바닷가에는 바닷물을 씻어낼 수 있는 무료 샤워시설이 설치되어 있다. 사람들은 미리 입고 온 수영복 차림으로 거침없이 바다에 뛰어든다.

파라다이스 포인트에서 바다를 보면 손닿을 만큼 가까이에 두 개의 작은 섬이 있다. 하나는 에브라임(Ephraim)이고 또 하나는 소버린 섬이다. 떨어져서 보면 두 개의 섬은 같은 크기로 보이지만 가까이 갈수록 차이가 있다. 에브라임 섬은 소버린 섬에 비하면 5분의 1도 안 될 것 같다. 두 섬 모두 파라다이스 포인트에서 연결된 작은 다리가 유일한 접근 통로이다. 에브라임 섬 앞에는 많은 요트들이 정박해 있다. 가족들과 다리를 건너 에브라임 섬 입구에 다다랐다. 입구에는 작은 주차장이 있었지만 섬 내부로 들어갈 수

파라다이스 포인트(Paradise Point)에서 보이는 에브라임(Ephraim) 섬

는 없었다. 에브라임 섬은 소버린 섬과 마찬가지로 인공 섬이다. 섬 위에는 몇 채의 아파트가 있었고 섬 앞에는 요트들이 정박되어 있다. 요트의 주인들이 이 섬의 아파트에 살고 있는 것 같다. 물에서 볼 때보다 섬은 더 작았다. 차를 돌려 위쪽의 소버린 섬으로 향했다. 소버린 섬에는 경비실이 있었지만 섬 내부로 들어갈 수 있었다. 소버린 섬의 주택 형태는 모두 하우스이다. 모든 집 뒤에는 요트를 정박할 수 있도록 설계되어 있다. 하늘에서 보면 섬 전체는 누에고치 여러 마리가 바다에 누워있는 형상이다. 믿거나 말거나 힐튼(Hilton) 호텔 창립자의 증손녀인 페리스 힐튼(Paris Hilton)의 별장도 이곳에 있다고 한다. 지구라는 같은 별에 같은 시간을 공유하고 있지만 이곳은 별나라 같은 느낌이 든다. 에브라임에 정박되어 있는 요트와는 비교도 안 될 만큼 큰 요트가 집집마다 정박되어 있다. 요트는 10억 원부터 시작하여 큰 것은 50억 원이 넘는다고 한다. 도대체 이 섬의 집값은 얼마일까? 구불구불 이어진

소버린(Sovereign) 섬의 워터프런트(Waterfront) 하우스 모습

길에서 잠깐씩 정차하였다. 남의 떡에 대한 아쉬운 마음을 사진 몇 장으로 달래본다. 주말이라 그런지 섬을 빠져나가는 요트들이 눈에 자주 띈다. 요트를 소유하려면 집이 바다와 접하지 않으면 안 될 것 같다. 도대체 이 사람들은 얼마나 부자일까?

점심때가 되어 우리는 파라다이스 포인트로 돌아왔다. 소버린 섬에서 나온 차들도 파라다이스 포인트에 멈춘다. 차에서 내린 부자들은 그저 반바지에 반팔 티셔츠 차림이다. 우리가 들어간 피쉬앤칩(fish and chips) 식당에서 그들도 별다를 것 없는 피쉬앤칩을 먹고 있었다. 아무리 부자라고 해도 부자의 일상은 보통 사람들과 달라 보이지 않는다. TV에서나 볼 법한 부자들의 일상과 달리 그들은 공원을 산책하는 보통 사람들과 섞여서 사는 것 같다. 부자와 보통 사람들의 차이는 그저 작은 다리 하나로만 보였다. 그 다리는 누구나 자유롭게 이용할 수 있었다.

점심을 먹고 생츄리코브(Sanctuary Cove)로 향했다. 생츄리코브는 소버린 섬에서 좀 더 북쪽으로 가면 만날 수 있다. 생츄리코브

생츄리코브(Sanctuary Cove)에 사는 사람들이 타고 다니는 카트

생츄리코브(Sanctuary Cove)의 워터프런트(Waterfront) 하우스 모습(중간)

는 호주의 부유층이 거주하는 리조트로 그들만을 위한 작은 상가 거리가 형성되어 있다. 그러나 누구나 방문할 수 있다. 소버린 섬과 마찬가지로 집집마다 요트가 정박되어 있다. 요트를 거래하는 시장도 형성되어 있다. 거주하는 사람들은 모두 카트를 타고 돌아다닌다. 그도 그럴 것이 리조트 옆에는 커다란 골프장이 있다. 골프장 안에는 캥거루들이 골프공을 피해 놀고 있다. 그들에게 카트만큼 유용한 교통수단도 없을 것 같다. 골드코스트 지역에는 호주 인공운하의 90%가 있다. 바다와 연결된 4개의 강을 이용하여 집집마다 요트를 정박할 수 있도록 만든 것이다. 이러한 집들은 워터프런트(Waterfront)라고 불린다. 바다와 접하지 않은 집보다 많게는 2배 이상 비싸다. 생츄리코브 역시 바다와 연결된 강을 이용하여 만들어진 내륙운하에 있다. 태풍과 같은 자연재해로부터 요트를 안전하게 보호하려는 호주 사람들의 지혜가 돋보인다. 부자들도 보통 사람들과 같이 카페에서 커피를 마신다. 그들이 가진 것은 그저 편안해 보이는 반바지와 반팔 티셔츠밖에 없는 것 같다.

어느덧 하루가 저물고 있었다. M1 고속도로를 타고 다시 남쪽으로 향했다. 헬렌스베일(Helensvale) 쇼핑몰에 들렀다. 언제나 느끼지만 과일 가격은 한국에서 상상할 수 없을 만큼 싸다. 한국 돈으로 5천원도 안 되는 수박에 1만 원이면 10개가 넘는 망고 한 상자를 살 수 있다. 모든 과일들이 정말 싸다. 이렇게 풍요로운 호주에는 다양한 인종들이 서로를 이해하며 톱니바퀴처럼 하루하루를 물고 돌아간다. 많은 사람들 속에는 부자도 있고 가난한 사람도 있을 것이다. 그러나 그들 사이에는 언제나 누구나 건너다닐 수 있는 작은 다리만 있을 뿐이다. TV 속에서나 볼 수 있는 부자들과 달리 호주의 부자들은 많은 사람들 사이에 묻혀 지내는 것 같다. 부자들만 가는 식당, 부자들만 가는 미용실, 부자들만 사는 아파

헬렌스베일(Helensvale) 쇼핑몰에서 계산하는 서진(왼쪽)과 호주에서 재배된 수박들(오른쪽)

트, 부자들만 다니는 학교, 부자들만 타는 자동차 등이 호주에는 어울리지 않는 것 같다. 누군가는 호주의 부자를 몰라서 그런다고 할지 몰라도 난 그렇게 믿고 싶다.

이민 국가인 호주에서 많은 돈은 자랑거리가 아니라 인생을 풍요롭게 만드는 도구에 지나지 않는다는 것을 느낄 수 있다. 사람 위에 사람 없고 사람 밑에 사람 없는 세상에서 돈은 그저 행복밥상에 살짝 얹은 숟가락에 불과할 뿐이다. 돈으로 계급을 만드는 사람들은 행복에 귀천이 있다고 믿을 것이다. 행복의 무게는 돈의 무게와 같다고 말할 것이다. 그러나 이곳에서는 그런 사람들을 만나기 위해 힘에 부치는 가파른 사다리를 오를 필요도 없고 만날 이유도 딱히 없어 보인다. 돈이 사람을 지배하지 못하는 호주에서 사람보다 귀한 것은 없어 보인다.

아직도 많은 사람들은 돈이 인생의 선물이라고 생각한다. 아직도 많은 사람들은 돈이 신분 상승의 유일한 길이라고 생각한다. 아직도 많은 사람들은 돈이 행복을 가져다줄 거라고 생각한다. 이러한 믿음 속에 인생의 끝이 다가올수록 돈과 맞바꾼 행복들에 괴로워할지도 모른다. 돈 줍느라 정신없이 살다가 허리 한 번 펴면 거울 속에 주름진 얼굴과 흰머리의 늙은이를 발견할지 모른다. 돈을 주우면서도 가끔씩 주위를 둘러봐야 행복도 주울 수 있다는 걸 잊지 말아야겠다.

6. 그래도 시간이 흐르면 다 해결된다

3월 27일 오후 1시 반 정 선생님 부부와 조 선생님 부부를 만났다. 오후 2시 반 아내와 난 먼저 모임을 나와 학교로 갔다. 오후 3시 새까맣게 그을린 아이들을 태우고 학교 주차장을 나섰다. 분명히 모든 차들이 주차되어 있는 것을 봤었다. 그러나 갑자기 주차되어 있던 유트(Ute) 한 대가 후진하더니 내 차의 뒷부분을 들이받았다. 차에서 내려 부딪힌 곳을 살펴보니 주유구 옆에 철판이 아예 찢어져 버렸다. 유트의 짐을 싣는 뒷부분 모서리가 매우 날카로워서 살짝만 받혔어도 철판이 찢어진 것이다. 자동차 사고가 날거라고 상상도 못했던 나에게 시련이 닥쳤다. 마음을 추스르고 어떻게 처리해야 할지 정 선생님에게 전화를 드렸다. 정 선생님께서는 상대방의 전화번호 및 주소 그리고 자동차 면허증을 사진으

1년 동안 우리 가족을 태우고 다닌 혼다 CR-V

로 찍어 놓으라고 하셨다. 그리고 '미안하다(sorry)'는 말은 상대방에게 하지 말라고 하셨다. 호주 사람들이 평상시 그렇게 많이 하던 말 'Sorry'도 교통사고가 나면 인색해진다고 한다. 'Sorry'를 말하는 순간 교통사고의 책임은 모두 나에게 있다는 것을 인정하게 되는 것이다. 상대방의 이름은 Greg Hill로 30대 중반 정도의 두 자녀 아빠이다. 연신 본인이 잘못했다고 말하면서 이 차량은 회사 차량이라고 했다. 보험에 가입되어 있어서 사고처리에 문제가 없을 거라고 했다.

그렇게 헤어지고 불안한 마음에 정 선생님을 다시 찾아 뵈었다. 정 선생님께서는 다행히 상대방이 학부모이고 학교 주차장에 목격자가 많을 것이니 너무 걱정하지 말라고 하신다. 혹시 목격자들 전화번호도 받았냐고 물어보신다. 생각해 보니 내 차 뒤로 많은 차들이 사고를 목격했을 텐데 목격자들의 전화번호 받는 것을 깜

내 차의 사고 난 부분(왼쪽)과 Greg의 Ute 뒤(중간)와 앞의 모습(오른쪽)

박하였다. 갑자기 머릿속이 하얘졌다. 학교 주차장 주변에는 한국에서 그 흔한 CCTV 한 대도 발견할 수 없었다. 정 선생님은 호주에서 자동차 사고가 나면 보통 잘못한 사람이 100% 책임을 진다고 했다. 그래서 보통 상대방이 잘못했다는 것을 입증하기 위해 잘못을 시인한 사실을 녹음하거나 종이에 적고 서명하게 한다고 한다. 일단 가해 상대방이 보험회사에 사고를 접수하면 보험회사는 클레임(Claim) 번호를 줄 것이고, 그 번호를 전달받아 정비업소에 알려주면 내가 할 일은 끝나게 된다. 정비업소는 내 차를 수리한 후 수리비를 상대방 보험회사에 청구하는 것이다.

일단 수리비 견적을 받기 위해 정 선생님이 알려준 정비업소에 찾아갔다. 사장님은 까무잡잡한 얼굴에 30대 초반의 한국 사람이었다. 한국 사람과 교통사고를 처리할 수 있어서 마음이 놓인다.

주차장에 혼다 CR-V(브론즈색)가 서 있는 자동차 정비업소의 모습

사장님은 수리비가 대략 3,500달러 정도 될 거라고 하면서 걱정스러운 얘기를 한다. 일반적으로 보험회사는 차량의 시장가치보다 수리비가 더 나오면 자동차는 폐차하도록 한다. 그리고 차량의 중고시세에 준하는 보험금을 주고 만다. 5,000달러에 산 자동차인데 잘못하면 호주에서 자동차를 또 구매해야 할지도 모른다. 집으로 돌아와 일단 Greg로부터 연락을 기다리기로 하였다. 자동차 사고로 기분이 언짢아 약속했던 건이네 가족과의 저녁식사도 취소하였다.

3월 29일 Greg는 회사에 사고내용을 보고했다며 메시지를 보내주었다. 나 역시 가입한 울워스(Woolworths) 보험회사에 사고경위서를 이메일로 보냈다.

3월 30일 어느 보험회사로부터도 연락이 오지 않았다. 걱정이 되어 교민들에게 물어보니 호주에서는 자동차 사고 접수만 1주일 이상 걸린다고 했다. 설상가상(雪上加霜)으로 이번 주부터 이스터(Easter) 휴일이라 사람들이 적극적으로 일하지 않을 거라고 한다. 한국 같으면 하루 안에 끝날 모든 일들이 호주에서는 한 달 이상 걸릴 것 같았다. 호주 사람들의 여유로운 태도를 부러워했는데 막상 일이 터지니 답답하기만 하다. 어쩌면 한국 사람들이 시간에 쫓기며 굉장히 힘들게 살고 있는지도 모르겠다. 비가 오면 빗물이 차량 안쪽으로 들어갈 것이다. 그날 서진이가 유트(Ute)로부터 받힌 뒷좌석에 앉아 있었는데 다치지 않아 정말 다행이다. 서진이가 많이 놀랐을 것 같은데 잘 놀고 있다.

4월 9일 자동차 사고가 난 지 벌써 이주일이 되어간다. 그러나 어느 누구도 나에게 연락을 주지 않는다. Greg는 회사에 보고하여 보험회사의 청구번호만 나에게 알려주면 되는데 왜 이렇게 오래 걸리는지 모르겠다. 오전에 일어나 내가 가입한 울워스 보험회사에 전화를 하였다. 영어로 자세한 내용을 말하기 어려워 사고처리 진행과정을 이메일로 보내달라고 하였다. 10분 후에 받은 이메일 내용은 나를 미치게 하였다. 내가 Third Party Property만 가입했기 때문에 나를 대신하여 상대방 보험회사에 보험금을 청구하는 업무는 대행하지 않는다고 한다. 결국 난 상대방 보험회사로부터 연락이 올 때까지 기다리는 수밖에 없었다.

호주의 자동차보험 제도는 한국과 비슷하면서도 다른 점이 많다. 크게 대인보험과 대물보험으로 나눌 수 있다. 대인보험은 반드시 의무적으로 가입해야 한다. CTP(Compulsory Third Party)는 상대방의 상해나 사망을 보호해주는 보험으로 내가 차량등록을 할 때 800달러 정도 낸 것 같다. Third Party Property는 사고로 인한 상대방의 차량과 물품을 보호하는 보험으로 오로지 상대방만을 보호하기 위한 상품이다. 1년만 호주에 머물기에 자동차 보험료가 아까워 Third Party Property만 구입하였다. 마지막으로 CCI (Comprehensive Car Insurance)는 상대방에 대한 차량의 피해뿐만 아니라 본인의 차량까지 보호되는 상품이다. 한국의 자동차보험상품은 CCI에 가깝다고 볼 수 있다. 재무적 여력이 적은 대부분의 유학생이나 초기 이민자들은 돈을 조금이라도 아끼려고 CTP만 구입하거나 Third Party Property 정도만 가입한다. Third Party Property를 구입하는 데 보통 20만 원 정도 들지만, CCI를 구입하려면 거의 100만 원이 든다. 대신에 CCI를 구입한 사람은 보험회사에 연락만 하면 사고처리부터 수리비 청구까지 보험회사가 모두 처리해 준다.

Greg에게 사고처리가 어떻게 진행되고 있는지 다시 한 번 메시지로 물었다. Greg은 자기 상사에게 이미 자동차 사고를 보고했다는 말뿐 어떤 행동도 취하지 않고 있었다. 사과 한마디 없이 너무나 편안하게 지내는 Greg를 보면서 화가 나기 시작했다. Greg에게 상사 전화번호를 알려달라고 했다. 잠시 후 Greg로부터 상사의 전화번호를 받게 되었다. Greg 상사에게 Greg와의 교통사고에 대한 전후 사정을 메시지로 보냈다. 저녁까지도 Greg 상사로부터 어떠한 답변도 받지 못했다. 호주의 여유로움이 마음에 들지만 느리게 처리되는 행정처리는 정말 나를 미치게 한다. 여행 중에 만난 한 교민의 말이 생각난다. 호주나 뉴질랜드의 경찰은 사람이 다치는 사고가 아니면 교통사고나 절도 같은 재산상 문제에 대해 적극적으로 개입하지 않는다고 했다. 자동차 수리하는 것을 포기하고 싶은 마음이 점점 들기 시작했다.

자동차 사고로 피해를 보셨던 교민 분들의 말이 생각난다. 스카보르(Scarborough) 거리의 First 카페 사장님도 작년에 교통사고가 났다. 1,000달러 이상 피해를 보셨다. 사장님의 자동차가 다른 사람의 자동차에 받혀 바로 경찰서에 신고했다. 한 시간을 기다려도 경찰이 오지 않았고 지나가던 상대방은 사장님께 전화번호만 남겨주고 사라졌다. 나중에 자동차 수리를 위해 상대방에게 전화를 걸었으나 잘못된 전화번호라는 답변만 받았다고 했다. 워낙 이민자가 많기 때문에 상대방이 호주 사람인지 아닌지는 모르겠다고 하셨다. 그러나 중요한 것은 이민자가 급증하면서 이런 사기 아닌 사기들이 많이 발생한다고 했다. 오스트레일리아 페어(Australia Fair) 쇼핑몰 안의 고기박사 사장님도 이와 비슷한 경험을 갖고 계셨다. 따님의 자동차가 다른 자동차에 받혔는데 가해자는 그냥 달아났다고 했다.

4월 11일 느리게 움직이는 호주 사람들의 문화에 지쳐가고 있다. 오후 6시쯤 메시지 하나가 날아왔다. Greg 상사의 메시지이다. 자동차 수리비가 800달러 미만이면 자기가 직접 돈을 줄 것이고, 넘으면 보험을 청구하겠다고 했다. 내일 자동차 정비업소에서 견적서를 받아 자기에게 보내달라고 했다. Greg 상사의 메시지에 안도와 함께 걱정이 녹아내렸다.

4월 16일 Greg 상사에게 빨리 청구번호를 달라고 메시지를 보냈다. 지난 금요일 견적서를 보냈지만 연락이 없다. 견적서에 찍힌 차량 수리비는 3,000달러가 넘는다. Greg뿐만 아니라 그 상사조차 교통사고를 보험으로 처리할 생각이 없는 것 같았다. 보험청구를 하게 되면 그 다음 연도에 자기들의 보험료가 많이 올라가기 때문이다.

4월 18일 정 선생님에게 상황을 설명드리니 경찰서에 가서 방법을 찾아보라고 하셨다. 보통 사고 후 처리시간이 자꾸 지체되면 호주 사람들의 특성상 적극적으로 일을 처리 안한다고 한다. 아이들을 학교에 데려다 주고 아내와 난 사우스포트 경찰서에 갔다.

벌써 4월 중순이 지나가는데도 Greg로부터 아무런 연락이 없다. 사우스포트 경찰서에 사고접수를 하고 기다렸다. 순서가 되어 행정 직원과 상담을 하니 경찰은 기본적으로 재산과 관련된 문제에 개입하지 않는다는 답변만 받았다. 한국과 달리 경찰로부터 아무런 도움을 받을 수 없다는 사실에 매우 당황스러웠다. 마지막 방법으로 Greg의 상사에게 이번 주까지 답변이 없으면 변호사를 선임하겠다고 메시지를 보냈다. 또한 우리 아이들이 그날의 교통사고로 트라우마(Trauma)가 생길까 걱정된다고 말했다.

오후 1시 반 정비업소 사장님이 아직도 클레임 번호를 받지 못했냐며 전화를 주었다. 사장님과 통화도중 내 스마트폰으로 메시지 두 개가 날아왔다. 통화를 끊고 확인해 보니 Greg의 상사로부터 온 것이다. 하나는 아무 말도 없는 긴 번호이고 또 다른 하나는 'Suncorp'이라고 쓰여 있다. 이것이 무엇이냐고 메시지로 물어보니 그냥 'Claim Number'라고 답장이 왔다. 이렇게 빨리 처리해 줄 수 있으면서 왜 그렇게 시간을 끌었는지 Greg와 그 상사에게 화가 났다. 내가 동양인이고 영어가 서툴러서 시간을 지연시키면 포기할 줄 알았나 보다. 나중에 안 사실은 호주 사람들이 경찰보다 돈이 지출되는 것을 더 두려워한다는 것이다. Greg의 상사는 변호사 선임을 통해 소송이 걸리면 많은 시간도 문제지만 손해배상에 따른 금전적인 피해도 크다는 것을 잘 알고 있는 것 같았다. 특히 호주에서는 아이들에 관한 문제는 타협의 여지가 없다. 호주의 자연환경이 너무 마음에 들지만 자동차 사고를 계기로 호주 사람들의 일처리에 너무 답답했다. 정비업소에 클레임 번호를 넘겨주니 직원이 바로 보험회사에 견적서를 보냈다고 연락이 왔다.

5월 9일 오전에 정비업소로부터 상대방 보험회사가 견적서를 승인했다고 연락이 왔다. 드디어 오후 1시에 자동차를 정비업소에 맡겼다. 그리고 연계된 렌터카 회사로부터 자동차를 빌렸다.

5월 18일 10일이 지나 자동차 수리는 완료되었다. 자동차를 찾아 집에 오면서 한국에 돌아갈 때까지 자동차 사고가 없기를 간절히 빌었다. 자동차 사고로부터 수리가 완료되기까지 거의 두 달이 걸렸다. 한국에서는 있을 수 없는 일이다. 한국의 교통사고처리 시스템이 그렇게 빠르고 훌륭한지 호주에 오지 않았다면 몰랐을 것이다. 호주 사람들의 여유로움이 때로는 느린 행정 처리와 상대방에 대한 안이한 태도로 비춰질 수 있다는 것을 새삼 깨닫게 되었다.

며칠 후, 헬렌스베일 도서관의 베티에게 이 사실을 얘기하였다. 자동차 사고 처리에 두 달이 걸렸는데 그녀는 그럴 수 있다고 했다. 그녀의 시계와 내 시계는 너무도 다른 속도로 가고 있었다. 내가 너무 빠른 세상에 살다온 것일까?

호주 사람들은 시간이 지나면 모든 것이 해결된다고 믿는 것 같다. 내 순서가 오지 않을까 조바심에 수많은 밤을 뜬눈으로 지새웠다. 증권회사 다닐 때 시시각각 변하는 주가처럼 인생이 불안했다. 나의 존재를 증명할 수 있는 건 단지 매월 공지되는 실적순위였다. 너무도 치열한 경쟁 사회에서 잠깐 한눈팔면 행복의 순서는 아득히 뒤쳐질 수 있다고 느꼈다.

연녹색 잔디밭 옆 햇살 가득한 의자에 앉아 하늘을 본다. 푸른 하늘에 걸려 있는 뭉게구름은 어느새 흘러 사라진다. 인생의 끝에 도달하는 순서를 아무리 미루고 싶어도 한 치 오차 없이 찾아올 것이다. 시간이 흐르면 해결될 것을 무얼 그리 조급하게 살았는지 내 마음에게 물어본다. 교통사고로 스트레스 받던 두 달의 시간도 어느새 인생의 뒤안길로 사라져 버렸다. 누구나 살면서 힘든 시기를 겪게 된다. 그러나 우리에게는 언젠가 멈춰버릴 시계를 갖고 있다. 세상 전부인 것처럼 힘들게 나를 속이는 많은 것들에 대해 너무 힘들어하지 않았으면 좋겠다. 오늘은 아무리 힘들고 아파도 다시 돌아오고 싶은 그리운 젊은 날이 될 수 있다.

7. 마음을 열면 가족은 어디에나 있다

3월 31일 이스터(Easter) 휴일이 시작되는 주말이다. 역사가 짧은 호주에서 이스터 휴일은 몇 안 되는 큰 명절 중에 하나이다. 대부분의 회사는 이스터 휴일을 시작으로 보통 4월 첫째 주부터 둘째 주까지 쉰다. 오늘 서진이 친구 하일린의 가족을 초대하기로 하였으나 큰 낭패를 보았다. 불고기와 몇 가지 한국 음식을 대접하려고 하였다. 아침 일찍 오스트레일리아 페어 쇼핑몰과 하버타운에 갔다. 그러나 문을 연 상점은 하나도 없었다. 한국의 상점들은 휴일에 돈을 더 벌기 위해 문을 연다. 호주는 그렇지 않다. 호주 사람들의 진정한 여유가 느껴진다. 하일린 가족에게 너무 미안하였다. 다시 약속을 잡자고 양해를 구했다.

"서진아! 친구들 많이 생겼어?"라고 물어보면 서진이는 항상 '하일린'이라는 이름을 댔다. 서진이 반에는 검은 눈에 검은 머리를 가진 아이가 하나 있었다. 서진이가 영어를 못하여 그 아이가 어느 나라에서 왔는지 매우 궁금했었다. 나중에 알고 보니 하일린 엄마는 베트남에서 왔다. 하일린 아빠는 중국계 베트남 사람이었다. 난 태어나서 베트남 사람을 처음 만났다. 서진이는 하일린이 자기와 매일 놀아준다고 하였다. 그래서 아내는 자연스럽게 하일린 엄마 스윙과 친해졌다. 아내는 학교 일정에 대해 궁금한 것이 있으면 항상 스윙에게 물어보았다. 스윙은 3월 초 호주 생활에 잘 적응하지 못하는 우리 가족을 초대하여 차를 대접하였다. 우리가 호주에서 방문한 첫 번째 호주 사람의 집인 것이다. 스윙 남편의

Dear sojin. are you gonna go to my
house. soon if you want to go you can go
on the weekend. if you Don't wanna go
it's fine. just let me know. from Hayley
to sojin

서진이에게 보낸 하일린의 초대장

부모님은 중국 사람인데 정치적인 문제로 베트남에서 살게 되었다고 한다. 그때 스윙 남편은 베트남에서 태어나 어린 시절을 보냈지만 부모님이 다시 호주로 건너오면서 호주에서 교육받게 되었다. 스윙 남편은 국가에 대한 정체성이 흔들렸을 때 사업차 방문한 베트남에서 스윙을 만났다. 그래서인지 그는 이방인인 우리 가족에게 매우 친절하였다.

5월 25일 하일린 가족이 우리 집에 오는 날이다. 아파트 매니저에게 미리 예약한 접견실로 아이들과 음식을 날랐다. 오후 5시쯤 하일린 가족이 집에 왔다. 마침 베트남에서 하일린 할아버지도 오셔서 같이 초대하였다. 하일린 가족과 영어로 얘기는 하지만 정확한 감성까지 전달하기는 힘들었다. 그러나 우리는 사람이 그리워 만났기에 언어의 장벽은 전혀 문제되지 않았다. 한국에서도 늘 사람들과 부대끼며 살았지만 사람의 정은 오히려 호주에서 더 많이 느끼고 있다. 스윙 가족은 베트남 어느 곳에서 무엇을 하며 살았을까 상상만 해도 재미있다.

6월 29일 2주간의 아이들 겨울방학이 시작되었다. 스윙은 저녁에 놀러오라며 우리 가족을 초대하였다. 하버타운에서 수박과 멜론을 사서 하일린 집으로 갔다. 스윙은 베트남 쌀국수를 만들어 놓고 우리를 기다리고 있었다. 그동안 한국 음식이 생각날 때마다 베트남 쌀국수를 사 먹었었다. 스윙이 만든 쌀국수는 그냥 인간사랑 그 자체이다. 이름 모를 향신료가 듬뿍 들어 있는 스윙표 베트남 쌀국수를 후루룩 입에 한입 넣었다. 스윙의 정성이 입 안 가득 퍼졌다. 나도 모르게 행복한 웃음이 나왔다.

스윙 남편과 축구 얘기를 하게 되었다. 호주의 베트남 사람들도

무비월드(Movie World) 테마파크에서 소정, 서진 그리고 하일린

베트남 축구 영웅 박항서 감독을 잘 안다. 그들은 베트남 축구의 위상을 높여준 낯선 땅의 축구 감독에게 깊이 감사하고 있었다. 매일 같이 싸우는 정치인이 아니라 한국에서 이름 없던 축구 감독이 베트남 외교의 최선봉에 서있는 것이다. 그래서 하일린 가족이 우리에게 더 친근하게 다가왔는지도 모른다. 하일린 가족은 미지의 베트남에 대해 구체적으로 느끼게 해준 사람들이다. 흐린 날씨에 외로움을 느낄 우리 가족은 하일린 가족으로 인해 외로움을 느낄 겨를이 없었다. 하일린과 하일린 동생 그리고 소정이와 서진이는 거실을 운동장 삼아 놀고 있었다. 우리 가족과 하일린 가족은 그저 사람 대 사람의 관계일 뿐이다. 그 이상 그 이하도 아닌 우리 사이를 갈라놓을 것은 아무것도 없다. 사람이 그리워 옹기종기 모여 있는 우리는 그냥 가족이다.

6월 30일 우리 가족과 하일린 가족은 브리즈번에서 다시 만났다. 승우에게 차량 점검을 받기로 했는데 하일린 가족도 브리즈번에 갈일이 있다고 하였다. 스윙은 오전 11시 반 서니뱅크(Sunnybank) 옆 이날라(Inala) 광장에서 만나자고 했다. 호주는 1975년 남베트남이 패망하면서 베트남을 탈출했던 수만 명의 난민들을 받아들였다. 그때 넘어온 일부 베트남 사람들이 브리즈번의 이날라 지역에 정착한 것이다. 먼저 도착한 하일린 가족은 우리를 위해 반미(Banh mi)를 사놓고 있었다. 이날라 쇼핑몰 뒤에 있는 광장은 베트남 어느 마을의 재래시장 같았다. 도시 한복판의 현대식 건물 뒤로 조그만 베트남 전통시장이 있는 것이다.

처음에 정착한 베트남 사람들을 중심으로 시장이 형성되었다. 도시가 성장하면서 시장은 그대로 두고 현대식 건물들이 주변에 들어선 것이다. 가운데 공터에는 베트남 남자들이 체스나 포커게임을 즐기고 있었다. 상점에는 대부분 베트남 여자들이 일을 하고 있었다. 베트남 여자들의 생활력이 강하다는 얘기를 자주 들었는데 실제로 보니 그 이유를 알 수 있었다. 스윙이 브리즈번에 온 이유는 이날라에서 쇼핑하기 위해서이다. 스윙은 여전히 베트남 사람이라 베트남 음식을 그리워한다. 이날라 시장에서는 베트남 음식에 필요한 모든 재료를 구할 수 있다고 한다.

반미로 점심식사를 해결하고 가까운 Rocks riverside 공원에 갔다. 사실 하일린 가족은 2년 전 이날라 근처에서 살았다. 그러나 아프리카 난민들이 유입되면서 교육환경이 나빠져 골드코스트로

Rocks riverside 공원에서 놀고 있는 서진, 하일린, 소정

이사 온 것이다. 동양인의 교육열은 한국이나 베트남이나 다르지 않은 것 같다. 공원에 도착한 스윙은 처음 보는 베트남 음식들을 탁자 위에 꺼내 놓는다. 우리에게 음식을 먹어 보라고 권유한다.

"스윙! 왜 이 음식을 우리에게 주는 거야. 너희 가족들이 먹으려고 오늘 시장에서 산 거 아냐?" 아내는 스윙에게 물었다. 스윙은 낯설고 아는 사람 하나 없는 우리 가족이 호주에 잘 적응하도록 돕고 싶었던 것 같다. 스윙은 우리 가족을 위해 산 음식이라고 말했다. 아무것도 준비 못한 우리는 스윙의 마음 씀씀이에 한없이 작아졌다. 베트남 사람들이 이렇게 정이 많은 줄 몰랐다.

오후 4시 스윙은 중국 식당을 예약해 놓았으니 자기들과 같이 가자고 한다. 그리피스 네단(Nathan) 캠퍼스 앞에 3bamboo라는 해산물 식당이다. 메뉴가 모두 중국어로 되어 있어서 외국인은 도저히 주문할 수 없는 식당이다. 스윙 남편은 우리 가족에게 이 식당을 꼭 소개시켜 주고 싶었다고 했다. 중국음식의 맛은 지역마다 천차만별이라 아는 사람을 통해 시켜먹어야 한다. 이곳 음식은 홍콩식이라 우리의 입맛에

스윙이 우리 가족을 위해 준비한 음식들

도 잘 맞았다. 특히 지금은 해산물이 많이 나는 때라 상대적으로 가격이 싸다고 했다. 호주에서는 아는 사람이 아니면 해산물 요리는 비싸서 먹기 힘들다. 스윙 남편이 음식 값을 모두 내겠다는 것을 극구 말려 나와 반반씩 지불하였다. 하일린 가족이 아니었으면 올 수 없었던 식당이다. 하일린 가족은 이방인인 우리에게 서진이가 하일린 친구라는 사실만으로 많은 호의를 베풀어주었다. 처음 만난 베트남 사람들에게서 사람의 진한 향기를 느낄 수 있었다. 스윙은 헤어지면서도 내일도 심심하면 자기 집에 놀러오라고 하였다.

12월 22일 스윙이 우리 가족을 또 초대하였다. 스윙이 우리 가족을 초대할 때 한 가지 특징이 있었다. 그것은 다른 누군가도 함께 초대한다는 것이다. 이유는 알 수 없지만 많은 사람들을 초대하는 것이 스윙에게 즐거움인 것 같았다. 스윙이 이날라에 살 때 알게 된 베트남 친구들이 집에 와 있었다. 그들과 어색한 것이 전혀 없었다. 이곳에선 아무런 편견이 없기에 처음 만난 사람과도 금방 오래된 친구처럼 되어버렸다. 생각해 보니 스윙은 베트남이라는 울타리 안으로 우리 가족을 넣어 준 것이다. 우리 가족이 그들의 동족만큼이나 편하게 느껴진 것 같았다. 이날라에서 온 베트남 친구들 중 하나는 결혼하여 호주에 살고 있다. 다른 하나는 잠깐 호주에 놀러왔다고 했다. 그들은 스윙과 함께 베트남 음식을 만들기 시작했다. 우리 가족은 생각지도 못한 베트남 음식의 호사를 누렸다. 스윙 가족은 다음 주에 베트남을 거쳐 중국으로 여행을 간다.

사실 오늘은 하일린 가족을 만날 수 있는 마지막 날이다. 스윙은 아내보다 한참 어리지만 생활력이 강해서인지 어른스럽다. 아쉬워하는 아내에게 스윙은 "우리 또 만날 수 있어"라며 애써 아쉬운 마음을 위로했다. 서진이는 오늘이 하일린을 볼 수 있는 마지막 날이라는 것을 마음으로 이해했는지 모르겠다. 어쩌면 평생 만날 수 없을 하일린을 서진이는 매일 볼 것처럼 편안하게 대했다.

우리는 서로 이런 저런 얘기로 아쉬움을 달래고 있는데 난데없이 지붕 위로 돌 같은 것이 떨어지는 걸 느꼈다. 창밖을 보니 비와 함께 주먹만 한 우박이 떨어지고 있었다. 떨어지는 우박에 캥거루가 죽기도 하고 자동차가 부서지기도 한다고 했다. 스윙 남편은 너무 걱정하지 말라며 우리 가족을 안심시켰다. 얼마 지나지 않아 비는 약해졌다. 다시 만날 수 있다는 스윙 말을 믿으며 우리 가족은 짙은 어둠을 뚫고 집으로 왔다. 우리의 만남에 주기가 있다면 하일린 가족과의 만남이 내 인생에 또다시 있을지 궁금하다. 내 인생이 하일린 가족의 인생을 항상 품을 순 없겠지만 그들의 인생이 스쳐지나간 것만으로도 다행스럽고 행복한 일이다. 예상은 했었지만 우린 너무 담담하게 헤어졌다. 서로 다른 인생의 방향에 우린 아무것도 할 수 없다는 걸 잘 알고 있었다.

우리는 이해관계가 얽히면서 복잡한 인간관계를 갖게 된다. 사람들과 너무 가까이 지내면 사람들에 치여 타죽어 버린다. 사람들과 너무 멀어지면 외로워서 얼어 죽는다. 사람과 사람 간에 적정한 거리를 유지하고 싶지만 그게 말처럼 쉽지 않다. 일부 사람들은 조금만 친해지면 본인의 이해를 위해 상대방에게 난처한 부탁을 시작한다. 난처한 부탁에 상대방이 멀어지면 그들은 다시 외로워할 것이다. 사람이 진정으로 그립다면 서로의 이해관계를 만들지 말아야 한다. 하일린 가족과 우리 가족의 이해관계라면 그저 인간의 정일 것이다. 우리는 인간의 정을 다른 어떤 이해관계를 위해 포기할 수 없었다. 그래서 서로를 존중하고 배려하고 이해하며 사생활을 침해하지 않으려고 하였다. 우리 가족이 외로워 흔들릴 때마다 가본 적 없는 베트남의 사람들이 살포시 우리를 안아주었다. 하일린 가족이 보고 싶을 때마다 하늘에 떠 있는 저 달을 우리와 함께 보고 있을 거라며 애써 위로하려 한다.

8. 뉴질랜드에서 만난 인연들

4월 3일 아침 6시 드디어 뉴질랜드로 출발한다. 졸린 아이들을 차에 태워 골드코스트 공항으로 향했다. 1달 전에 예약했던 Uncovered Budget Park에 주차하였다. 금전적인 여유가 있었다면 좀 더 비싼 Covered Park을 선택했을 것이다. 아쉽게도 우린 최대한 돈을 아껴 써야 했다. 며칠 전 사고로 찢어진 자동차 뒷부분을 물이 새지 않도록 테이프로 붙여 놓았다. 이젠 우리 가족이 되어버린 상처투성이의 자동차가 안쓰럽게 느껴졌다.

비행기 표를 발권하기 위해 계산대로 갔다. 황당하게도 비행기 표는 기계를 통해서만 발권이 된다. 몇 번을 시도하였으나 발권이 되지 않았다. 친절해 보이지는 않지만 근처 직원에게 애걸하여 수동으로 표를 발권받았다. 호주는 워낙 인건비가 비싸서 기계나 스마트폰으로만 비행기 표를 발권받게 되어 있다. 안도의 한숨을 쉬었다. 골드코스트 공항 건물은 1층으로 된 낡은 건물이다. 입구에 들어서자마자 검사를 받고 국내선 게이트(gate)를 나왔다. 그 끝으로 계속 걸어가면 국제선 게이트로 가기 위한 검사가 한 번 더 기다린다.

정시에 에어뉴질랜드(Air New Zealand) 비행기를 탔다. 저가항공이라 생각했는데 멋진 기내식이 제공되었다. 비행기는 어느새 호주와 뉴질랜드 사이에 있는 태즈먼(Tasman) 해를 지났다. 비행기가 하얀 마운트쿡(Mount Cook) 산맥을 넘어서니 지평선이 보이는 캔터베리(Canterbury) 대평원이 나타났다. 평화로운 녹색 목장들은 바둑판처럼 평원을 수놓고 있었다. 3시간 반을 날아 우리는 뉴질

비행기에서 바라본 마운트쿡(Mount Cook) 산의 모습(오른쪽 위)

비행기에서 바라본 캔터베리(Canterbury) 대평원의 모습

랜드의 크라이스트처치(Christchurch)에 도착하였다.

기다리던 현지 여행사 직원은 우리를 여행 가이드에게 인도하였다. 불의 고리(ring of fire)에 위치한 뉴질랜드는 2011년 엄청난 규모의 지진을 경험하였다. 그때 당시 도시의 대부분 건물들이 무너졌다. 특히 크라이스트처치는 지진으로부터 가장 많이 피해를 본 도시이다. 도시 곳곳에 무너진 건물들은 아직도 복원공사가 한창 진행 중이었다. 호주보다는 짙은 하늘색을 갖고 있었고 서늘한 공기에서 늦가을의 청명함을 느낄 수 있었다. 가이드는 마지막으로 합류한 우리 가족을 태워 캔터베리 평원에서 가장 높다는 캐시미어(Cashmere) 언덕으로 갔다. 한눈에 보이는 대평원을 마주하며 전 세계에서 모인 관광객들과 인사를 나눴다. 관광객은 모두 한국분들이었지만 미국, 호주, 뉴질랜드 그리고 한국에서 살고 계셨다. 각자의 사연을 안고 한국을 떠나 사는 사람들이 뉴질랜드에서 만난 것이다. 언덕을 내려와 오랜만에 한국 식당에서 대구탕을 먹었다. 호주에서 너무 비싸서 사먹지 못했던 한국 음식을 뉴질랜드 여행에서 즐기고 있다.

식사 후 한참을 달려 우리의 숙소가 있는 메스번(Methven)에 도착하였다. 뉴질랜드의 풍경은 가이드 말대로 솜사탕처럼 푹신푹신하고 한적한 편안함으로 다가왔다. 40대 초반으로 보이는 가이드는 한국에 있을 때 아버지가 돌아가셨다고 했다. 그때 힘든 마음을 가눌 길 없어 한동안 방황했었다고 했다. 그는 매일의 바쁜 일상을 월급과 맞바꾸며 가족을 위해 최선을 다했다고 믿었다. 그러나 열심히 사는 만큼 가족과의 행복이 비례하지는 않았다. 무엇을

뉴질랜드 메스번(Methven) 거리의 모습

위해 사는 것일까라는 질문에 한 없이 공허해질 때 뉴질랜드는 그에게 행복해질 수 있는 마지막 대안이었던 것이다. 한 달에 이주일 정도는 가이드로 일하지만, 나머지 시간은 온전히 가족들과 보낸다. 아버지와 함께 하지 못한 날들을 가족들과 채우며 말이다. 뉴질랜드는 복지제도가 잘 되어 있어서 국가로부터 받는 연금으로도 충분히 노후생활이 가능하다고 한다. 그래서일까? 뉴질랜드 복지제도만큼 사람들의 얼굴은 넉넉한 미소로 가득 차 있다.

4월 4일 우리는 퀸즈타운(Queenstown)으로 향했다. 가는 길에 테카포(Tekapo)와 푸카키(Pukaki) 빙하 호수를 들렀다. 테카포와 푸카키 호수는 마운트쿡의 빙하에서 녹은 물이 모인 곳으로 에메랄드빛을 띠고 있었다. 가는 내내 인적도 드물고 지나가는 차도 많지 않았다. 아름다운 호수들이 인적이 드물고 평화로운 곳에 있

푸카키(Pukaki) 빙하 호수 앞에 서 있는 소정

뉴질랜드(New Zealand) 푸카키(Pukaki) 호수의 석양 모습

어서 참 다행이라는 생각이 들었다. 아름다운 호수만큼 인생이 평화롭다면 얼마나 좋을까?

점심식사는 퀸즈타운의 시내 한복판에 자리 잡은 해발 790m의 봅스 언덕에서 하였다. 한눈에 보이는 퀸즈타운을 굽어보며 환상적인 식사를 하였다. 식사 후, 세계 최초로 번지점프가 시작되었다는 카와라우(Kawarau) 다리에 방문하였다. 보기만 해도 무서운데 다리 위에는 번지점프하려는 사람들이 줄을 서 있었다. 그들은 번지점프를 통해 삶에 대한 애착을 다시 한 번 느끼려는 것 같았다. 일정상 저녁식사 전에 1시간 정도 여유가 있었다. 퀸즈타운을 끼고 있는 와카티푸(Wakatipu) 호수에는 증기선이 왔다 갔다 하였다. 제트보트는 연신 사람들의 흥을 돋웠다. 한국이 가진 많은 매력에도 불구하고 왜 이렇게 투박하고 느리게 사는 사람들이 부러운 걸까? 우리의 진정한 행복은 물질적 풍요보다 마음의 평화에서 오는

번지점프를 뛰는 사람의 모습

봅스 언덕에서 바라본 퀸즈타운(Queenstown) 시내와 와카티푸(Wakatipu) 호수 전경

것 같다. 모든 것이 느려 보이는 이곳에 아름다운 시간도 멈춰있는 것 같았다.

일행 중에 한 노부부와 잠깐 얘기를 나눴다. 뉴질랜드로 여행오기 전에 호주에서 잠깐 머물렀다고 하신다. 딸이 호주로 이민 가서 살고 있는데 최근에 출산하였다고 한다. 한국에서 딸의 출산 때문에 호주로 왔다가 뉴질랜드에 여행오신 것이다. 연신 노부부는 똑똑했던 딸이 이민을 결심한 것에 대해 안타깝고 씁쓸해 하셨다. 곁에 두고 봐도 아까운 딸이 자주 보기 힘든 먼 타국 땅에 사는 것을 아쉬워하셨다. 소정이와 서진이가 그들의 행복을 위해 이민을 선택한다면 나는 흔쾌히 허락할 수 있을까? 부모의 행복과 자식의 행복이 다르다는 것을 머리로 이해하면서도 늘 자식을 품고 싶은 부모의 마음이 지나치게 이기적인 것일까? 나에게도 생길지 모를 일에 대해 잠시 생각에 잠긴다. 인생은 항상 우리의 행복을 시험에 들게 한다. 답이 없는 질문에 대답하려고 노력하는 것이 인생인 것 같다.

4월 5일 여행의 최종 목적지인 밀포드사운드(Milford Sound)로 가는 날이다. 본플랜드(Bonpland) 산에 터널을 뚫으면 1시간 반에 도착할 거리를 멀리 돌아 4시간 반 정도 차를 타고 가야 한다. 예전에 한 사업가가 뉴질랜드 정부에 터널을 뚫자고 제안한 적이 있었으나 자연보호를 명목으로 허락되지 않았다. 지도를 보면 밀포드사운드 밑으로도 많은 피오르드(Fiord) 지형이 있다. 그런데도 뉴질랜드 정부는 자연을 보호하겠다는 명목으로 밀포드사운드만 관광 목적으로 개발하였다. 그들은 잠깐 지나갈 인간의 이기심에 자연이 영원히 훼손되는 걸 두려워했다. 거대한 자연 앞에 우리의

밀포드사운드(Milford Sound)로 가는 길에 들른 거울 호수(Mirror Lakes)의 모습

인생도 잠깐 지나갈 뿐이다.

아침 6시에 출발하여 에글린턴(Eglinton) 계곡의 넓은 평원과 거울 호수 그리고 Monkey Creek을 거쳐 밀포드사운드에 도착하였다. 산의 작은 터널을 지나 나타나는 안개 낀 내리막길은 정말 형용할 수 없이 몽환적이었다. 노르웨이의 송네(Sogne) 피오르드가 웅장하다면 밀포드사운드는 아기자기한 매력이 있었다.

11시 50분 유람선에 올라타 점심식사를 하였다. 1시간 반의 투어이지만 생각보다 짧게 느껴졌다. 밀포드사운드와 연결된 태즈먼(Tasman) 해를 지나면 호주가 나온다. 끝이 보이지 않는 거대한 절벽 위에서 폭포가 바다로 흐른다. 다시 한 번 자연의 웅장함을 느낀다. 돌아오는 길에 '쥬라기 공원'의 영화 촬영지이기도 한 캐즘(Chasm)을 들렀다. 뉴질랜드의 원초적 속살을 볼 수 있는 그런 곳이다. 이끼로 뒤덮인 오래된 숲과 물에 깎여 제멋대로인 바위들은 뉴질랜드 태초의 모습을 보여주었다. 나의 흔적을 남기기에는 너무나 긴 세월이 묻어 있었다.

돌아오는 길에 한국인이 운영하는 작은 상점을 들렀다. 동네라고 보기엔 너무 적은 집들 사이로 시골길에 접해 있는 상점이다. 넓은 벌판에 지나가는 차는 정말 드물게 있었다. 소정이와 서진이는 길 건너 생뚱맞게 있는 작은 놀이터에서 한참 동안 그네를 탔다. 일행 중 뉴질랜드 북섬에서 옷가게를 운영하는 사장님과 얘기를 나누었다. 사장님은 한국에 있을 때 동대문에서 옷가게를 운영했었다. 그는 매일 아침 새벽에 일어나 정신없이 하루를 보냈고 하늘의 별을 보며 퇴근을 했다. 어느 날 문득 저만치 흘러간 세월을 보며 인생에 남는 건 무엇인지에 대해 고민하기 시작했다. 결국 돈보다 삶을 선택하기로 결심하고 뉴질랜드로 이민을 결심했다고 한다. 배운 것이 도둑질이라고 뉴질랜드에서도 옷가게를 하는 것이다. 요즘은 동대문에 있는 물건을 가져와 파는데 제법 뉴질랜드 사람들이 좋아한다고 한다. 일부 사람들은 뉴질랜드가 너무 심심하여 이민을 오면 실망할 수도 있다고 얘기한다. 그는 자연과 함께 여유를 즐기며 사는 것이 너무 행복하다고 했다. 너무 바쁘게 살아 왜 사는지도 모른 채 시간만 축냈던 한국 생활에 염증을 느낀 것이다. 살면서 우리는 필요이상으로 많은 것을 가지려 한다. 가질수록 막연한 미래의 불안감이 사라진다고 믿는다. 그러나 가질수록 우리의 인생이 사라져 간다. 결국 더 가질 것인지 즐길 것인지는 우리의 손에 달려있다.

행복이 미래에 있다는 믿음에 우리는 오늘도 하루를 희생시킨다. 미래에 그리워할 오늘이 인생에서 가장 행복했던 날은 아닐까? 사장님은 앞만 보며 과거를 잊는 삶보다 오늘이 오늘임을 느끼며 사는 뉴질랜드의 삶을 선택한 것이다. 뉴질랜드의 삶은 결코 여유롭거나 느린 삶이 아니다. 과거와 미래만 있는 한국의 삶에 비해 현재가 있는 뉴질랜드 삶이 잠깐 느려 보일 뿐이다.

상점 주인은 무슨 사연이 있기에 이곳 멀리까지 왔을까? 이곳이 현실의 도피처가 아니라 행복의 종착지이기를 바란다. 알쏭달쏭한 질문에 대답하려 애쓰며 숙소로 돌아왔다. 중요한 것은 그의 삶을 방해할 어떠한 것도 티끌조차 존재하지 않아 보였다. 낯선 곳에서 만난 한국 사람은 그저 반갑기만 할 뿐이다. 다시 만날 기약 없는

뉴질랜드(New Zealand) 애로우타운(Arrow Town)의 푸른 하늘 아래에서

사람이지만 행복하길 빌었다.

4월 6일 오전에 여유롭게 일어나 버스를 탔다. 옛날 금광 마을인 애로우타운(Arrow town)에 들렀다. 19세기 중반 뉴질랜드의 골드러시 때 세계 곳곳에서 많은 금 채굴꾼들이 몰려들었다. 그러나 점차 금이 줄어들어 이들은 떠났고 가난한 중국인 노동자가 이들을 대신하였다. 그때 들어온 중국인 노동자들은 탄압과 차별 속에서도 자신의 희생으로 호강하게 될 가족들을 그리며 이곳에서 죽어갔다. 멀고 먼 타지에서 가족들을 위해 한 목숨 희생했던 중국인 가장들이 마음을 아프게 한다. 금광 마을에는 그들의 숭고한 숨결이 아직도 느껴졌다.

뉴질랜드에서 마지막 밤을 보낼 오마라마(Omarama)로 향했다.

뉴질랜드(New Zealand) 오마라마(Omarama) 거리의 모습

뉴질랜드(New Zealand) 마운트쿡(Mount Cook)으로 가는 길

오마라마로 가는 길에 트래킹을 위해 푸카키 호수에 들렀다. 호수에서는 날씨가 괜찮았는데 마운트쿡 산자락으로 갈수록 바람과 함께 비가 오기 시작하였다. 트래킹 출발지에 도착했을 때는 비가 너무 많이 와서 트래킹 계획을 접어야 했다. 지도를 보니 조금만

올라가면 빙하 호수를 볼 수 있었다. "언제 또 뉴질랜드에 올 수 있을까?" 생각하면 너무나 아쉬운 기회이다. 우리의 인생도 너무나 아쉬운 기회일지 모른다.

숙소에 도착하니 어제 먹은 저녁식사 때문인지 아니면 Monkey Creek에서 떠먹은 빙하 시냇물 때문인지 배가 아프기 시작하였다. 장염인지 밤새도록 설사하며 날을 새웠다. 해외여행을 많이 다녀봤지만 이렇게 심한 설사는 처음이다. 여행이 끝나도 한국이 아닌 호주로 돌아가야 한다고 생각하니 더 큰 두려움이 앞선다. 뉴질랜드나 호주나 나에겐 모두 낯선 땅이기 때문이다. 나만 믿고 낯선 땅에 온 가족들을 생각하니 잠이 더 오지 않았다. 호주에서 아직 해결되지 않은 자동차 사고 때문인지도 모르겠다. 큰 병이 아니길 간절히 빌었다.

4월 7일 밤새도록 설사를 하여 아침은 먹지 않기로 하였다. 마시면 오래 산다는 말만 믿고 마셨던 빙하 시냇물이 화근인 것 같았다. 우리 일행들은 돌아갈 나라도 비행기 시간도 모두 달랐다. 우리 가족은 오후 1시까지 크라이스트처치 공항으로 가야 한다. 확실히 난 한국 사람인가 보다. 점심으로 된장국을 먹으니 속이 많이 진정되는 것을 느꼈다. 우리 일행들은 공항에서 헤어지기로 하였다.

미국, 캐나다, 한국에서 오신 분들, 시드니에 워킹홀리데이로 왔다가 여행 온 젊은 친구들 그리고 뉴질랜드 교민들 모두 헤어질 때의 인사말은 같았다. "행복하게 사세요." 다시 만날 기약은 할 수 없었지만 서로가 지구 어딘가에서 행복하게 살기를 빌었다. 같은 시간 다른 공간에서도 각자가 최선을 다해 행복하게 살자고 다짐하였다. 가이드는 우리에게 마지막 인사말을 남긴다.

"여행은 가슴이 떨릴 때 떠나세요. 다리가 떨릴 땐 늦습니다. 행복하세요."

우습고도 슬픈 이야기가 생각난다. 아들이 고생한 아버지를 위해 해외여행을 보내드렸다. 아들은 여행을 갔다 오신 아버지에게 "아버지! 여행에서 무엇이 가장 기억에 남으세요?" 묻자 아버지는 "길 잃어 버릴까 봐 가이드가 들고 다니던 깃발밖에 생각 안 난다"고 말씀하셨다. 스쳐지나간 인연이지만 누군가의 소중한 추억을 함께 하였다는 안도감을 느꼈다. 세상은 한번 살아볼 만큼 따뜻하다는 생각이 든다. 그들의 추억 속에 우리 가족이 있다는 사실은 우리 가족을 그리워할 또 다른 사람이 생겼다는 행복으로 다가온다. 비록 우리는 짧은 만남을 가졌지만 지나간 추억 속에선 늘 서로를 생각하며 그리워할 것이다. 그리움이 쌓이고 쌓여 우리의 자기장이 서로를 끌어당긴다면 언젠가 우리는 다시 만날 거라고 믿어 의심치 않는다.

멈출 수 없는 인생이기에 스쳐지나간 인연이 더욱 더 그립고 소중하다. 흘러가는 인생 속에서 좋은 인연에 대한 기대는 삶에 대한 열정으로 다가온다. 언제 어딘가에서 우리가 행복해질 인연을 기다리며 하루하루를 살아가야겠다.

9. 시간괴물과 숨바꼭질

4월 11일 가족과 드라이브로 생츄리코브에 갔다. 점심은 조지스 파라곤(George's Paragon)에서 먹었다. 식당 창밖에는 멋진 요트들이 즐비하게 떠있었다. 파란 하늘아래 푸른 바다가 식당 앞까지 들어와 있었다. 인위적인 것이라고는 바다 위에 떠있는 요트뿐이다. 한국 사람들은 이런 풍경을 가진 식당에서 인당 10만 원 이상을 지불해도 아깝다고 생각하지 않을 것이다. 예전에 한강 위에 띄워진 요트에서 식사를 한 적이 있다. 양 갈비 두 쪽을 먹는 데 10만 원 넘게 지출하였다. 창밖으로

생츄리코브(Sanctuary Cove)의 어느 카페에서 먹은 디저트

생츄리코브(Sanctuary Cove)의 조지스파라곤(George's Paragon) 식당 뒤로 보이는 전경

조지스파라곤(George's Paragon) 식당 내부(왼쪽)와 먹은 음식들(오른쪽)

보이는 건 강변도로 위에 서 있는 수많은 자동차와 한강을 겹겹이 에워싼 답답한 아파트뿐이었다. 우리 가족의 식사비용은 6만 원밖에 나오지 않았다. 여유로운 풍경과 눈부신 날씨에 죽지 않아도 천국에 살 기회는 얼마든지 있다는 것을 느꼈다.

오후 4시 집으로 돌아와 아이들을 아파트 뒤 놀이터에서 놀게 했다. 놀이터 옆에는 바비큐 시설이 있었다. 아내가 준비한 소시지를 구워먹기로 했다. 골드코스트에는 해변을 따라 바비큐 시설이 설치되어 있다. 사람들이 많이 사는 동네의 공원에는 어김없이 바비큐 시설이 설치되어 있다. 바비큐 기계 밑에 버튼을 몇 초간 누르면 철판이 금세 뜨거워진다. 바비큐 시설의 청소는 시(市) 공무원이 담당한다. 이곳에서 몇 번 고기를 구워먹었지만 며칠 후에 다시 오면 새것처럼 청소되어 있었다.

호주는 참 신기한 나라다. 바비큐 시설이 복지제도의 일부라면 일부일 것이다. 그러나 왜 국가가 이런 것까지 신경을 쓰는지 궁금했다. 야외에서 고기를 구워먹기 위해 한국에서는 버너와 불판 그리고 돗자리가 필수이다. 한국에 있을 때 국가가 국민들을 위해 바비큐 시설을 설치해 주어야 한다고 생각한 적이 한 번도 없었다. 한국의 어설픈 복지정책으로 피 같은 세금이 그저 누군가의 담뱃값과 술값이 되어버린다는 얘기를 들었다. 차라리 그 돈으로 바비큐 시설을 설치해 주면 어떨까 생각해 본다. 바비큐 시설 옆에는 어김없이 수도시설이 되어 있다. 호주에서는 텐트만 있으면 바닷가나 공원에서 3개월 이상 지낼 수 있다는 말이 빈말은 아닌 것 같다. 그래서일까? 어디서나 마주치는 캠핑 족들이 부족함 없이 여행을 즐기는 것 같았다. 같은 세상에 살고 있지만 국민을 위한 국가의 생각은 정말 다른 것 같다.

식빵에 소시지를 싸서 한 입 베어 물었다. 워터프런트 집 앞의 바다 속에서 여러 마리 물고기가 튀어 올랐다. 한국에서는 상상도 못할 풍경이 일상이 되어 버렸다. 우리가 사는 ZEPHYR 아파트 뒤

ZEPHYR 아파트 뒤 워터프런트(Waterfront) 동네 전경(아래 놀이터 옆에 바비큐 시설)

해질 무렵 바비큐 시설로 고기를 구워 먹고 있는 모습(왼쪽부터 나, 서진, 소정)

로 워터프런트 동네가 있다. 우리 동네는 '비거라 워터스'라는 지명에 맞게 태평양의 바닷물이 인공운하를 타고 동네 깊숙이 들어와 있다. 워터프런트 집에 사는 사람들은 잠옷 차림으로 집에서 낚시를 할 수 있다. 바다로 나가고 싶으면 정박되어 있는 배를 타기만 하면 된다. 학교에서 알게 된 학부모 비비안이 있다. 그녀는 두 아들을 둔 중국인이다. 그녀는 저녁에 집 앞 바다에 코코넛 열매가 든 그물망을 던져두면 아침에 많은 꽃게들이 잡혀있다고 했다. 이 꽃게들은 반찬거리가 되는 것이다. 말로는 설명하기 힘든 풍경이다. 앞을 봐도 뒤를 봐도 하늘을 봐도 땅을 봐도 모두가 풍요로운 풍경뿐이다.

아이들을 집에 두고 아내와 난 저녁마다 산책을 갔다. 낮에는 볼 수 없었던 많은 사람들이 저녁만 되면 강아지와 함께 쏟아져

나왔다. 저녁을 먹고 여유롭게 산책하는 그들을 우리도 흉내 내었다. 동네 한 바퀴를 도는데 인공운하 위 다리를 몇 개는 건너야 했다. 밤에도 맡을 수 있는 바다 냄새는 탬버린 산을 타고 넘어오는 신선한 공기와 만나 우리에게 오묘한 상쾌함을 주었다.

이곳에 살면서 호주 사람들이 게으르다는 편견은 깨졌다. 호주 사람들은 저녁에 일찍 자고 아침에 일찍 일어난다. 한국에서는 늘 자동차와 밤 문화의 소음들로 깊은 잠을 이루지 못했었다. 우리도 저녁 9시만 되면 잠자리에 든다. 호주에 와서 몸이 정말 가벼워졌다. 호주의 풍경은 낮에 그렇게 북적이다가도 밤만 되면 하늘에 떠 있는 별들의 속삭임도 들릴 듯 조용하다. 그러나 유일하게 주말이 시작되는 금요일 저녁은 시끄러운 밤을 보내도 모든 사람들이 너그럽게 포용을 한다. 금요일 저녁에 동네를 산책해 보면 일주일 내내 고요했던 집들에서 노래방 기계를 통해 사람들의 노랫소리가 흘러나왔다. 아파트 테라스에는 삼삼오오 모여 앉은 사람들이 왁자지껄 수다를 떨며 어둠을 채웠다. 멀리서 들어온 바닷물은 엄마 품처럼 동네를 포근하게 감싸고 돈다. 많은 것을 내어주는 바다처럼 호주 사람들은 서로를 배려하며 그들의 믿음을 지키려 노력한다. 동네를 느리게 돌아나가는 바다 위로 집집마다 새어나오는 불빛은 하늘의 별빛을 닮은 것 같다. 작지만 하나 둘 모여서 어두운 밤하늘을 밝혀주는 별빛처럼 서로 다른 인종의 사람들이 행복이라는 목표를 향해 호주를 밝히고 있다. 느리지만 책임을 다하려는 호주 사람들로부터 느림의 미학을 배우려고 노력했다. 그렇게 느린 일처리에도 호주 사람들은 아무런 문제없이 행복하게 잘 살고 있다.

바쁘고 복잡하게 사는 한국에서도 호주의 바다처럼 느리고 여유로운 행복을 느낄 수 있었으면 좋겠다. 우리는 대학을 졸업하자마자 사회생활에 뛰어든다. 시간괴물은 젊은 우리를 삼켜 일만 시키다가 늙어버리면 그제야 뱉어버린다. 늙어버린 시간은 느리게 가겠지만 젊은 행복을 느끼기에 우리의 오감(五感)이 너무 낡아버렸다는 것을 깨닫게 된다. 호주의 삶이 마냥 부러운 이유는 일과 행복이 상생하기 때문이다. 그들은 행복이 바다만큼 가까이 있다는 것을 잘 알고 있다.

시간괴물에 내 인생이 먹히지 않으려면 너무 열심히 살아선 안 된다. 내가 지금 내 인생의 어디쯤 달려가고 있는지 반드시 확인해야 한다. 고개 들어 앞을 보면 끝이 보이는 인생에 깜짝 놀랄지도 모른다. 시간괴물에 내 인생이 먹히지 않으려면 익숙한 것에서 벗어나야 한다. 익숙한 것은 우리에게 편안함과 안정감을 주지만 기억 속에 남겨둘 건 별로 없다. 지나친 안정감의 추구는 우리의 인생을 더 짧게 만든다. 가진 것은 없어도 우리에게 아직 하고 싶은 것들을 할 수 있는 시간이 있다. 시간괴물에 내 인생이 먹히지 않으려면 남과 비교해서는 안 된다. 내 몸에 맞지 않는 다른 사람의 인생을 좇아가다 다시 돌아오면 저 만치 흘러간 내 인생을 발견할 것이다. 내 인생과 다른 사람의 인생은 태어날 때부터 달랐다. 남의 인생 좇아가다 얼마 남지 않은 나의 인생에 당황할지도 모른다. 시간괴물이 의도한 대로 살지 말고 예상하지 못하게 살자. 그래야 시간괴물은 우리를 빨리 잡아먹지 못한다. 인생을 행복하게 살려면 시간괴물이 우리를 잡지 못하도록 숨바꼭질하며 살아야 할 것이다.

Part Ⅲ

인생에 정답은 없다

1. 인간관계의 모순(矛盾)

20년간 직장생활을 하면서 인간관계에 대해 많은 생각을 해본다. 한국사회의 인간관계는 남을 공격하는 멍청한 창이 될 수 있다. 멍청한 창은 잘못된 곳을 겨눌 때가 많다. 사람들이 만나 대화를 나누다보면 누군가는 가십(gossip)거리가 된다. 누군가가 대화의 주제가 되면 참여자들은 그 사람에 대한 오래전 일까지 회상하며 토해낸다. 주제가 된 사람에 대해 이야기를 할 때 그날의 대화를 주도한 사람의 의중을 파악하게 된다. 대화를 주도한 사람이 주제가 된 사람에 대해 부정적인 방향으로 몰아가면 대화의 참여자들은 주제가 된 사람에 대해 부정적인 정보를 앞다투어 내놓는다. 그것이 대화를 주도한 사람에 대한 아부이자 그 조직에 머물 수 있는 유일한 방법이다. 대화를 주도한 사람은 연공서열상 높은 사람이거나 조직에서 영향력이 센 사람(influencer)일 것이다. 대화를 주도한 사람이 주제가 된 사람을 싫어하면 주제가 된 사람은 순식간에 조직에서 매장된다. 대화의 참여자 중 누군가가 용기 내어 "그 사람은 그런 사람이 아니에요"라고 말한다면 그 사람도 그 모임에서 떠날 준비를 해야 한다. 그리고 그 사람은 남겨진 사람들의 또 다른 뒷담화의 대상이 된다. 대화를 주도한 사람과 남겨진 사람들은 끈끈한 인간관계를 유지하고 있다고 안심하며 말이다. 인간관계를 본인의 창으로 사용하려는 잘못된 사람들과 맹목적으로 따르는 사람들 때문에 세상은 잘못된 길로 오도되곤 한다. 대화참여자들은 대화를 주도한 사람과의 인간관계를 위해 세상이 잘못된 길로 가는 걸 방조한다. 역사를 돌이켜 보면 세상은 "예"라고 대답한 사람보다 "아니오"라고 대답한 사람에 의해 발전해 온 것 같다. 인생의 가는 길엔 누구나 혼자인 것을 무엇이 그리 두려워 침묵 속에 뭉치려 했는지 묻고 싶다. 그들은 나약한 자신들의 모습을 인간관계라는 모순 뒤로 숨기려한 겁쟁이들이 아닌가 생각해 본다.

한편 한국사회의 인간관계는 멍청한 방패일 수도 있다. 잘못된 인간관계의 멍청한 창을 무디게 하려면 올바른 인간관계의 방패가 필요할 것이다. 그러나 정(情)에 약한 인간관계의 방패는 잘못된 인간관계의 멍청한 창을 무디게 할 수 없다. '정'이라는 것은 인간의 삶을 풍요롭게 만들지만 때로는 세상 보는 눈을 멀게 만든다. 가끔 신문기사를 보면 범죄자의 지인들은 대부분 다 비슷하게 얘기를 한다. "내가 잘 아는데 그 사람은 항상 인사도 잘하는 예의바른 사람입니다. 그런 일을 저지를 사람이 아닙니다. 아내에게도 잘 하는 참 가정적인 사람입니다." 멍청한 방패에 둘러싸인 그런 사람은 사람도 죽이며 세상을 어지럽힌다. 정에 묶인 인간관계는 진실을 왜곡하고 범죄자를 감싸는 방패가 될 수 있다. 세상을 바라보는 위선적인 이중 잣대는 세상을 혼란스럽게 한다. 내가 하면 로맨스고 남이 하면 불륜이다. 왜곡된 사고방식의 사람들은 그들의 사고방식이 잘못되었다는 것을 인식하지 못한다. 그러한 사람들은 세상 사람들이 그들의 부정한 행동에 대해 비난해도 합리화하기에 급급하다. 우리는 아무문제가 없는데 왜 너희들은 항상 우리보고 잘못되었다고 하느냐 반문하며 말이다. 교회에 가서 기도하고 절에 가서 불공을 드리며 본인의 불편한 죄의식을 씻어버리면 그만이다. 하나님과 부처님이 무슨 죄인가? 하나님과 부처님도 그런 신자와 불자는 원치 않을 것이다.

최근의 정치이슈들을 보면서 하나의 주제에 상반된 의견이 항상 대립된다는 것에 놀란다. 사실에 근거하면 당연해 보이는 결과도 인간관계가 얽히면 정치인들은 서로 다른 논리로 대립한다. 경기를 지켜보던 국민들은 지쳐 경기장을 떠나는데도 정치인들은 경기장에 남아 끝까지 싸우고 있다. 국민의 눈을 현혹시키기 위해 멍청한 창과 멍청한 방패를 동원하여 싸운다. 애초부터 멍청한 창과 애초부터 멍청한 방패의 싸움은 국민들의 관심에서 멀어져만 간다. 진실과는 상관없이 무조건 내 편에서 싸워주길 바란다. 그들은 그것이 인간관계라고 믿는다.

2015년 브론윈 비숍(72) 호주 하원의장은 소속 자유당 모금행사에 참석하기 위해 전세헬기로 80km를 이동하였다. 그러나 그녀는 여론의 비난에 의해 사임할 수밖에 없었다. 비난의 이유는 80km를 이동하는 데 450만 원의 세금으로 전세헬기를 이용하였다는 것이다. 추후 그녀는 헬기에 사용된 450만 원을 반납하였지만 사임을 막지는 못했다. 비숍 의장은 28년간 연방 상원과 하원 의원으로 재직한 최장수 여성 현역 의원이었다. 한국에서 이런 일로 하원의장이 사임할까? 공(公)과 사(私)가 분명하고 개인주의 사고방식을 갖고 있는 호주국민들은 하원의장이 그들의 세금을 개인의 목적으로 사용한 것에 대해 용납하지 않았다. 정치인이 명백한 잘못을 인간관계의 멍청한 창과 멍청한 방패로 무마시키려 해도 정의를 존중하는 국민들은 흔들리지 않았다.

2018년 한국은 1인당 국민총소득(GNI)이 3만 달러를 돌파하며 선진국에 진입했다. 한국의 집단이기적 사고방식에서 국민총소득 3만 달러는 달성 가능한 최고 수준일지도 모른다. 200년 남짓의 짧은 역사를 가진 호주는 이미 국민총소득이 5만 달러를 넘어섰다. 호주가 선진국에 도달할 수 있었던 이유는 그들이 가진 풍부한 자원도 한몫했겠지만 난 그들의 사고방식에서 찾고 싶다. 나의 눈에 비친 그들의 사고방식은 개인주의와 집단주의 절충점에 서있는 것 같다. 언젠가 같은 거리에 위치한 한 아파트에서 화재 벨이 울렸다. 평상시 얼굴도 본 적 없던 많은 아파트 주민들이 아이들과 노약자부터 대피시키기 위해 협력하는 모습을 보았다. 호주 사람들은 자신의 이해에 매우 민감하며 철저히 개인주의적 사고방식을 갖고 있다. 그러나 그들에게 공익(公益)의 사안이 발생하면 순식간에 집단주의적 사고방식으로 바뀐다. 이러한 사고방식은 땅덩어리는 크고 인구는 적은 호주에서 그들이 살아남기 위해 진화된 최적의 선택이었던 것이다. 호주 사람들은 남에 대한 배려가 자신에게 도움이 되고 다른 사람을 감싸는 것이 자신이 살아남을 수 있는 방법이라고 어렸을 때부터 배워왔다. 내가 만나 본 많은 호주 사람들은 인간관계를 멍청한 창과 멍청한 방패로 활용하지 않는다. 그들은 사람들과 인간관계를 맺으면서도 공동의 이익에 해가 된다면 본인의 의사를 솔직히 밝힐 수 있는 용기를 지녔다. 다양한 사고방식의 인종들이 사는 호주가 질서를 유지할 수 있었던 배경은 사익(私益)을 위해 인간관계를 이용하는 데 한계가 있었기 때문 아닐까 생각한다.

한국의 인간관계는 흑(黑)과 백(白)밖에 없는 것 같다. 전쟁이 많았던 역사적 배경이 한몫한 것일 수도 있다. 내 편이 아니면 모두 적이라고 간주했던 이분법적 사고방식이 멍청한 창과 멍청한 방패를 만들지 않았나 생각해 본다. 문제는 멍청한 창과 멍청한 방패가 공익(公益)이 아닌 사익(私益)을 지향한다는 것이다.

우리가 발전하기 위해서는 사익(私益)을 지향하는 인간관계보다 공익(公益)을 지향하는 인간관계가 만연할 때 가능하리라 생각한다. 내가 멍청한 창과 멍청한 방패가 되는 잘못된 인간관계를 맺고 있는 건 아닌지 돌아볼 필요가 있다.

2. 36.5도의 따뜻함을 느끼다

5월 18일 아침에 자동차를 찾아가라고 정비업소로부터 연락이 왔다. 아내를 사우스포트 한인 미용실에 내려주고 정비업소로 갔다. 차고에 세워져 있는 자동차는 깨끗하게 고쳐져 있었다. 10시쯤 차량상태를 확인하고 출발하려는데 미등과 방향지시등이 켜지지 않았다. 다시 정비업소에서 수리하고 나니 오전 11시 40분이 되었다. 한국과 달리 호주는 한 번에 끝나는 일이 없다. 나를 포함하여 성격 급한 한국 사람들은 호주의 느린 문화에 적응하기 쉽지 않을 것이다. 한국처럼 직원에게 화를 낸다고 일처리가 빨라지는 것도 아니다. 호주는 노동자가 왕이다. 한국에서처럼 직원에게 막말로 갑질했다가는 범죄자가 될 수 있다. 시간이 흐르면 다 해결된다고 하지만 적응하기 쉽지 않은 문화다.

집에서 잠깐 쉬었다가 비거라 워터스 학교 근처의 도미노 피자집에 갔다. 소정이가 호주에서 처음으로 친구 집에 초대되었다. 빈손으로 보내기 그래서 피자를 사서 보내려고 하였다. 우편으로 날아온 도미노 피자 할인쿠폰을 이용하여 13달러짜리 피자를 8달러에 살 수 있었다. 오후 3시 아이들을 차에 태워 소정이 친구 집 근처로 갔다. 소정이 친구로부터 메시지가 왔다. 집에 급한 일이 있어서 가족들과 모두 외출중이라고 했다. 집에 도착하면 연락을 주겠다는 것이다. 소정이 친구로부터 언제 연락이 올지 몰라서 근처의 Quota 공원에 갔다. 공원에는 3살짜리 호주 백인 아이가 가족과 놀고 있었다. 호주 아이는 자꾸 우리 아이들과 놀자고 손을

수로가 바다와 만나는 지점에 있는 Quota 공원 전경(왼쪽 빌딩의 아래)

잡았다. 어디가나 가족사랑은 똑같은 것 같다. 호주 아이가 우리 아이들과 친해지자 아내와 나도 호주 가족들과 친해져 한참 얘기하게 되었다. 주제는 그저 눈에 보이는 아름다운 바다와 하늘 그리고 아이에 대한 얘기뿐이다. 우리가 다가가면 호주 사람들은 피하지 않고 언제나 친절하다. 노을이 진다. 이곳은 어두워지면 인적이 드물어진다. 기다려도 소정이 친구로부터 연락이 오지 않았다. 이건 뭐지? 더는 기다릴 수 없었다. 한국에 있었다면 화가 났을 텐데 공원에서 친절한 호주 가족과 시간을 보내서 괜찮다. 그냥 소정이와 친구의 의사소통이 잘못된 것이라고 생각했다.

우리 가족은 자동차에 올라탔다. 방전이 되었는지 시동이 걸리지 않는다. 오늘 찾아온 자동차가 이래저래 문제를 일으킨다. 정비업소 사장님에게 전화했더니 자동차 배터리가 오래된 것 같다고 했다. 사장님이 알려준 배터리 전문점에 전화를 하니 점프 스타트를 해주는 데 80달러 달라고 했다. 너무 비싼 금액에 한 번 놀랐고 30분 지나면 가게 문을 닫는다는 말에 또 한 번 놀랐다. 한국에서는 전국 어디에서나 보험사에 전화를 하면 보험사와 제휴된 정비업체가 달려온다. 급한 마음에 승우에게 전화를 하니 주변 호주 사람들에게 도와달라고 부탁해 보라는 것이다. 날은 점점 어두워지고 주차장에 서있던 차들은 이미 많이 사라졌다. 시내버스도 잘 다니지 않는 곳이라 어떻게든 자동차를 고쳐야 한다.

마침 옆에 서있던 차로 노부부가 다가왔다. 다가가 도와달라고 부탁하니 자기들은 점프 스타트 케이블이 없다며 주변을 살피셨다. 잠시 후 우리의 영어가 서툰 것을 아시고 내 옆으로 주차하는 운전자에게 물어봐 주셨다. 그 친구도 점프 스타트 케이블은 없었다. 할머니는 우리 아이들이 걱정되었는지 볼을 만지면서 귀엽다고 말씀하셨다. 할아버지는 지나가던 차 한 대를 불러 세웠다. 같은 동네에 사는 친구인 것 같았다. 잠깐 얘기를 나누더니 친구로 보이는 분이 차에서 내려 케이블을 들고 다가왔다. 그리고는 내 옆에 주차한 친구에게 내 차 옆으로 차를 바짝 대도록 부탁하였다. 점프 스타트 케이블을 내 차와 내 옆의 차와 연결하여 시동을 걸어 주셨다. 사람을 알아볼 수 없을 정도로 날은 이미 어둑해졌다. 다행히 내 차의 시동은 걸렸다. 뒷자리에 앉아 있는 아이들은 낯선 사람들의 행동을 빠끔히 쳐다보고 있었다. 우리 부부는 그 노부부에게 몇 번을 감사하다고 했는지 모르겠다. 두 달 전 교통사고로 호주 사람에 대한 인식이 안 좋았는데 이렇게 좋은 분들도 계시다는 것에 마음이 놓였다. 도와준 모든 사람들은 하나의 작품을 완성한 것처럼 시동이 걸릴 때 모두 기뻐했다. 노부부는 너무나 당연한 일을 했다며 엄지를 추켜올리며 어둠 속으로 사라졌다. 우리 가족을 돕기 위해 난생 처음 만난 사람들이 한 뜻이 되어 협력한 것이다. 적은 인구에도 이렇게 커다란 대륙을 유지할 수 있는 호주의 힘을 본 것이다. 인구가 적다보니 노부부는 '우리가 도와주지 않으면 저 사람들은 도움을 받지 못할 거야.'라고 생각하셨던 것 같다. 한국의 많은 사람들은 '내가 아니라도 누군가가 저 사람들을 도와줄 거야'라고 생각했을지도 모른다. 호주에는 24시간 자동차 긴급출동 서비스는 없지만 손 내밀면 언제든지 도와주려는 따뜻한 사람들이 있었다. 호주의 느린 문화가 어려움에 처한 사람들을 도우려는 배려의 문화로 보이기 시작했다.

5월 19일 승우를 만나러 브리즈번에 간다. 아침 10시 시동이 또 걸리지 않는다. 정말 배터리를 갈아야 할 것 같다. 아파트 주차장

승우와 갔던 The West End Markets의 어느 길거리 음식점 모습

에서 두리번거리다 지나가는 젊은 청년에게 도와달라고 부탁하였다. 청년은 걱정하지 말라며 본인 차에 있는 점프 스타터를 가져와 시동을 걸어주었다. 어제와 마찬가지로 청년에게 연신 감사하다고 말을 건넸다. 누구에게나 도움을 청하면 도와준다. 너무나 당연한 일 같은데 나는 연신 감사하다는 말밖에 할 수 없었다. 사실 나는 그렇게 하지 못했다. 너무도 바쁜 삶은 남을 배려하는 시간에 인색했다.

1시간을 달려 브리즈번의 하나로 빅(Big) 마트에 도착했다. 잠깐 쇼핑을 하고 다시 출발하려 하니 자동차의 시동이 걸리지 않는다. 또 지나가는 사람들에게 도와달라고 부탁하였다. 안타깝게도 점프 스타트 케이블을 갖고 있는 사람을 찾을 수 없었다. 허름한 작업복을 입은 한 중년 남성이 한참동안 내 차를 살피며 시동을 걸려고 애썼다. 시동은 걸리지 않았다. 그는 떠나면서 도움이 되지 못해 미안하다고 말했다. 오히려 그의 귀중한 시간을 우리에게 할애해줘서 내가 더 고마웠다. 때마침 승우에게서 전화가 왔다. 10분이면 도착할거라고 한다. 구세주 같은 승우는 자동차 시동을 걸어주고 배터리를 사서 교체해 주었다. 어제부터 고마운 사람들을 만나 너무 행복했다.

한국사회는 너무 바쁘게 돌아간다. 왜 바쁘게 돌아가야 하는지도 모른 채 우리는 정해진 틀에서 하루하루를 반복한다. 그 틀에서 벗어나는 순간 끝 모를 바닥으로 내동댕이쳐질 거라는 두려움을 안고 말이다. 어렸을 때부터 부지런하고 열심히 살아야 성공한다고 배웠다. 사람들은 성공하면 행복해질 거라고 말했다. 그래서

승우가 놀러 오면 같이 먹었던 소박한 음식들

승우와 갔던 멜버른 골목식당의 모습

난 부지런하고 열심히 살아왔다. 성공을 위해 주변을 돌아볼 시간도 없었다. 빈둥빈둥 노는 것은 죄악이라고 생각했다. 가족, 친구 그리고 동료가 곁에 있었지만 성공이라는 명목아래 그들은 시간 속에 스쳐가는 존재일 뿐이었다. 치열하고 힘든 삶에서 나 혼자 버텨야 한다며 세상을 원망한 적도 있었다. 그러나 돌이켜보면 나를 응원해 주던 사람들이 항상 곁에 있었다. 우리는 보이지 않는 행복의 신기루를 위해 옆에 있는 행복을 잊고 있는지도 모른다. 가던 길을 멈춰서 누군가에게 도움을 주었다고 행복을 느끼는 호주 사람들을 보면서 느리지만 사람들 속에서 행복을 찾으려는 그들이 부러웠다. 물질이 아닌 사람이 사람을 행복하게 하는 호주에서 나 역시 그들 속에 포함되고 싶다. 인생에서 나를 품어줄 따뜻한 사람들이 있다는 것은 얼마나 행운인지 모른다. 36.5도의 체온이 우리의 인생을 얼마나 따뜻하게 만들 수 있는지 깨닫게 되었다.

3. 시드니 가는 길에 행복을 만나다

6월초 가족과 시드니에 가기로 했다. 자동차로 호주의 넓은 대륙을 누비고 싶었다. 더 나아가 매년 5월말에서 6월초 시드니에서는 음악과 빛의 축제 '비비드'가 열린다. 정 선생님은 아들을 보기 위해 시드니에 자주 가신다. 골드코스트에서 시드니까지 차로 10시간 정도 걸린다. 시드니로 가는 길에 있는 주유소와 쉴 곳을 구글 맵에 꼼꼼히 체크해 두었다. 승우가 자동차를 점검하더니 시드니 가는 데 큰 문제는 없을 것 같다고 했다. 그러나 가는 길에 자동차가 멈추면 자기가 우리 가족을 태우러 오겠다고 했다. 승우의 말은 빙하도 녹일 만큼 따뜻했다. 골드코스트에서 시드니까지는 1,000km가 넘는다. 나는 자동차보험으로 Third Party Property만 구입했기 때문에 중간에 차가 멈추면 견인비용이 얼마 나올지 상상이 안 된다. 간혹 사람들은 오지에서 자동차가 고장 나면 견인

타롱가(Taronga) 동물원에서 바라본 시드니 전경

비용이 너무 많이 나와 차를 버리고 몸만 빠져나온다고 한다. 승우가 아니었다면 자동차로 시드니에 갈 엄두를 못 냈을 것이다.

6월 5일 처음 가는 길이라 설레기도 하면서 두렵기도 했다. 구글 맵 상 첫 번째 휴식예정지로 바이런베이 밑에 발리나(Ballina)를 선택했다. 출근시간에 골드코스트를 빠져나오느라 시간이 지체 되었다. M1 고속도로를 한참 달려 발리나에 도착하였다. 버닝스(Bunnings) 건물 앞에는 큰 새우 조형물이 있었다. 이곳은 새우가 유명한 것 같다. 그러나 우리에겐 새우를 맛볼 시간이 없었다. 발리나를 지나 그라프턴(Grafton)에서 다시 기름을 채워 넣었다.

그라프턴에서 1시간을 달려 코프스하버(Coffs Harbour) 초입의 바나나 농장에 도착하였다. 그곳에서 햄버거로 늦은 점심을 해결하였다. 바나나 농장에서 뉴캐슬(Newcastle)에서 출발해 골드코스트로 가는 워킹홀리데이 학생들을 만났다. 그들은 1년 동안 뉴캐슬에서 일을 했고 마지막 여행으로 골드코스트를 가는 중이라고 했다. 이렇게 작은 마을에서 한국 학생들을 만났다는 것이 신기하고 재미있었다. 헤어지면서 나보다 많이 남은 그들의 삶이 행복하기를 빌었다.

코프스하버를 지나 오늘 묵기로 한 포트맥쿠아리(Port Macquarie)의 숙소에 도착했다. 거의 하루 종일 달린 것 같다. 오후 4시 반인데도 남반구의 겨울이라 벌써 어두워지기 시작했다. 설상가상으로 비가 와서 앞이 아무것도 보이지 않았다. 처음으로 경험하는 캐러밴 숙소에 아이들은 신이 났다. 관리사무소 직원은 우리가 어느

코프스하버(Cotts Harbour) 바나나 농상에 있는 조형물 앞에서

포트맥쿠아리(Port Macquarie)의 캐러밴 숙소 난간에 앉아 있는 야생 앵무새

나라에서 왔는지 물었다. 거친 빗속을 뚫고 온 동양인 가족이 신기해 보였나보다. 불편한 점이 있으면 언제든지 얘기하라고 했다. 어깨에 문신이 있는 덩치 큰 친구로부터 한국에서 느끼지 못한 선한 눈빛을 보았다. 거리에 식당들은 이미 모두 문을 닫았다. 미리 사온 즉석 밥과 컵라면으로 저녁을 때웠다. 밤새도록 내리는 비에 캐러밴 천장은 빗소리로 가득했다. 언제 들어본 빗소리인지 낭만적이기만 하였다. 아이들은 지붕에 부딪히는 빗소리를 신기하게 들으며 깊은 잠에 빠져 들었다.

6월 6일 시드니로 들어가는 날이다. 몹시도 긴장되었다. 가는 길에 뉴캐슬 근처에서 한번 쉬고 계속 달렸다. 비가 심하게 와서 자동차 속도를 높이기가 어려웠다. 새로운 풍경이라고 할 것도 없었다. 숲 사이로 난 길을 끝없이 달렸다. 뉴캐슬을 지나 시드니 근처에 다다르니 브리즈번 워터 국립공원이 나타났다. 고속도로는 절벽과 절벽 사이로 이어졌다. 시드니의 입성을 알리는 것 같았다. 5년 전 시드니에 가보긴 했었지만 이렇게 자동차로 운전하여 가니 감회가 새롭다.

한참을 달려 예약해 둔 숙소근처에 도착하였다. 시내는 일방통행 길이 많아서 호텔을 찾는 데 한참 헤매었다. 오후 3시가 되서야 체크인을 할 수 있었다. 예약한 호텔은 주차장이 없어서 앞에 있는 World Square 건물 내에 주차해야 했다. 다행히 초행길에도 아무런 사고가 없었다. 숙소 침대에 앉으니 긴장이 풀리면서 졸리기 시작하였다. 창밖을 보니 시드니가 여전히 빗속에서 우중충하게 있었다. 어디로 갈까 하다가 비가 너무 많이 와서 그냥 숙소에서 쉬기로 하였다. 미지의 세계로 가는 길은 항상 두렵지만 설렌다. 두려움과 맞서 곤두선 온몸의 세포는 내가 살아있음을 느끼게 해주었다.

6월 7일 일일투어를 가는 날이다. 아침부터 많은 사람들이 관광버스에 탑승해 있었고 우리 가족도 자리를 잡았다. 뉴캐슬(Newcastle)의 위쪽에 위치한 넬슨 베이(Nelson Bay)에서 돌고래 가족을 보고 사막썰매를 탄 다음 포도농장을 들러서 오는 일정이다.

3시간 정도 시드니 북쪽으로 달려 '넬슨 베이'라는 곳에 다다랐다. 이곳에는 160여 마리의 병코 돌고래 가족이 살고 있다. 특이한 점은 돌고래 가족이 이동하지 않고 베이 안에서만 산다는 것이다. 그래서 돌고래를 보는 여행상품이 개발된 것이다. 10시 30분쯤 배에 올라타니 서툰 한국말을 하는 선장이 우리를 반겼다. 선

넬슨 베이(Nelson Bay)의 전경

장이 한국말을 하는 걸보니 한국 관광객이 그에게 중요한 고객인 것 같았다. 배가 서서히 베이의 중심에 다다랐다. 서툰 한국말로 선장은 돌고래가 나타나는 곳을 가르쳐 준다. 정말로 돌고래 가족들이 몰려다니는 모습을 볼 수 있었다. 골드코스트의 테마파크 씨월드(Sea World)에서 돌고래를 보긴 했다. 그러나 야생 돌고래는 처음 본다. 11시 반 정도가 되어 배는 다시 선착장으로 돌아왔다. 우리는 식사를 하러 이동하였다. 넬슨 베이 같이 외진 곳에도 한국분이 운영하는 식당이 있었다. 오랜만에 먹는 비빔밥은 한국의 비빔밥보다 더 맛있는 것 같았다. 나이든 노부부가 운영하는 식당인데 노부부는 한국 손님들이 올 때마다 얼마 남지 않은 한국의 기억들을 되살리는 것 같았다. 이분들의 인생이 궁금하였으나 묻진 못했다.

오후 1시쯤 6천년에 걸쳐 만들어졌다는 넬슨 베이 사막으로 향했다. 모래가 너무 고와서 몸에 묻은 모래가 털리질 않았다. 썰매를 타는 모래언덕은 생각보다 경사가 급하다. 아이들은 무서운지 모래썰매를 타지 못했다. 나와 아내만 신나게 모래썰매를 탔다. 우리 가족은 사막을 배경으로 사진을 찍었다.

오후 3시 정도 버스는 시드니로 돌아가는 길에 조그만 포도농장에 들렀다. 호주가 최근에 와인으로 인정을 받고 있다. 시드니로 들어가는데 퇴근길이라 그런지 길이 엄청 막힌다. 돌아오는 길에 가이드가 어떻게 호주에서 가이드 생활을 하게 되었는지 얘기해 주었다. 가이드는 90년대 말까지 호주에 파견된 대우그룹에서 일을 했었다. 그러나 1997년 한국의 외환위기와 함께 대우그룹이 무너지면서 그는 하루아침에 실직자가 되었다. 호주 생활에 적응할 만한 시기에 직장을 잃은 것이다. 그때 나이가 30대 중·후반이었던 것 같다. 그는 그때 당시 한국으로 돌아가도 직장을 얻기 힘들 것이라고 생각했다. 그래서 호주에서 가장 빨리 일할 수 있었던 관광가이드를 선택한 것이다. 세월은 그렇게 흘러 그의 머리에는 흰 눈이 쌓였다. 일일투어도 즐거웠지만 한 사람의 인생이 97년 외환위기를 기점으로 달라졌다는 것이 더 흥미로웠다. 내가 대학원에 들어갈 때 그분은 시드니에서 그렇게 살고 계셨구나 생각하니 인생이 재미있게 느껴진다. 인생이 어디로 흘러갈지 아무도 모른다는 것을 다시 한 번 실감한다. 한 번 태어나 다양한 삶을 살아보고 싶다. 그러나 나의 인생은 나의 선택에 의한 단 한 번의 기회일 뿐이다. 수많은 다양한 삶은 이룰 수 없는 꿈으로 남겠지만 오늘도 살아가야 할 주어진 인생에 열정의 불을 지핀다. 가이드는 본인의 선택에 후회가 없는 것 같았다. 같은 한국 사람으로서 그의 인생이 더 행복하기를 응원하였다.

오후 7시쯤 숙소에서 무엇을 할까 고민하다가 오페라하우스까지 걷기로 하였다. 숙소에서 약 2km 정도 떨어져 있는데 다행히 아이들도 잘 걸어갔다. 1년에 한 번 있는 비비드 축제가 열리고 있었다. 항구근처의 건물과 오페라하우스 건물 외벽에는 레이저로 그려진 그림들이 장식되어 있었다. 어딘가에서 저마다의 사연을 품고 살아갈 한국 사람들을 생각하니 호주에서의 삶도 그렇게 외로워 보이지는 않는다. 길을 지나다 간간히 들려오는 한국말에 그곳을 지나는 모두가 행복하기를 빌었다.

6월 8일 오팔(Opal) 카드에 10달러씩 총 40달러를 충전하여 타롱가(Taronga) 동물원으로 향했다. 오팔 카드를 보니 4월에 뉴질랜드로 떠난 건이네 가족이 생각난다. 건이와 강이는 시간이 날 때마다 브로드워터(Broadwater) 공원에서 우리 아이들과 놀곤 하였다. 건이네 가족은 호주를 떠나기 전 시드니 여행을 갔다왔다. 그때 잔액이 남은 오팔 카드를 우리 가족에게 마지막 선물로 주고 갔다. 숙소근처 기차역에서 서큘러키(Circular Quay)까지 기차를 타고 갔다. 그곳에서 다시 페리를 타고 타롱가 동물원으로 갔다. 어제와 달리 오늘은 날씨가 흐리다. 그러나 다행히 비는 오지 않았다. 페리를 타고 선착장에 도착하여 바로 옆 케이블카에 올라탔다. 케이블카를 타고 5분을 올라가니 동물원의 입구가 보였다. 케이블카에서 본 동물원의 크기는 정말 작은 산 하나 정도이다. 케이블카는 언덕 위에 멈췄으며 그곳에 동물원의 정문이 있었다. 정문을 통과하여 동물원을 구경하면서 내려가면 다시 언덕 아래 페리선착장에 다다른다. 동물원에는 처음 보는 동물들로 가득하였다. 동물도 동물이지만 동물원에서 바라다보이는 오페라하우스와 하버브리지는 한 폭의 그림 같았다.

오후 4시 페리를 타고 다시 서큘러키로 돌아왔다. 일단 배를 채우기 위해 록스(Rocks)에 있는 독일식당에 갔다. 식사를 마칠 무렵, 다시 비가 오기 시작했다. 몇 년 만에 다시 찾아온 시드니인데 날씨가 좋지 않아 아쉽다. 오후 6시쯤 가족과 함께 하버브리지를 올라가니 오페라하우스는 더 멋있게 빛났다.

오후 7시 숙소에 돌아가려고 서큘러키의 기차역으로 갔다. 아이들이 기차를 타기 위해 오팔 카드를 개찰구에 대니 통과되었다. 그러나 아내와 난 카드잔액이 부족하다며 개찰구 문이 열리지 않았다. 오팔 카드는 최소 충전금액이 10달러인데, 부족한 잔액 1달러 때문에 10달러를 충전하기가 너무 아까웠다. 옆에서 보던 직원에게 사정을 얘기하니 우리에게 여행의 마지막 날이냐고 물어보았다. 그렇다고 대답하니 그 친구는 우리보고 그냥 들어가라고 문을 열어 주었다. 난 오팔 카드를 충전할 때마다 최소 충전금액이 10달러인 것에 대해 불만이 있었다. 호주 사람들은 머리가 나빠서 교통시스템에 관광객의 편의를 반영하지 못했다고 생각했었다. 그러나 관광객을 배려하는 직원의 따뜻한 마음이 부족해 보이는 교통시스템을 채우고도 남았다. 멋진 건물과 아름다운 자연만으로 관광도시가 되는 것이 아니라는 것을 깨달았다. 기차역의 직원은 세계적인 관광도시가 되기 위해서 낯선 이방인에게도 배려할 수 있는 따뜻한 사람들이 있어야 한다는 것을 말해 주었다.

시드니는 관광도시이므로 보이는 대부분의 사람들이 관광객일 것이다. 보이는 모든 모습이 호주의 진짜 모습은 아닐 것이다. 보이는 호주 사람들이 모두 행복할 거라고 믿지는 않는다. 그러나 치열한 경쟁 속에서 앞만 보고 살아온 나에게 보이는 모습 그대로의 호주는 나의 이상향이라고 믿고 싶다. 호주 사람들의 다른 피부와 다른 생김새는 각기 다른 꽃이 되어 아름다운 정원을 이루고 있었다. 그 속에서 난 따뜻한 인간의 향기를 맡을 수 있었다.

6월 9일 다시 골드코스트로 돌아갈 생각하니 마음이 무겁다. 아침 일찍 체크아웃하고 프런트에서 주차비를 정산하였다. 하루에 40달러씩 총 120달러를 주차비로 지불하였다. 모든 것이 처음이라 복잡해 보였지만 무사히 처리되니 행복하였다. 토요일이라 거리에는 차가 많지 않았다. 구글 맵이 자꾸 잘못된 길을 가르쳐 준다. 1시간 반 만에 시드니 시내를 벗어났다.

오늘은 코프스하버(Coffs Harbour)에서 숙박하기로 되어 있다. 달리고 또 달려야 한다. 뉴캐슬 근처에서 한번만 쉬고 계속 나비악(Nabiac)까지 달렸다. 늦은 점심을 휴게소에서 대충 때우고 다시 달려 코프스하버의 숙소에 도착하였다. 오후 4시 정도가 되었다. 제티비치(Jetty Beach)에 가서 식사할 곳을 찾았으나 마땅한 곳이 없었다. 검색을 해보니 시내 중심가에 한국분이 운영하는 초밥집이 있었다. 낯선 곳에서 비는 억수같이 쏟아지는데 이런 곳에도 한국 사람이 살고 있다는 것에 큰 위안이 되었다. 위로는 중국, 러시아 그리고 북한이 있고 밑으로는 일본이 있어서 늘 정치적으로 외롭고 힘든 나라가 한국이다. 이렇게 많은 한국 사람들이 세계에

흩어져 산다는 것에 새삼 놀랐다. 주방장의 아들은 호주여성과 결혼한 것 같다. 호주여성이 우리에게 다가와 서툰 한국말로 무엇을 먹을지 물어본다. 한국말을 하는 호주여성이 갑자기 한국 사람처럼 보였다. 이질감과 동질감은 어떻게 보느냐에 따라 달라지겠지만 그 차이는 종이 한 장인 것 같다. 그들 사이에서 태어난 아이들도 한국이라는 나라를 기억하고 사랑해 주었으면 하는 작은 바람을 가져본다.

6월 10일 언제 그랬냐는 듯이 날씨가 화창하다. 코프스하버에서 좋은 날씨를 맞이하게 되어 너무 행복하다. 내 인생에 다시 못 올 이곳에 있다고 생각하니 아쉬운 시간만큼 행복이 귀중하게 다가온다. 아침부터 가족들을 재촉하여 제티비치로 갔다. 제티 옆 해변에는 주말 시장이 열렸다. 어제는 아무도 보이지 않던 거리가 사

제티(Jetty)에서 바라본 코프스하버(Coffs Harbour) 전경

람들로 북적인다. 동양인은 우리 가족을 빼곤 한 명도 보이지 않는다. 내가 정말 호주에 와 있다는 것을 실감하게 된다.

마리나(Marina)를 지나 무튼새(Muttonbird) 섬으로 갔다. 작은 섬이긴 하나 배를 보호해주는 천연방파제 역할을 하고 있었다. 섬은 새들의 군락지이기도 하다. 가는 길에 내려다보이는 바다는 어찌나 깨끗하던지 물고기들의 움직임이 다 보인다. 지나가는 호주 사람들은 섬에서 가끔씩 고래나 돌고래도 볼 수 있다고 말했다.

섬에서 내려와 주말 시장으로 갔다. 사람들은 여러 가지 음식과 공예품들을 팔고 있었다. 동네 아이들은 근처 놀이터에서 뛰어논

무튼새(Muttonbird) 섬에서 바라본 코프스하버(Coffs Harbour) 전경(아래 소정과 서진)

다. 영화 속의 한 장면처럼 정말 평화롭고 행복한 모습이다. 한국 사람들은 가끔 버거운 인생에서 행복의 기준을 스스로 정해버리고 만족해버린다. 이 정도의 사회적 지위에 이 정도 먹고 살았으면 행복한 거지 뭐가 더 부럽겠냐고 말이다. 물론 이렇게 본인이 행복하다고 느끼는 사람들은 불행하다고 느끼는 사람들에게 비해 천만다행일 것이다. 그러나 그들이 코프스하버를 마주한다면 행복이라고 믿었던 그들이 가진 것과 누린 것을 초라하게 느낄지도 모른다. 행복이 무엇이라고 정의하기는 정말 힘들다. 우리는 행복의 정의를 우리의 짧은 경험주머니에서 찾으려 한다. 경험주머니에서 가장 좋았던 것을 행복이라고 자위하며 살아가는지도 모른다. 만족하는 삶도 행복하지만 세상에 숨겨진 소소한 일상도 또 다른 행복이라는 것을 깨닫는다. 행복도 찾으려고 노력하는 자에게 더 커진다는 것을 감히 생각해 본다.

처음이자 마지막일 것 같은 코프스하버를 뒤로 하고 12시쯤 길을 나섰다. 한참을 달려 오후 2시 반에 바이런베이에 도착하였다. 지난번 바이런베이에 왔었을 때에는 날씨가 너무 안 좋았다. 오늘은 날씨가 정말 좋았다. 모든 사람들이 행복해 보이니 나도 행복하다. 죽기 전에 이렇게 행복한 곳을 오게 되어 감사하다. 오후 4시쯤 등대에서 내려와 또 달린다. 집에 도착하니 오후 8시가 되었다. 끝없이 이어진 길을 온 힘을 다해 달렸는데 구글 맵을 보니 손가락 한 마디 길이밖에 되지 않았다. 장엄한 호주 대륙 앞에 나의 상념(想念)들이 얼마나 초라해 보이는지 모르겠다. 처음이자 마지막으로 만난 수많은 사람들의 따뜻함을 가슴에 품고 행복하게 살겠다고 다짐해 본다.

4. 도서관에서 인생을 보았다

외국 생활에 경험이 있는 사람들은 호주에 가서 도움을 받으려면 교회에 가라고 했다. 그러나 나는 누군가가 호주에 온다면 도움을 받기 위해 도서관에 가라고 말하고 싶다. 호주의 도서관은 책만 빌리는 장소가 아니라 사람과 사람을 연결하는 만남의 장소이다. 아내와 난 도서관에서 전 세계 사람들을 만나면서 다양한 삶의 애환을 경험하였다.

3월 초순 아이들이 방과 후에 할 수 있는 활동을 알아보기 위해 집 근처 런어웨이 베이(Runaway Bay) 도서관에 갔다. 호주 아이들이 방과 후에 무엇을 하나 했더니 도서관에서 공부하는 것이었다. 도서관에는 일정의 비용을 지불하면 중・고등학교 학생이 초등학생의 숙제를 도와주는 프로그램이 있었다. 오전에는 영유아 아이들의 오감발달을 위한 놀이프로그램이 무료로 제공되고 있었다.

런어웨이 베이(Runaway Bay) 도서관 맞은편 쇼핑몰에서 바라본 전경

우리 부부에게 가장 도움이 되었던 것은 무료 영어교실이었다. 자원봉사자들이 요일별로 영어를 배우고 싶어 하는 이민자들을 위해 모임을 주도하는 것이다. 골드코스트에 10개 정도의 도서관이 있는데, 각 도서관의 영어교실이 서로 다른 요일과 시간에 개설되고 있다. 영어를 배우고 싶은 사람은 일주일 내내 서로 다른 도서관을 방문하며 영어교실에 참여할 수 있다. 물론 자원봉사자들이 영어교육자는 아니지만 낯선 땅에서 이민자들이 조금이라도 일찍 적응하길 바라는 마음을 고스란히 느낄 수 있었다.

3월 중순 영어교실에서 프랑스, 체코 그리고 일본에서 온 사람들을 만났다. '알란'이라고 불리는 할아버지는 프랑스 사람이다. 프랑스령인 뉴칼레도니아(New Caledonia)에서 오랫동안 살았다. 그러나 그는 어떤 정치적인 문제로 인해 호주로 이민 올 수밖에 없었다. 무슨 이유에서인지 프랑스로도 다시 돌아갈 수 없는 상황이라고 했다.

2010년 프랑스령이었던 뉴칼레도니아에서 원주민 '카낙인'을 중심으로 독립하려는 움직임이 시작되었다. 알란 할아버지는 이러한 움직임에 위협을 느껴 가까운 호주로 이민 온 것이다. 제조업이 발달했던 체코는 제2차 세계대전 이전만 해도 세계에서 11위의 경제규모를 자랑하던 경제대국이었다. 그러나 80년대와 90년대 체코가 경제침체기를 맞으면서 많은 사람들이 더 좋은 곳으로 이민을 떠난 것으로 보인다. 일본에서 오신 분을 설명하려면 호주의 '백호주의'까지 언급해야 할 것 같다. 1700년대 후반 죄수의 유배지였던 호주가 1800년대 금광이 발견되면서 골드러시를 이루게 된다. 그때 골드러시로 유입된 중국 이민자들이 저임금의 백인들과 일자리로 충돌하게 되었다. 1900년 초 호주 정부는 백인을 보호하기 위해 유색인종의 이민을 제한하였다. 그러나 1978년 인구부족에 따른 노동력 부족을 해소하기 위해 호주 정부는 이민제한 정책을 폐지하였다. 그후, 골드코스트 지역에는 대규모 일본 자본이 유입되었고 지금의 대부분 건물은 일본인에 의해 지어졌다고 한다. 그러나 여전히 저변에 깔려 있던 백호주의와 인종차별은 일본인들의 승승장구를 용인하지 않았던 것 같다. 얼마 지나지 않아 많은 일본인들은 다시 고국으로 돌아갔고 이분은 그때 와서 돌아가지 않은 분이다. 가보지 않은 나라의 사람들을 한 자리에서 만난다는 것이 신기할 따름이다. 그들의 인생 이야기를 들을 때마다 나의 하루가 더 소중해지고 나의 삶에 더 애착이 간다.

누구에게나 정해진 시간은 평등하고 그 시간을 어떻게 활용할 것인지는 전적으로 본인에게 달려있다. 이분들을 만나면서 세상에 태어나 가장 후회할 일은 단조로운 삶을 사는 것이라는 생각이 든다. 이 세상에 태어난 것은 세상에 단 하나뿐인 인생의 궤적을 그릴 수 있는 축복의 기회이다. 아무리 많은 돈을 가져도 아무리 강한 권력을 가져도 우리가 그릴 수 있는 인생의 궤적은 단 하나뿐이다. 다양한 삶을 보면서 인생의 궤적에 오점을 찍고 싶지는 않다. 가끔씩 남의 인생을 엿보는 것이 오점을 찍지 않을 비책인 것 같다. 더 나아가 그것은 새로운 인생의 궤적을 그릴 수 있는 나침반이기도 하다. 우리 모두 출발의 시간과 장소는 달랐지만 인생궤적이 도서관에서 교차한 것이다. 때로는 삶이 힘들어 세상이 우리를 지치게 한다. 그러나 축복의 기회를 너무 빨리 포기하는 것은 행복해질 자격이 없는 것이다. 서로의 삶을 보며 앞으로의 인생궤적에 다양한 행복만 가득하기를 바랄 뿐이다.

3월말 런어웨이 베이 도서관에 한국인 직원이 있다는 사실을 알게 되었다. 자동차 사고에 대한 경위보고서를 보험회사에 보내야 했다. 영어로 자세히 사고과정을 서술하는 것이 몹시 어렵게 느껴졌다. 도서관에 자주 갔었지만 보영 씨를 본 것은 이번이 처음이었다. 도서관 직원에게 자동차 사고 처리 과정을 묻는 과정에서 보영 씨가 일하고 있다는 것을 알게 되었다. 보영 씨는 한국에서 우연히 알게 된 지금의 남편과 연락을 주고받다가 결국 결혼하게 되었다. 한국에서 평생을 살다가 우연히 알게 된 남자친구 하나만 보고 호주에 건너온 것이다. 쉬운 결정은 아니었을 것이다. 호주로 이민 온 사람들은 수천수만 가지의 사연을 품고 있다. 보영 씨도 그중에 하나의 사연을 품고 있을 것이다. 자동차 사고로 당황했던 우리에게 그녀는 한 줄기 빛과 같았다. 남편은 이민 1.5세대이다. 보영 씨의 도움으로 자동차 사고보고서를 무사히 보험회사에 제출할 수 있었다.

10월 중순 우리 부부는 늘 보영 씨만 만나다가 보영 씨 남편과도 만나게 되었다. 보영 씨 남편으로부터 미약하나마 이민 1.5세대의 서글픔을 느낄 수 있었다. 남편은 한국에 있을 때 골프선수였다. 그러나 몸을 다쳐 선수의 길을 포기했다. 그는 호주에 살게 된 것이 아버지의 결정이지 본인의 결정은 아니라고 했다. 그가 호주에 왔을 때 중학생이었다. 처음에는 중국 아이들로부터 괴롭힘을 당했고, 나중에는 호주 아이들로부터 괴롭힘을 받았다. 그는 호주에서 살아남기 위해 먼저 중국 아이들과 싸워 이기고 그 다음으로 호주 아이들과 싸워 이겨야 한다고 생각했다. 그는 호주에서 건설업을 하고 있는데 작년에 건설대금을 받지 못해 마음고생이 심했다고 했다. 다양한 인종들 사이에서 먹고 산다는 것이 겉으로 보는 것만큼 쉽지 않은 것 같다. 그 일 이후 어쩔 수 없이 호주에 살아야 하는 그는 국가 정체성에 한동안 흔들리며 우울증에 빠졌다고 했다. 어렸을 때 자라온 문화는 한국문화이고 교육은 호주교육이며 영어는 아무리 노력해도 원어민만큼 되지 않는다. 한국 사람도 호주 사람도 아닌 이민 1.5세대의 정체성 혼동이 이해는 간다. 그러나 그것이 그에게 얼마나 큰 상처인지 그의 인생을 살아보지 않는 한 공감하기는 어려울 것 같았다. 같은 나라 사람들과 어울려 산다는 것이 얼마나 행복한 일인지 예전엔 미처 몰랐다. 그에게 어떠한 위로도 해 줄 수 없었다. 행복하라는 말밖에 할 수 있는 것이 없었다.

4월말 헬렌스베일(Helensvale) 도서관에서 스리랑카에서 오신 할아버지와 얘기를 나누었다. 얼굴도 까맣고 나이도 꽤 들어 보였다. 행색도 초라하여 굉장히 힘들게 사는 사람인 줄 알았다. 할아버지는 스리랑카에서 고위공무원직을 지내셨고, 할머니는 선생님이셨다. 아들은 멜버른에서 교수로 일하고 있으며, 딸은 시드니에서 정신과 의사로 일하고 있다. 일 년 중 넉 달은 아들네 집에서 머물고, 넉 달은 딸네 집에 머물며 지낸다고 했다. 할아버지는 아이들이 스리랑카에서 열심히 노력하여도 행복한 삶을 살 수 없을 거라고 판단했다. 그래서 호주로 이민을 결심하게 된 것이다.

스리랑카의 역사는 그야말로 식민지의 역사이다. 1505년 포르투갈의 식민지가 되었다가 1602년 네덜란드의 식민지가 되었다. 1815년에는 영국의 식민지가 되었다가 제2차 세계대전의 종전과 함께 1948년에 독립하게 되었다. 그러나 경제적 상황은 악화되었고 정치적 문제로 내전은 지속되었다. 지금도 여전히 종족 및 종교 간의 갈등으로 홍역을 앓고 있다. 아이들의 미래를 위해 모든 것을 버리고 새로운 삶을 선택한 그분이 다시 한 번 멋지고 존경스러웠다. 그동안 쌓아온 것을 모두 포기하고 새로운 세상에 뛰어든다는 것은 온몸이 발가벗겨진 느낌일 것이다. 창피할 겨를도 없이 새로운 환경에 부딪히며 자식들을 훌륭하게 키운 노부부가 앞으로도 행복하길 빌었다. 한 번뿐인 인생은 한 번밖에 사용할 수 없다. 인생을 어떻게 사용해야 할지 죽을 때까지 노력해도 풀지 못할 것이다.

런어웨이 베이 도서관에 가면 자주 만나는 분이 있다. 필리핀에서 온 아주머니이다. 수술한 지 얼마 안 되었는지 목에는 목걸이같이 붉은 줄이 있다. 얼마 전 갑상선암 수술을 하셨다고 하는데 상처가 깊어 보였다. 호주에 사신 지 15년이 되었는데 지금은 혼자 산다고 했다. 이분으로부터 못사는 나라의 슬픔이 얼마나 큰지 느낄 수 있었다. 16세기 마젤란에 의해 발견된 필리핀은 1898년까지 스페인의 식민지로 있었다. 그러다가 미국-스페인 전쟁에서 미국이 승리하면서 다시 미국의 식민지가 되었다. 1946년에 미국으로부터 독립은 되었지만 독재자의 출현과 정치인의 부정부패로 여전히 몸살을 앓고 있다. 아주머니는 행복한 삶을 찾아 15년 전에 호주 사람과 결혼을 하셨다. 그러나 남편은 가정을 돌보지 않았고 심지어 폭력까지 행사하여 이혼하게 되었다고 한다. 남편이 호주

런어웨이 베이(Runaway Bay) 도서관 앞에서 아내, 서진, 소정

여성과 결혼했었다면 이렇게까지 자기에게 심하게 대하지는 않았을 거라고 말했다. 한국도 1900년 초 일제강점기를 거쳐 1945년에 해방되었다. 해방 이후 주변 강대국들의 이권다툼에 의해 한국은 극심한 정치적 갈등을 겪게 되었다. 1950년 6월 25일 조선인민군이 대한민국을 침략하면서 한국전쟁이 발발하였다. 1953년 7월 27일에 휴전협정이 체결되었다. 이후 한국의 경제는 눈부신 발전을 거듭하였지만 여전히 정치인의 부정부패와 경제 불평등이 사회문제로 대두되고 있다. 경제혁명은 이루어졌지만 문화혁명은 이루어지지 못한 것이다. 우리는 대한민국을 소중하게 사용하고 간직하여 후대에 물려주어야 한다. 일부 정치꾼들에게 실망하여 대한민국을 등질 일이 없기를 간절히 바라본다. 호주 사람이 된 필리핀 아주머니가 더 이상 상처받지 않고 행복하게 사시길 기원해 본다.

5월 초순 젊은 한국청년 2명이 런어웨이 베이 도서관에 영어를 배우러 왔다. 한 청년은 거제도에 있는 대우조선해양에서 설계 관련 일을 했었다. 최근에 회사가 어려워져서 희망퇴직을 하고 워킹홀리데이로 호주에 온 것이다. 다른 청년은 한국에서 영화관련 일을 했었다. 경기가 안 좋아지면서 그 역시 일자리를 잃어 새로운 기회를 위해 호주에 온 것이다. 호주에서 오래 살지는 않았지만 호주에 관한 정보를 청년들에게 전해 주었다. 호주는 기본적으로 세 가지 산업으로 먹고사는 나라이다. 즉 관광산업, 교육산업 그리고 이민산업이다. 그러나 이들은 서로 맞물리면서 호주 경제를 먹여 살리고 있다. 전 세계 많은 사람들은 호주의 아름다운 자연환경을 보러 온다. 그들은 돈을 써서라도 호주에서 살고 싶은 욕구를 느끼게 된다. 호주에서 영주권을 얻기 위해 호주 정부가 필요로 하는 인력이 되어야 한다. 호주에서 필요한 인력이 되기 위해 학교에서 필요한 교육을 받아야 한다. 호주에서 교육을 받은 사람들은 졸업 후 취직을 통해 고용주로부터 후원(sponsorship)을 받거나 투자를 통해 사업을 한다. 영주권을 얻기 위해 호주 정부가 요구하는 일정의 점수를 얻어야 하는데 요즘은 그 점수가 점점 더 높아지고 있다. 두 청년들은 관광산업과 교육산업의 중간지점에 서있는 것이다. 호주는 밀려드는 이민자들을 제한하면서도 노동력을 얻기 위해 워킹홀리데이 비자를 만들었다. 난 두 청년들이 1년 또는 2년의 젊은 시간을 호주에서 노동으로 보내고 빈손으로 돌아갈까 봐 걱정되었다. 아름다운 호주의 자연환경을 지옥처럼 느끼는 사람들을 여럿 봤기 때문이다. 평등하고 자유로워 보이는 호주에서도 영주권자와 그렇지 않은 자로 계급이 나뉘어져 있다는 것을 그들이 깨닫길 바랐다. 부디 많은 한국청년들이 호주에서 좋은 결실을 맺었으면 하는 바람이다.

5월 중순 헬렌스베일 도서관에서 한국인 자원봉사자를 만났다. 30대로 보이는 두 아이의 엄마였다. 그녀는 그리피스 대학으로 유학을 와서 호텔경영학과를 졸업하였다. 졸업 후 한국에 돌아갔다가 다시 호주로 오게 되었다. 한국으로 돌아가 호텔에서 근무하였으나 생각보다 낮은 처우와 불편한 인간관계로 다시 호주의 삶을 택한 것이다. 남편은 호주에서 일을 할 때 만난 호주 사람이다. 그녀의 부모님은 애지중지 키운 딸이 호주로 유학 갔다가 돌아오기만을 기다리셨을 것이다. 부모님은 그녀가 호주 사람과 결혼하여 호주 사람이 되겠다고 할 때 억장이 무너지는 슬픔을 느끼셨다고 했다. 그녀는 부모님만 생각하면 눈물이 핑 돌지만 이곳에서 자라고 살아갈 아이들을 생각하면 희망을 느낀다고 했다. 호주에서 살아보지 않고는 그녀의 결정을 왈가왈부할 수 없을 것이다. 그녀의 결정이 한편으로 이해가 되면서도 두 딸의 아빠로서 그녀가 '한국에서 살았다면 더 좋았을 텐데' 하는 아쉬움이 남는다. 부모의 마음도 이해되고 그녀의 마음도 이해된다. 그래서 행복한 삶을 살기가 정말 어려운 것 같다. 그녀가 부모님을 자주 찾아뵙길 바랄 뿐이다. 결국 어느 누구도 남의 인생을 평가할 자격은 없다.

6월 초순 어퍼 쿠메라(Upper Coomera) 도서관에 갔다. 어퍼 쿠메라 지역에는 동양인들이 많이 살고 있어서 영어교실에도 동양인들이 많다. 우리는 쿠메라 지역에 사는 한국 사람으로부터 세탁기를 구입했었다. 영어교실에 참여한 사람들은 대부분 중국인이다. 일부 사람들은 일본, 콜롬비아, 인도, 이란 그리고 스페인에서 왔

어퍼 쿠메라(Upper Coomera) 도서관에서 바라본 하늘

다. 그중에서도 '마샤'라는 이름의 일본남성과 자주 얘기를 했었다. 나랑 나이가 비슷해서인지 대화를 하면서 알지 못할 동질감을 느꼈다. 일본 젊은이들은 한국의 K-Pop 때문에 한국을 좋아한다고 했다. 왜 일본과 한국의 정치인들은 매일 싸우는지 모르겠다고 했다. 마샤는 다니던 회사가 호주에 진출하면서 호주에 살게 되었다. 그러나 최근 마샤는 회사를 그만두게 되어 호주의 영주권을 따야 했다. 아이들은 이미 호주 생활에 적응하였고 일본으로 돌아가도 마땅히 먹고 살 방법이 없기 때문이다. 마샤의 아내는 브리즈번의 한 대학을 다니며 영주권을 준비하고 있다. 해외에 나와보니 그동안 가졌던 다양한 나라의 사람들에 대한 편견은 사라지고 오직 그 사람 자체만을 보게 된다. 우리는 검증되지 않는 정보를 쉽게 믿고 그것이 신념이 되어 버린다. 왜곡된 신념에 갇힌 사람들은 그들의 신념을 재검증할 기회조차 갖지 않는다. 거짓정보가 난무하는 인터넷 세상에서 가끔은 한국 사람들이 너무 무서울 때

가 있다.

7월 이후 생각보다 살가웠던 일본친구 마샤가 보이질 않았다. 영어교실에 참여하는 한 분이 마샤가 최근에 사업을 시작한 것 같다고 했다. 마샤도 나를 살가운 한국친구로 기억해 주었으면 좋겠다. 마샤는 나에게 안녕이라는 인사를 할 수 없을 만큼 인생이 너무 다급했던 것 같았다. 그렇게 마샤와 헤어졌지만 어딘가에서 행복하게 살고 있을 거라 믿고 싶다.

7월말 헬렌스베일 도서관에서 알게 된 태국여성과 얘기를 나누었다. 그녀는 내가 한국 사람이라는 것을 한없이 창피하게 만들었다. 가끔 그녀와 영어교실에서 여러 가지 주제로 얘기를 했었지만 개인적인 얘기를 나눈 것은 이번이 처음이었다. 그녀는 한국에 대해서 이상하리만큼 잘 안다고 생각했었다. 알고 보니 그녀는 한국남자와 결혼생활을 한 적이 있었다. 경기도 시흥에서 살았는데 남편이 집에 자주 들어오지 않았다고 했다. 생활비도 갖다 주지 않아 너무 힘들었다고 했다. 사실 그녀의 남편은 애가 딸린 이혼남이었다. 그녀는 남편의 전처가 낳은 남자아이를 친자식처럼 돌보았다고 했다. 아직도 그녀는 그 아이가 보고 싶다고 했다. 경제적으로 너무 힘들었으며 가끔가다 손찌검까지 하는 남편과 도저히 살 수 없어서 이혼하게 된 것이다. 지금은 영국 남자와 결혼하여 호주에서 살고 있다. 늘 우리에게 밝은 표정으로 대했던 그녀에게 한국의 어두운 기억이 있었다는 것에 새삼 놀랐다. 다행히도 다른 태국친구들은 한국에서 좋은 남편을 만나 잘 살고 있다고 했다. 그녀는 어두운 기억에도 불구하고 한국에서 재미있었던 추억이 많아 한국에 놀러가고 싶다고 했다. 그녀와 헤어지면서 마음속으로

'한국 사람을 대신해서 내가 사과할게. 행복해야 해'라고 그녀의 안녕을 빌었다. 그녀는 못난 한국 남자의 갑질 피해자라고 생각했다. 그럼에도 불구하고 그녀는 우리에게 늘 따뜻했다. 점점 인구가 줄어드는 한국이 성장동력을 유지하려면 다민족국가로 갈 수밖에 없다. 한국이 살아남으려면 우리 모두 한국 사람이라는 특권의식을 버려야 할 것이다. 우리가 그동안 쥐고 있던 많은 것들을 놓았을 때 우리가 살아남을 수 있는 것이다. 그녀가 한국을 너무 미워하지 않았으면 좋겠다. 그녀가 호주 사람으로 행복하고 당당하게 살아가길 빌었다.

8월 초순 어피 쿠메라 도서관에 '수잔'이 돌아왔다. 그녀는 혼자서 2주간 인도네시아 여행을 갔다왔다. 그녀는 뉴질랜드 사람이다. 제2차 세계대전 때 헝가리에 살던 그녀의 부모님이 난민으로 뉴질랜드에 넘어오셨다. 난 책을 통해서 제2차 세계대전을 경험하였다. 제2차 세계대전과 직접 관련 있는 사람을 만나니 너무 신기하였다. 50대 후반의 파란 눈을 가진 백인 여성이었다. 그녀는 언제나 우리를 열정적으로 가르쳤다. 처음에는 우리를 가르칠 때 똑바로 쳐다보던 그녀의 파란 눈이 부담스러웠다. 이제는 그녀가 오래전부터 알고 지낸 수다스런 동네 아줌마 같다. 그녀는 남편과 일찍 사별하여 혼자 살고 있다. 그러나 세계 곳곳을 여행 다니며 언제나 즐겁게 산다. 죽은 사람은 죽은 사람이고 산 사람은 산 사람이다. 죽은 사람을 슬퍼하며 살기에는 인생이 너무 짧다는 것을 보여준 사람이다. 호주에 온 이유를 구체적으로 말하진 않았지만 일하면서 영어를 가르치는 봉사활동을 하고 있다. 이제 그녀는 아들과 함께 살기 위해 뉴질랜드로 돌아가야 했다. 오지랖 넓은 골

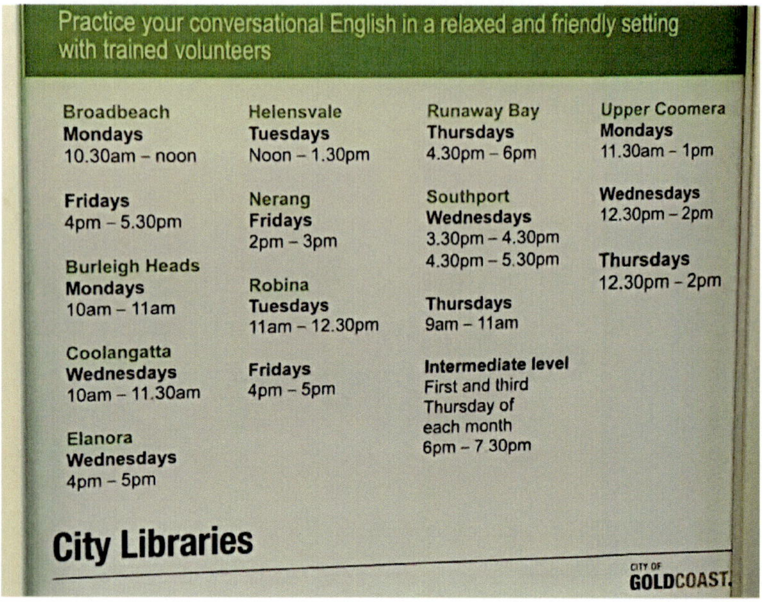

Practice your conversational English in a relaxed and friendly setting with trained volunteers

Broadbeach
Mondays
10.30am – noon

Fridays
4pm – 5.30pm

Burleigh Heads
Mondays
10am – 11am

Coolangatta
Wednesdays
10am – 11.30am

Elanora
Wednesdays
4pm – 5pm

Helensvale
Tuesdays
Noon – 1.30pm

Nerang
Fridays
2pm – 3pm

Robina
Tuesdays
11am – 12.30pm

Fridays
4pm – 5pm

Runaway Bay
Thursdays
4.30pm – 6pm

Southport
Wednesdays
3.30pm – 4.30pm
4.30pm – 5.30pm

Thursdays
9am – 11am

Intermediate level
First and third
Thursday of
each month
6pm – 7 30pm

Upper Coomera
Mondays
11.30am - 1pm

Wednesdays
12.30pm – 2pm

Thursdays
12.30pm - 2pm

City Libraries

CITY OF
GOLDCOAST.

골드코스트(Gold Coast) 지역 도서관의 무료 영어교실 일정표

롬비아 할머니 헬렌은 학생들로부터 5달러씩 걷어 이별의 아쉬움을 목걸이로 선물하였다. 만나고 헤어지는 것은 슬픈 일이지만 과거에 묶여 사는 것만큼 어리석은 일도 없는 것 같다. 모두들 아쉬워하며 언제 볼지 모를 수잔의 행복을 진심으로 빌었다. 내 인생에 항상 밝은 수잔이 들어와 있었다는 것은 정말 행운이라고 생각한다.

며칠 후, 천안 할머니가 파리여행을 마치고 돌아왔다. 어퍼 쿠메라 근처에 사는 한국 할머니인데 전형적인 졸부냄새가 나는 분이다. 몇 달 전 어퍼 쿠메라 도서관에 왔을 때 우리 가족의 호구조사를 하신 분이다. 본인은 호주에 온 지 5년이 넘어 영어가 다 들린다고 하셨다. 그러나 영어수업 시간만 되면 '선생이 방금 뭐라고 했냐?'며 오히려 우리에게 물어보신다. 우리가 호주에 1년만 살다 한국에 돌아갈 거라고 하니 '계속 살면 정을 주려고 했는데 안 되겠다'고 하신다. 우리가 할머니로부터 정을 받고 싶은 것도 아닌데 왜 본인이 우리의 모든 것을 결정해 버리는지 모르겠다. 천안에 본인이 갖고 있는 비싼 아파트가 있는데 우리 가족이 들어가 살면 월세를 싸게 해주겠다고 제안도 했다. 호주에서 요리사인 아들과 손자의 자랑을 넘어 돈 자랑까지 하신다. '그동안 영어로 돈 자랑을 못하셔서 얼마나 답답하셨을까?' 하는 생각이 들었다. 영어교실에서 한국 사람들만 오면 돈 자랑을 하신다. 수잔이 수업시간에는 영어로만 말하라고 몇 번을 경고해도 아랑곳없이 한국말을 사용한다. 중국 할머니 '윙'은 70세가 넘었는데도 더듬거리면서 항상 영어로 묻고 답한다. 영어로 수업하는 시간에 모국어로 떠드는 것은 선생님에 대한 예의가 아닌 것 같았다. 호주에 온 한국 사람들은 서서히 한국 할머니의 자랑에 지쳐가는 것 같았다. 그렇게 자랑하고 싶으시면 한국에서 사시지 왜 호주까지 오셨냐고 반문하고 싶었다. 한국 사람들의 독특한 비교문화가 호주에서 두드러져 보인다. 한국 사람들은 상대방이 본인보다 우월한 위치에 있는지 열등한 위치에 있는지 파악하려는 것 같다. 이것이 파악되어야 상대방에 대한 태도도 결정되는 것 같다. 진정 친구를 만들고 싶다면 같은 눈높이에서 아무런 편견 없이 바라볼 때 가능하지 않을까 생각해 본다.

8월말 런어웨이 베이 도서관에서 기현을 만났다. 기현은 한국에 있을 때 어린이집에서 일을 했었다. 워킹홀리데이로 호주에 와서는 호주에 살기로 결심했다. 아이들이 좋아서 어린이집에서 일을 했지만 아이들을 돈벌이의 수단으로만 보는 사람들에 지쳐 호주에 오게 되었다. 호주에서는 한국인이 운영하는 식당에서 일을 했지만 역시 실망스러웠다고 했다. 식당의 사장님은 매일 호주의 부정적인 측면만 얘기하셨다고 했다.

"나니까 너를 이 정도 주급을 주면서 쓰는 거야. 네가 아무리 노력해도 호주 사람들이 너를 인종차별할 거다. 호주에서 성공해 봐야 동양인은 인정받지 못한다."

기현은 영주권을 따기 위해 요리학교에 등록하였다. 기회가 되면 호주 사람이 운영하는 식당에 정식으로 취직하고 싶다고 했다. 사장님에게 '한국에서 온 젊은 친구들에게 꿈을 심어줄 순 없었나요? 사장님은 왜 호주에 오셨나요?'라고 물어보고 싶었다. 사장님도 한국에서 온 젊은 친구들의 노동력을 그저 값싸게 이용하고 싶었던 건 아닌지 궁금하였다. 모든 한국 이민자들이 다 그렇다고 믿고 싶지는 않다. 열심히 살아가려는 기현이 호주에서 행복하도록 응원하였다. 치열하게 사람 간의 경쟁으로 성장한 한국에서 사람 간에 보이지 않는 계급이 만들어지면서 사람의 소중함을 잃어버리고 있는 것 같아 안타깝다. 한국이 더 발전하려면 인간 사랑이 필요하지 않을까 생각해 본다.

9월 초순 런어웨이 베이 도서관의 '수' 할머니가 무척 외로워보였다. 수 할머니는 도서관에서 영어교실 봉사자로 활동하고 계신다. 3월부터 우리 부부는 런어웨이 베이 도서관의 영어교실에 참여했었다. 수 할머니의 숨넘어가는 목소리에 불안하여 본의 아니게 다른 도서관으로 외도를 하곤 했었다. 수 할머니는 80세가 넘으셨고 지금은 혼자 사신다. 수업 중에 수 할머니의 말투에서 영국 사람의 자부심이 자주 흘러나왔다. 그러나 고령이고 폐가 좋지 않아 영어 발음이 자주 끊기곤 했다. 자세히는 모르겠지만 수 할머니는 다른 호주 사람들과 달리 영국의 귀족 출신이라고 했다. 늘 정장 차림에 바른 자세를 유지하고 주변 청결에 애를 썼다.

그런 그녀가 아름다운 호주에 있지만 자식들은 다른 곳에 살고 있고 남편은 작년에 돌아가셔서 외롭게 살고 있다. 그녀의 유일한 낙(樂)은 도서관에서 영어를 가르치며 세계 각국의 이민자들과 이야기를 나누는 것이다. 다른 도서관의 자원봉사자와 달리 그녀는 수업을 마치면 반드시 학생들을 배웅하였다. 본인도 집으로 돌아가야 하지만 학생들을 배웅한다. 반기는 이 하나 없는 집으로 돌아가야 하는 고통을 배웅이라는 끈으로 우리를 조금 더 잡아두고 싶었던 건 아닐까 생각해 본다.

얼마 전 수 할머니 옆집에 새로운 가족이 이사를 왔는데 저녁마다 싸운다고 했다. 무서워서 잠을 잘 수 없다고 했다. 멀리 떨어져 사는 자식도 그녀에게 도움이 되지 못했다. 자식들의 뇌리에 그녀가 잊히지 않으면 다행일 것이다. 영국의 귀족 출신 자부심도 늙은 그녀의 외로움을 달래주지는 못했다. 은퇴 후의 노후가 수 할머니의 생활일 수도 있다고 생각하니 다가올 노후가 두렵기만 하다.

누구나 한정된 시간 안에 살다가 결국은 모든 것을 내려놓고 흙으로 돌아간다. 그러나 우리는 한치 앞도 모를 인생에서 많은 것을 탐욕스럽게 가지려고 한다. 하나라도 더 가지려고 서로를 헐뜯고 비난하며 그렇게 세월을 보낸다. 삶의 끝과 맞닥뜨릴 때 우리는 비로소 모든 것을 내려놓지만 탐욕과 맞바꾼 세월은 다시 오지 않는다. 누군가는 인생이 빈손으로 왔다가 빈손으로 가는 거라고 말한다. 종착역의 모습은 누구나 똑같은 것이다. 그러나 한 번뿐인 인생을 무엇으로 채우며 살지는 전혀 다른 얘기이다. 어차피 외롭게 빈손으로 가는데 좀 더 즐기며 살면 어떨까 생각해 본다. 아름다운 호주에서도 시간은 거꾸로 흐르지 않는다.

12월 초순 헬렌스베일 도서관에서 중년의 한국인 부부를 만났다. 외국계 금융기관에서 근무했던 남편은 2001년 911테러를 보고서 바로 뉴질랜드로 이민을 신청했다고 한다. 남편은 테러에 대한 공포에서 벗어나 평화로운 곳에서 살고 싶어 했다. 그는 미국의 우방인 한국도 테러 공격의 대상이 될 수 있다고 생각했었다. 그 당시만 해도 뉴질랜드로의 이민은 수월한 편이었고 한국보다 물가가 싸서 매우 만족스러웠다고 한다. 지금은 뉴질랜드에 동양인들이 밀려오면서 물가가 올라 예전만큼 만족스럽지 않다고 했다. 세월이 흘러 자녀들이 호주의 대학으로 진학하면서 호주로 오게 되셨다. 그분의 말을 들으면 호주만큼 평화로운 곳도 없는 것 같다. 그러나 호주도 점점 경쟁이 치열해져 젊은 사람들은 일자리를 구하기가 어렵다. 더 큰 문제는 호주 정부가 더 이상 이민자를 받으려 하지 않는다는 점이다. 천국이 멀어지는 느낌이라 조금 아쉽다.

어하간 호주에서는 조금 더 행복해지려는 사람들로 넘쳐나는 것

어디론가 바쁘게 가는 사람들(멜버른 시내)

같다. 신기한 것은 같은 한국 사람인데도 911테러에 대해 다른 생각을 갖고 있었다는 점이다. 난 911테러 때 주가가 폭락하여 세상을 원망하며 살았던 것 같다. 더 인생이 행복해질 수 있는 새로운 시도조차 생각해 보지 못했었다. 인생이란 정말 오묘하면서도 어디로 튈지 모르는 공과 같다.

도서관을 지나가는 내 인생의 궤적에서 정말 많은 사람들을 만나봤다. 어느 누구도 같은 모습의 인생을 보내고 있지 않았다. 정말 인생은 답이 없다. 그러나 누구에게나 같은 시간의 인생이 주어져 있다. 한 번뿐인 인생을 정말 후회 없이 살아야 한다고 생각한다. 힘들게 느껴지는 작은 일들에 너무 인생을 허비하지 않았으면 좋겠다. 누렵게 느껴지는 소소한 일들로 너무 인생을 주눅 들어 살지 않았으면 좋겠다. 귀중해 보이는 하찮은 일들에 너무 인생을 할애하지 않았으면 좋겠다. 어차피 인생의 끝에선 모든 일들이 별로 중요하지 않을 것이다.

5. 한국 사람으로 사는 걸 포기할 수 없었다

6월 12일 시드니에 갔다 온 지 며칠 안 되어 아내는 치과에 가야 했다. 아내가 호주 오기 전에 발치하려던 치아에 자꾸 고름이 차는 것이다. 어느 치과에 가야 할까 고민하다가 '맛단지' 사장님의 아들이 있는 치과에 가기로 하였다. 이 교수와 여러 번 맛단지 식당에서 식사하곤 했었다. 가끔 사장님의 대학생 따님이 음식을 나른 적이 있었다. 그때 그녀의 한국말 솜씨에 깜짝 놀랐었다. 그녀는 한 번도 한국에 가본 적이 없다고 했다. 그러나 억양이나 말투가 방금 한국에서 온 사람과 똑같았다. 누구한테서 한국말을 배웠냐고 물어보니 할머니와 엄마로부터 배웠다고 했다. 이민자의 자녀가 모두 한국말을 잘하는 것은 아니다. 가까운 한인 마트의 사장님도 소정이 또래의 딸이 있다. 사장님의 딸은 한국말을 거의 하지 못했다. 아마 마트사장님이 생계에 너무 바빠서 딸에게 한국말을 가르치지 못했던 것 같다. 겉모습은 한국 아이인데 한국말은 못해서 설명하기 힘든 이질감을 느꼈다.

맛단지 사장님의 어머니는 처음에 시드니에 정착하여 음식장사를 하셨다. 그때 당시 한국에서 온 관광객들은 "무엇 때문에 이 멀리 호주까지 와서 장사를 하냐?"고 마음 아픈 질문을 했었다고 했다. 내 생각에는 그 옛날 호주로 관광을 올 정도면 한국에서 흔한 말로 먹고살 만한 사람들이었을 것이다. 먹고살 만한 사람들의 눈에는 왜 이민자들이 자기 나라를 두고 외국에서 살고 있는지 이해하지 못할 수도 있다. 대부분의 사람들은 자기의 경험과 잣대로

서진이가 그린 호주의 모습

세상을 판단한다. 그때 사장님 어머니는 아이들이 한국말을 못하면 한국 사람이 될 수 없다는 굳은 신념을 가지셨다. 집에서도 늘 한국말을 쓰며 손자와 손녀에게까지 한국말을 가르쳤다고 했다. 더 놀라운 것은 자신의 후손들이 호주 사람도 한국 사람도 아닌 반쪽짜리 사람이 되지 않게 하려고 한국의 예절도 가르쳤다고 했다. 그래서일까? 맛단지 사장님의 따님은 무늬만 한국 사람이 아니라 사람들을 대하는 태도에서 뼛속까지 한국 사람처럼 보였다. 그래서 아직 만나 보지 못한 맛단지 사장님의 아들에게 왠지 신뢰가 갔다.

오전 11시 예약했던 대로 한인 치과의사가 우리를 반겨주었다. 검사를 해 보니 아내의 치아 밑으로 염증이 고여 있었다. 의사는 염증을 제거하여도 다시 생길 가능성이 있다고 했다. 치아의 부식이 심해 임플란트를 할 생각이라면 발치하는 것이 낫다고 했다. 의사에게 맛단지 사장님 아들인지 조심스럽게 물어보았다. 본인이 맛단지 사장님의 아들이란다. 얼굴도 잘 생겼고 한국말도 한국 사람의 것과 똑같았다. 우리가 돌아갈 때 병원 밖에까지 나와 우리를 배웅하였다. 영락없는 한국 사람이다. 그의 모습에서 그의 할머니와 어머니가 한국을 얼마나 사랑하는지 알 수 있었다. 한국에 사는 사람보다 한국을 더 사랑하는 외국에 사는 사람들이 있다는 것을 깨닫게 되었다. 호주 사회에서 당당히 살아가는 한국 사람들을 보면서 내 가슴이 뭉클해졌다. 외국에 나와 봐야 애국자가 되는 것 같다.

6월 15일 아내가 치아를 뽑고 우울해 하는 것 같았다. 분위기도 전환할 겸 서퍼스 파라다이스에 갔다. 어제는 학교에서 소정이가

서퍼스 파라다이스(Surfers Paradise) 해변에서 바다를 즐기는 사람들

서퍼스 파라다이스(Surfers Paradise)에서 공연하는 아저씨

다쳤다는 연락이 와서 아내가 깜짝 놀랐을 것이다. 다행히 소정이는 고무매트에서 넘어져 다치지 않았다. 낯선 환경에 언어도 자유롭지 않아 모든 것에 신경이 곤두서 있다. 아내가 좋아하는 스타벅스에서 커피를 마시고 서퍼스 파라다이스로 향했다. 언제나 늘 똑같아 보이는 푸른 하늘과 파란 바다 그리고 화창한 햇살이 이제는 당연해 보인다. 그러나 보고 있으면서도 한국에 돌아가면 너무나 보고 싶을 것 같아 미리 아쉬움이 밀려온다. 호주에 온 지 벌써 4달 반이 지나갔다. 4달 반 동안 정말 많은 일들을 겪었다. 한국에서 1년에 걸쳐 겪을 일들을 4개월 만에 겪은 것 같다.

한국에서 호주로 올 때 세웠던 연구목표들이 생각보다 빨리 달성되어 마음이 가볍다. 호주에 오기 전 투고했던 SSCI 저널에서 수정요청이 왔다. 이번에 수정만 잘하면 논문이 게재될 것 같다. 국내 논문도 3편이나 작성하였고 이 교수와 같이 시작한 공동논문도 완성되어 간다. 그러나 매일 공부함에도 불구하고 영어수준은 늘 제자리인 것 같다. 많은 한국 사람들은 외국에 살면 저절로 영어가 습득될 것이라고 생각한다. 막상 호주에서 생활해 보니, 언어의 습득은 환경도 중요하지만 본인의 부단한 노력이 필요한 정복하기 힘든 영역이라고 생각한다.

자기 아이들을 반쪽짜리 한국 사람으로 만들지 않겠다던 맛단지 사장님과 그녀의 어머니를 생각하면 우리는 한국에서 너무 쉽게 세상을 얻으려고 했던 것 같다. 한국에서는 사람들이 학연, 지연 그리고 혈연이라는 보이지 않는 끈들을 이용하여 상대적으로 쉽게 목표에 다가가려고 노력한다. 어쩌면 이민자들은 그들의 불평등한 한국의 출발선에서 벗어나 노력한 만큼의 대가를 받으며 살고 싶어 했는지도 모른다. 아무런 끈도 없이 외국에서 자식들을 한국 사람으로 키우려고 노력하는 이민자들의 모습에 나도 모르게 고개가 숙여진다. 총알처럼 쏟아지는 무수한 어려움을 온몸으로 막아내며 그들이 지키려 했던 것은 아이러니하게도 그들이 떠난 대한민국이 아니었을까 생각해 본다. 한국인으로서의 정체성을 잃지 않으려는 그들의 노력이 호주에서 빛나기를 빌어본다. 호주에서 그들이 그렇게 찾고 싶어 했던 행복한 삶을 꼭 찾았으면 하는 바람이다.

6. 죽어서도 살아있는 사람들

7월 3일 어제 정 선생님 내외분이 장례식장에 갔다 오셨다. 골드코스트에 와서 신기했던 것은 거리 곳곳에 공동묘지가 보인다는 것이다. 다양한 형태의 묘비 앞에는 누군가가 갖다 놓은 형형색색의 꽃다발로 묘지가 슬퍼 보이기보다는 오히려 화려해 보였다. 공동묘지 옆에는 대학교나 주택가가 아무렇지도 않게 자리 잡고 있었다. 한국에서는 항상 무서운 이야기 속의 소재로 공동묘지가 빠지지 않는다. 누구에게나 찾아오는 죽음이 이야기 속에선 두려움으로 나타나 한국에선 공동묘지가 혐오시설로 분류된다. 호주에서는 죽은 자와 산 자의 거리가 한국보다 가까워 보인다. 조 선생님

사우스포트 론 묘지(Southport Lawn Cemetery) 옆 그리피스 대학 잔디밭에 앉아 있는 학생들

사모님은 죽으면 그리피스 대학 옆 공동묘지에 묻히고 싶다고 항상 말씀하셨다. 죽어서도 젊은 친구들이 지나가는 길옆에 묻히면 외롭지 않을 것 같다고 하셨다. 한국에서는 사람이 죽으면 왜 아무도 없는 외로운 산속에 묻어야 하는지 궁금하였다. 누구나 맞이해야 할 죽음을 산속 깊이 묻어둔다고 피할 수 있는 것도 아닌데 말이다.

호주 사람들의 장례문화가 궁금하여 정 선생님에게 여쭤봤다. 지역마다 조금씩 다르겠지만 병원에서 사람이 사망하였다는 선고가 내려지면 일단 병원에 하루 정도 안치된다. 그리고 그다음 날 돌아가신 분은 장례식장으로 옮겨진다. 장례식장의 분위기는 돌아가신 분이 생전에 어떤 종교를 가졌느냐에 따라 조금씩 달라질 수 있다. 정 선생님의 돌아가신 지인 분이 생전에 어떤 종교를 가졌었는지는 잘 모르겠다. 장례식장에 들어서면 한국과 같이 화환이 즐비하지는 않다고 하셨다. 장례식장 중앙에는 얼굴을 볼 수 있는 유리창이 달린 관에 돌아가신 분이 가장 좋은 옷을 입고 누워 계신다고 했다. 사람들은 돌아가신 분의 마지막 얼굴을 보기 위해 줄을 선다. 그들은 조의를 표하기 위해 그저 관 앞에 흰 국화 한 송이를 놓을 뿐이다. 가끔 장례식에서 조의금을 받는 경우도 있긴 하지만 조의금을 받는 문화는 거의 없다고 했다. 장례식장 한편에는 돌아가신 분의 생전 모습을 동영상으로 보여준다고 했다. 동영상 속에는 가족뿐만 아니라 주변 지인들의 모습이 담겨져 있다. 사람들은 사랑하는 사람을 떠나보낸 것에 대해 몹시도 마음이 아플 것이다. 그러나 돌아가신 분과의 즐거웠던 시절을 회상하며 스스로를 위로하고 행복해지려고 노력한다고 했다. 사람들은 동영상과 함께 울고 웃으며 돌아가신 분의 마지막을 아쉬워한다. 결국 장례식에 조의를 표하러 가는 사람들은 돌아가신 분과 생전에 교감이 있었던 분들이다. 누구나 죽음을 피해갈 수는 없다. 호주 사람들은 피해갈 수 없는 죽음을 슬퍼하지 않고 현실에서 하루하루 행복을 찾으려고 노력한다. 돌아가신 분들은 살아있는 분들의 기억 속에 살아 있기 때문에 죽었다고 외로운 깊은 산속으로 보내지진 않는 것 같다. 그래서인지 돌아가신 분은 생전에 살던 동네 묘지에 묻혀 살아있는 분들과 같이 지내는 것 같다.

한국의 장례식장 분위기는 호주와 정말 다른 것 같다. 10년이 넘는 직장생활과 10년에 가까운 교수생활을 하면서 많은 장례식장에 갔다왔다. 그러나 장례식장의 모습은 늘 한결같다. 입구부터 화환들이 장승처럼 줄 서 있다. 얼마나 더 많은 화환이 세워져 있느냐는 돌아가신 분에 대한 슬픔의 크기보다 가족의 위세(威勢) 수준을 보여주는 것 같았다. 한국의 많은 사람들은 화환의 개수를 통해 돌아가신 분의 사회적 지위와 가족의 사회적 영향력을 가늠한다. 더 나아가 조문객의 수도 돌아가신 분에 대한 슬픔보다는 가족의 사회적 영향력을 나타내는 것 같았다.

조문객들은 저마다의 손에 쥔 조의금 봉투를 상주에게 전하며 방명록에 이름을 새긴다. 이렇게 해야 돌아가신 분과 그 가족에 대한 예의라고 생각한다. 직접 장례식장에 찾아간 조문객은 그나마 돌아가신 분 또는 그 가족과 꽤 친분이 있는 사람일 것이다. 한국에서는 장례식장에 직접 방문하지 못하면 돌아가신 분의 가족에게 조의금이라도 전달하는 것이 최소한의 예의라고 생각한다. 정리해 보면 돌아가신 분 또는 그 가족과 얼마나 친분이 있느냐에 따라 장례식장에 가야 할지 말지 조의금은 얼마나 내야 할지가 결정된다. 이러한 문제는 친분의 크기가 주관적이라 늘 고민이 된다. 한국에서는 돌아가신 분과 직접적인 친분이 없어도 그 가족과의 친분에 의해 이러한 고민을 하게 된다. 내가 지인의 조부상, 조모상, 빙부상 그리고 빙모상 장례식에 간 이유는 오로지 내가 아는 지인과의 친분 때문이다. 생전에 만난 적도 없었고 당연히 말도 섞어 본 적이 없었던 분의 장례식에 어쩔 수 없이 난 수도 없이 갔어야 했다.

세워둔 화환은 며칠이면 쓰레기가 될 것이다. 내가 전한 조의금은 나의 통장 잔고를 줄일 것이다. 그러나 나중에 어떠한 형태로든 나에게 혜택이 돌아오리라는 믿음으로 기억의 노트에 적어둔다. 이러한 믿음이 깨지는 순간 우리의 머리는 서운함을 넘어 상대방에 대한 분노로 가득 찬다. 그리고 상대방에 대한 인간성을 평가하기 시작한다. 일부긴 하지만 가족들 간에는 또 어떠한가? 가족 중에 누구의 조문객이 더 왔는지 조의금의 금액으로 확인한다. 자기 때문에 조문객이 많이 왔다면 가족에게조차 어깨에 힘이 들어간다. 자기에게 조문객이 적게 왔다면 체면치레도 못한 사람이 되어 버린다. 어떻게 사회생활을 했기에 인간관계가 이 모양이냐며 말이다. 졸지에 아무 잘못 없이 초라해지는 모습을 발견할 것이다. 장례식을 치르고 남은 돈은 어깨에 들어간 힘에 비례하여 다시 나눠진다. 간혹 장례식 비용의 부담이 공평하지 않다고 느끼면 가족들 간에 싸움으로 번지기도 한다.

한국에선 장례식에 가든 안 가든 조의금은 개인의 의제(擬制)의

무이다. 회계학에서 의제의무는 과거의 관행 등을 통해 기업이 그 책임을 이행하겠다고 표명한 의무이며 상대방은 그러한 책임이 이행될 거라는 정당한 기대를 갖는 의무이다. 한국의 인간관계는 누군가 돌아가시는 불행한 일을 겪으면 조의금을 내겠다는 묵시적 의지를 표명한 것이다. 상대방은 내가 조의금을 낼 것이라는 기대를 갖고 있다. 한 교수님은 연구년을 가시기 전에 친했던 지인이 연구년을 갔다 와서 갑자기 자기에게 냉대하여 한동안 힘들었다고 하셨다. 알고 보니 교수님이 연구년을 가신 동안 친했던 지인의 부친상이 있었던 것이다. 나중에 직접 찾아가 사정을 말씀드리고 조의금을 전달했다고 했다. 조의금이 뭐라고 친했던 인간관계도 싸늘하게 만든다. 돌아가신 분은 말이 없는데 살아있는 사람들은 인간관계를 운운하며 돌아가신 분을 기억하게 만든다.

호주에서는 돌아가신 분이 살아있는 사람들의 기억 속에 살아계신다. 한국에서는 돌아가신 분이 살아있는 사람들의 인간관계 속에 살아계신 것 같다. 우리의 장례식장에는 여전히 체면문화가 살아있고, 장례식장은 인간관계의 증명장소가 되어버린다. 우리는 생전에 한 번도 뵌 적 없는 돌아가신 분에 대해 슬퍼해야 하고 시간과 돈도 써야 한다. 우리는 체면문화 속에서 본인이 느끼는 행복보다는 남들에게 보이는 행복을 더 중시해 왔다. 농경사회에서 농사일을 서로 도와 주었던 '품앗이'가 이런 장례문화 속에 남아있는 것 같다. 그러나 지금의 한국 장례문화는 체면문화로 변질된 것이 아닌가 걱정스럽다. 우리는 사회생활을 하면서 부고장이 날아들 때마다 작은 고민에 빠진다. 진정으로 돌아가신 분이 그립고 슬프다면 그분과의 행복했던 기억을 되뇌며 장례식에 찾아뵈면 된다. 최근에 깨어 있는 사람들 사이에서 작은 장례식 문화가 번지고 있다. 그러나 아직도 그 속도가 불편한 인간관계를 벗어날 만큼 빠르지는 않다. 호주에서 돌아가신 분이 동네에 묻힐 수 있었던 건 진심으로 그분이 돌아가신 것을 슬퍼하여 여전히 놓고 싶지 않은 살아있는 사람들의 마음 때문인 것 같다. 인생을 어떻게 살아야 되는지는 풀리지 않는 영원한 숙제이다. 그러나 죽어서도 사람들의 기억 속에 살아있다면 진정으로 성공한 인생이 아닐까 생각해 본다.

7. 나도 그렇게 늙고 싶다

3월 1일 오후 2시쯤 이 교수는 학과 세미나가 있다며 나도 참석하라고 권유하였다. 그리피스 대학에 연구하러 온 교수가 그동안의 성과를 발표하는 자리이다. 전공에 관계없이 학과의 모든 교수들이 세미나에 참석하였다. 내 경험으로 한국에서 학과의 교수들은 학생 관리나 예산사용 그리고 채용 등 대부분 행정적인 사안을 상의하기 위해 모인다. 본인의 전공과 다른 연구주제를 놓고 학과 교수들이 세미나를 했다는 얘기는 거의 들어 본 적이 없었다. 200년 남짓한 짧은 역사에도 불구하고 호주에서 전 세계적으로 획을 긋는 연구성과들이 나오는 것은 이러한 포용의 학문 생태계가 존재하기 때문이라고 생각한다.

언제부턴가 우리는 본인의 전공과 다른 학문에 대해 벽을 세우고 심지어 학문의 집단이기에 반하는 것은 부정해버리는 것 같다. 하나와 하나가 만나면 두 개가 되는 것이 아니라 두 개 이상의 새로운 것이 된다는 것을 우리는 간과해 왔다. 어쩌면 이런 사실을 모두 알고 있지만 집단이기주의를 포용의 학문 위에 놓고 싶어 했던 것은 아닌가 생각해 본다. 학문적 기득권이 다른 학문으로 인해 희석되거나 부정되지 않도록 꽁꽁 싸매고 감추어 그들만의 세상을 공고히하려 했던 것은 아닌가 생각해 본다.

점심때가 되어 이 교수와 식사를 하게 되었다. 거창한 식사라고 할 것도 없다. 그냥 연구실 근처의 카페에서 햄버거와 커피로 한

끼를 때우는 정도이다. 신기한 것은 학과 교수들이 뭉쳐서 식사를 가지 않는다는 것이다. 한국에서도 젊은 세대를 중심으로 점심 문

Griffith Business School

DEPARTMENT OF INTERNATIONAL BUSINESS AND ASIAN STUDIES

Research Seminar

The Sensitivity of Corporate Social Performance to Corporate Financial Performance: A time-based agency theory perspective

Dr Bum-Jin Park

Department of Business Administration, Global Business School, Soonchunhyang University, Republic of Korea

As managers become increasingly myopic, the returns on their investments either become more marginal or managers take significant risks to potentially secure bonanza gains. Drawing on agency theory concerning time-based managerial incentives (i.e., short-term and long-term), we investigate which managerial incentives for compensation drive the sensitivity of *CSP* to *CFP*. Using data for 1,929 publicly listed Korean firms (KOSPI) between 2011 and 2016, we found a significant and positive relationship between *CSP* and *CFP*, with this relationship strengthened in firms with high managerial ownership but insignificant in those with high earnings-based compensation. Furthermore, we found that the interaction effects of *CSP* and high earnings-based compensation on *CFP* become positive in firms with high managerial ownership, indicating that the sensitivity between *CSP* and *CFP* is driven by managerial long-term incentives. The findings support the instrumental stakeholder hypothesis which states that high *CSP* leads to increased long-term *CFP* by alleviating social pressure.

Dr Park is Assistant professor in the Department of Business Administration at Soonchunhyang University in South Korea. He has over 10-year financial investment and security industry experience in Korea. He is also visiting research fellow at Department of International Business and Asian Studies, Griffith Business School, Griffith University. His current research includes corporate social responsibility management, the association between corporate social performance and corporate financial performance, sustainability auditing and managerial incentives, and agency theory.

2:00pm-3:00pm

Gold Coast campus G39_4.27/4.27B
Nathan campus N72_-1.18B (video-linked)

RSVP: Friday 3 August 2018 | b.lang@griffith.edu.au

그리피스 대학(Griffith University) 세미나에 참여한 포스터

화가 바뀌었다고 하나 여전히 흔히 말하는 '점심사역'이 존재하고 있는 것 같다. 젊은 교수가 나이 든 교수와 식사하는 것을 예의로 받아들이는 것 같다. 또한 개인보다 조직의 가치를 더 높은 곳에 둔 교수들은 모여서 식사를 가는 것 같다. 모든 학교와 학과에서 일어나는 일은 아니지만 아직도 한국의 많은 학교에서 이러한 관행이 발견되는 것 같다. 이러한 관행은 학교뿐만 아니라 사람이 모이는 한국의 모든 조직에서 관찰될 수 있다. 물론 이러한 관행이 서로의 사생활을 간섭하지 않고 순수한 인간관계에서 시작되었다면 더 할 나위 없이 좋을 것이다. 그러나 누군가는 이러한 관행이 불편함에도 불구하고 따르지 않으면 윗사람에게 안 좋은 인상을 줄 수 있다는 위기의식을 가질 수도 있을 것이다. 한국에서 뭉쳐 다니는 것은 실상이 어떻든 간에 '우리 잘 지내요'라고 다른 사람들에게 보내는 긍정의 메시지일 수도 있다. 따라서 혼자 다니는

그리피스 대학(Griffith University) 연구실에서 아이들과 공부하는 모습

사람은 조직과 문제가 있거나 독특한 개성을 가진 이상한 사람으로 치부되곤 한다. 그러나 항상 조직의 가치를 운운하는 사람은 어쩌면 조직의 이름으로 개인의 욕심을 채우고 있는지도 모른다. 나중에 보면 조직이라는 더 커진 덩어리를 특정 개인이 마음대로 주무르는 경우를 자주 볼 수 있다. 호주에서는 혼자 다니면 좋고 뭉쳐서 다니면 더 좋은 것뿐이다. 개인의 반대편에 조직이 있는 것이 아니라 하나하나의 개인이 모여 조직이 되는 것이다. 개인 하나하나의 가치관이 존중되므로 의견형성은 지연될지 몰라도 조직은 합리적인 방향으로 갈 수 있는 것이다.

8월 9일 학과에는 두 명의 조교가 있다. '린지'라는 30대 여성과 '수'라는 50대 여성이다. 그들은 학교에 1주일 내내 출근하지는 않는다. 린지는 월요일부터 수요일까지 수는 수요일부터 금요일까지 출근을 한다. 린지와 수가 같이 근무하는 날은 수요일밖에 없는 것이다. 이 교수에게 물어보니 그들은 정규직이 아니라고 한다. 호주에서는 직업에 대한 불안전성을 보상하기 위해 비정규직 근로자가 정규직보다 시간당 보수가 높다. 또한 근무시간도 탄력적으로 사용할 수 있게 배려한다. 린지와 수는 점심때가 되면 항상 학과 사무실에서 집에서 싸온 도시락을 먹는다. 놀라운 것은 점심을 먹는 도중에도 지나가는 교수들과 스스럼없이 인사하고 농담을 주고받는다는 것이다. 가끔은 집에서 싸온 도시락을 교수들과 같이 나눠먹기도 한다. 그들은 한국의 조교들과 달리 교수들의 눈치를 보지 않는 것 같다. 그들이 해야 할 역할을 충실히 수행했다면 교수는 그들이 부담스럽고 두려워해야 할 존재가 아닌 것이다.

한국에서의 학과 조교는 대부분 학부 졸업생일 것이다. 학부 때 어렵게 느꼈던 교수님이 조교가 되어서도 여전히 어려운 교수님이다. 그들이 학교를 떠났어도 다시 만나면 어려운 교수님일 것이다. 성적과 졸업에 관여하는 교수님은 그들에게 항상 어렵고 부담스러운 존재일지 모른다. 한국의 학과 조교는 대부분 계약직이라 그들이 다른 직업을 구하기 위해 잠깐 시간을 벌어 줄 휴게소일 뿐이다. 린지와 수는 조교라는 직업에 대해 자부심을 갖고 있다. 그들이 하는 일이 학과의 발전에 기여하고 있다고 생각한다. 여러모로 한국의 대학 풍경과 다른 모습이다.

틈만 나면 이 교수는 나이 든 교수의 연구실에 가서 수다를 떤다. 연구실은 생각보다 작고 밖에서 누구나 안을 볼 수 있도록 되어 있다. 이 교수는 나이 든 교수뿐만 아니라 본인보다 젊은 교수들과도 스스럼없이 대화를 한다. 주제는 학과에 국한되지 않는 듯 보였다. 기본적으로 호주 사회가 수평사회라는 것을 느낄 수 있었다. 대화를 하는 데 있어서 상대방의 나이나 지위가 대화의 방향이나 결론을 결정하지는 않는 것이다. 그래서 사람들은 항상 대화하는 것을 주저하지 않는 것 같다.

승우의 말이 떠오른다. 호주는 직업이 유연하여 부하직원에 대한 상사의 갑질이 생길 수 없다고 한다. 부하직원이 인사팀에 상사의 부당한 대우를 고발하면 인사팀에서는 공정한 평가를 거쳐 상사를 해고할 수 있다고 한다. 승우가 일하는 혼다 대리점에는 본인을 포함하여 10명 이상의 정비공이 일하고 있다. 모두 직급은 동일하고 직책만 있다고 한다. 정비공의 나이는 30대부터 50대까지 있다고 한다. 그들은 젊은 정비공이나 나이든 정비공이나 같이 일하는 것에 대해 전혀 부담이 없다고 한다. 그것이 가능한 이유는 너무도 단순하면서 당연한 원칙이 숨겨져 있기 때문이다. 즉 일한 만큼 보상을 받는다는 것이다. 일한 만큼 보상을 받는데 나이나 지위와 같은 기득권이 생길 수 없는 것이다. 따라서 본인의 직장에 나이 든 사람이 새로 입사해도 일한 만큼 보상을 받아가기 때문에 젊은 직원들이 그들을 꺼릴 이유가 없는 것이다.

한국에서는 어떠한가? 연공서열(年功序列)이라는 문화적 배경을 갖고 있어서 나이든 사람들을 이유 없이 존중해 줘야 하고 선배라는 이유로 후배들은 상대적으로 불리한 조건을 감내해야 한다. 조직에서 대부분의 젊은 사람들은 이런 배경으로 인해 나이든 사람들과 일하는 것을 부담스러워한다. 누구나 나이를 먹는다. 나이가 들면서 젊은 친구들로부터 받아온 편안한 대접이 직업의 경직화라는 독(毒)으로 돌아온다. 연공서열은 나이든 사람이 이직을 하거나 재취업하는 데 커다란 걸림돌이 된다. 나이가 들었다는 이유만으로 누리던 왜곡된 관행은 나이가 들수록 젊은 사람들로부터 꼰대라는 소리와 함께 조직에서 배제되게 만든다. 호주의 조직문화를 속속들이 알기는 어렵지만 한국의 조직문화와 확실히 다르긴 한 것 같다.

연구실에 60세가 훌쩍 넘어 보이는 교수가 컴퓨터 앞에서 무언가 작업을 하고 있다. 머리는 백발에 반팔 티셔츠와 반바지를 입고 있었다. 그 옆에는 딸 같은 젊은 대학원생이 모니터를 보며 교수와 얘기를 한다. 그들에게 당연한 모습이 나에게 낯설게 느껴지는 것은 왜일까? 서로가 틀리다고 주장하지 않기에 그들은 같은 높이에서 자유로운 소통을 할 수 있었다. 그들의 모습에서 정말로 나이는 숫자일 뿐이라는 것이 느껴졌다.

최근 한국에선 논문이 일부 학자들 사이에 친목도모를 위한 선물로 전락되었다. 논문이 누구를 위한 선물이 되는 것을 모든 저자가 원치는 않았을 것이다. 누군가의 피땀 어린 연구성과가 누군가에 의해 어쩔 수 없이 선물이 되는 무기력한 현실 앞에 학자로서 무거운 책임감을 느낀다. 아직도 잘못된 일에 침묵하고 아부하며 말 잘 듣는 학생을 좋은 학생이라고 평가하는 교수들이 있는 건 아닌지 걱정된다. 잘못된 일에 대해 잘못되었다고 말하며 자기 노력에 대해 대가를 요구하는 학생을 나쁜 학생이라고 평가하는 교수들이 있는 건 아닌지 모르겠다. 그러나 대부분의 교수님들은 성실하고 공정한 눈을 가졌다고 믿는다.

더듬거릴 손에 뿌옇게 보일 컴퓨터 앞에 앉아 노교수는 아직도 세상에 없던 무언가를 찾고 있다. 주름진 모습에도 편안함보다 새로움을 찾는 노교수를 보면서 느슨해진 나를 추켜세운다.

8. 친구랑 경쟁하면 너무 심심해

6월 22일 소정이 학년이 체육대회를 한다. 호주에는 부모들이 아이들을 위해 먹을 것을 준비해 가는 그런 관행은 없다. 그러나 학교는 많은 부모들이 아이들의 체육경기를 보러 오길 바란다. 달리기, 멀리뛰기 그리고 높이뛰기 등 한국의 운동회와는 다소 다른 그야말로 체육대회이다. 소정이는 어떻게든 한 경기라도 호주 아이들을 이겨보려고 노력하였다. 그러나 결과는 좋지 못했다. 일단 동양인으로써 왜소한 체격과 매일 공부만 하던 아이가 팔다리가 길고 매일 체육활동을 하는 호주 아이들을 이기기가 쉽지 않았을 것이다. 결국 소정이는 달리기를 마치고 나서 울기 시작했다. 열

학교축제에서 순서를 기다리고 있는 서진

심히 노력해도 생각대로 되지 않은 것에 화가 많이 난 것 같다. 초등학생이기 이전에 내 딸이다. 잘하고 싶어도 마음대로 되지 않는 소정이의 모습에 마음이 짠하다. 더욱 짠한 것은 소정이가 너무 어렸을 때부터 경쟁 속에 살아온 건 아닌지 안타까웠다.

호주 아이들은 순위에 관계없이 자기 속도대로 뛴다. 순위에 들지 못했다고 우는 아이도 없었다. 그냥 뛰고 달리는 것을 즐길 뿐이다. 파란 하늘 아래 푸른 잔디 위에서 아이들이 운동하는 모습을 보니 너무 행복하다. 언제 또 이렇게 편안한 마음으로 아이들이 뛰어노는 모습을 볼 수 있겠는가?

호주 초등학교의 체육대회는 그냥 하나의 축제이다. 호주 초등학교가 다 그렇지는 않겠지만 운동장이 한국 초등학교 운동장의 4

아이들이 간식을 먹는 모습

~5배는 되는 것 같다. 운동장 한쪽에는 수공예와 먹거리 시장이 열렸다. 한쪽에는 놀이공원을 옮겨 놓은 것처럼 많은 놀이기구가 설치되어 있었다. 선생님들은 캐릭터 옷을 입고 아이들의 흥을 돋운다. 오전에 체육경기를 하고 오후에는 부모님과 아이들이 운동장에서 축제를 즐긴다. 학교 운동장은 하나의 테마파크가 되었다. 신기한 광경이다.

8월 19일 일요일임에도 불구하고 비거라 워터스 초등학교에 축제가 열렸다. 1년에 한 번씩 학교의 발전기금을 모으기 위해 축제가 열린다. 다른 반의 한국인 엄마 부탁으로 아내는 아침 일찍 학교에 갔다. 학교가 축제에서 팔기 위한 김밥을 싸는 데 도와 주었다. 학부모들이 자발적으로 학교의 발전기금을 모으는 행사에 참

승패와 관계없는 수영경기를 위해 앉아 있는 서진(왼쪽)

학교축제를 위해 운동장에 놀이기구들이 설치된 모습(왼쪽)

여하였다. 주로 일본 사람이나 한국 사람들은 초밥을 만들어 판다고 했다. 학교 운동장에 설치된 가판대에는 음식과 기념품들이 진열되어 있었다. 설치된 놀이기구에는 많은 아이들이 소리를 지르며 주말을 즐겼다. 축제를 통해 들어오는 수입은 자연스럽게 학교의 발전기금으로 쓰인다. 이러한 발전기금은 교장의 능력과도 직결된다고 한다. 호주의 웬만한 초등학교는 수영장을 가지고 있고 아주 저렴한 비용으로 원하는 학생들에게 수영을 가르친다. 그 외에도 매 학기 다양한 스포츠를 저렴한 비용으로 가르치고 있다. 이러한 프로그램 운영에 학교의 발전기금이 사용되므로 학교의 평판과 수준은 교장의 기금모금 능력에 달려있는 것이다.

소정이가 아이들로부터 놀림을 받았을 때도 교장의 중재권한은 절대적이었다. 호주의 교장은 공부를 잘하거나 집안이 좋은 학생

학교축제에서 아이들과 함께 여유로운 한때를 보내는 모습

의 편에 서지 않았다. 툭하면 아이들 싸움이 어른 싸움으로 번지는 한국의 초등학교에서 교권은 상대적으로 작아보였다. 부모들은 선생님을 믿고 선생님은 부모의 기대에 맞게 공정하게 교육을 실시해야 한다. 입시경쟁에 아이들은 사교육으로만 내몰리고 인성교육은 사치에 불과해 보이는 한국의 교육현실이 안타깝기만 하다. 어렸을 때부터 배려보다 경쟁을 먼저 배운 아이들에게 학교생활이 평온할 리 없다. 공부는 대충하고 뛰어놀기만 하지만 어렸을 때부터 배려를 배우는 호주 아이들에게 호감이 더 간다.

학교 다닐 때부터 이미 한국의 아이들은 친구가 어느 아파트에 사는지 부모님은 무슨 차를 타고 다니는지에 대해 관심이 많다. 자기 집과 친구 집의 재산을 비교하는 것은 자연스럽게 어른들로부터 배운다. 그러면서 아이들은 세상의 행복을 돈으로 살 수 있다고 믿는다. 돈이 최고라는 왜곡된 렌즈로 세상을 바라보게 된다. 친구는 인생의 동반자가 아닌 경쟁자로 인식될 수 있다.

어린 시절을 회상해 보면 친구는 그냥 친구였었다. 친구가 나보다 더 잘 달리고 나보다 공부를 잘해도 같이 놀 수 있는 그냥 친구였었다. 친구네 집이 우리 집보다 더 잘 살아도 주눅 든 적은 없었다. 시골이라 그런지 더 잘 살아봐야 거기서 거기였다. 방학 때만 되면 친구의 누나는 친구와 내 방학숙제를 대신 해주었다. 내가 윗동네 아이들에게 딱지치기해서 많이 잃으면 친구의 형이 내 대신 딱지를 따서 주곤 했었다. 지금같이 스마트폰이 없어도 부모님은 내가 누구 집에 있는지 다 아셨다. 내가 그렇게 굳이 친구와 경쟁하여 얻을 것이 별로 없었다. 친구가 없으면 너무 심심해서 경쟁할 수 없었다. 사이좋게 지내야 했다.

세월이 갈수록 세상의 가치가 돈으로만 매겨지는 것 같다. 돈으로 매겨질 수 없는 학창 시절의 추억이 아직 호주에는 남아있는 것 같았다. 세월이 어디로 흐를지 알 수 없다. 물질만능주의에 사로잡혀 있는 한국에서 아이들이 어떻게 미래를 끌고 갈지 궁금하다.

9. 행복의 기준은 내가 만들어야 한다

벌써 건이네 가족이 호주를 떠난 지 3개월이 지났다. 호주에 처음 온 우리 가족을 그 누구보다도 환대해 주었던 가족이었다. 아내가 뉴질랜드의 미옥 씨와 통화를 한 것 같았다. 미옥 씨 남편이 취업비자를 얻어 아이들 학비에 대한 걱정은 덜었다고 했다. 그러나 최근에 뉴질랜드로 밀려온 많은 동양인들로 인해 집값이 많이 올랐고 렌트비도 생각보다 비싸다고 한다. 미옥 씨 남편은 뉴질랜드의 건설회사에 다니고 있고 미옥 씨는 작은 식당에서 일한다고 했다. 생각해 보니 건이네 가족과 몇 개월밖에 지내지 않았는데도 많은 추억을 쌓은 것 같다.

3월 28일 어제 자동차 사고가 나서 건이네 가족과 약속했던 바비큐 파티를 취소했었다. 마음을 가라앉히고 다시 건이네 가족을 사우스포트의 브로드워터 공원에서 만났다. 공원에는 국가가 관리하는 바비큐 시설이 있기에 먹을 것만 준비하면 됐다. 건이와 강이는 소정이와 서진이랑 나이가 비슷해서 잘 놀았다. 특히 건이는 동생이라고 서진이를 살뜰히 챙겼다. 건이네 가족은 뉴질랜드로부터 비자가 나오지 않아 전전긍긍하고 있었지만 교통사고가 난 우리 가족을 더 걱정해 주었다. 한국에서 모르는 가족과 1~2개월 안에 이렇게 친해질 수 있었나 생각해 보았다. 건이네 가족은 뉴질랜드에서 비자만 나오면 떠날 예정이라 건이와 강이는 학교를 그만둔 상태였다. 미옥 씨 남편도 회사를 그만두었다. 서로가 불안하고 긴장된 상황이지만 서로를 위로하며 체온으로 품었다.

사우스포트(Southport) 브로드워터(Broadwater) 공원의 사람들(가운데 낮은 하얀색 건물은 오스트레일리아 페어 쇼핑몰, 중간에 2개의 건물은 H2O 아파트)

브로드워터(Broadwater) 공원에서 노는 아이들

브로드워터(Broadwater) 공원의 푸드트럭 모습들

3월 31일 미옥 씨 남편이 호주를 떠나기 전 우리에게 낚시하기 좋은 장소를 알려주겠다고 했다. 헬렌스베일(Helensvale) 쇼핑몰에서 낚싯대를 사서 미옥 씨 가족과 합류하였다. 미옥 씨 남편이 인도한 곳은 테마파크 드림월드(Dream World)를 끼고 돌아 쿠메라(Coomera) 강 상류에 있는 작은 둑이었다. 강에는 카약을 타는 사람들도 있고 물고기를 잡는 사람들도 있었다. 낚시꾼이 잡다가 놓친 물고기는 펠리컨이 잡아먹었다. 모든 것이 조화롭게도 여유로운 풍경을 만들고 있었다.

처음 낚시를 해보는 소정이가 난데없이 자라를 잡았다. 등에 푸른 이끼를 이고 있는 솥뚜껑만한 자라가 낚싯대에 끌려 왔다. 호주에서 자라를 잡는 것은 금지되어 있어서 바로 돌려보냈다. 자라와 물고기를 잡은 아이들은 한국에서 느끼지 못한 자연의 생생함을 느낀 것 같다. 미옥 씨가 가져온 소시지를 구워 식빵에 싸 먹었다. 아름다운 자연 속에서 진수성찬이 따로 없다. 건이네 가족이 떠나면 누구랑 낚시하러 다니나 아쉬움이 앞선다. 인생의 하루를 소중한 사람들과 공유하였다.

4월 12일 건이네 가족과 또 낚시를 갔다. 12시쯤 우리는 오스트레일리아 페어에서 만났다. 낚싯바늘을 사서 씨월드 위쪽의 스핏(Spit)으로 향했다. 낚시도 중요하지만 우리의 만남은 호주에 적응하느라 고생하는 아이들에게 놀 수 있는 기회를 제공하였다. 건이 아버지는 한국 부부들이 호주에서 대학을 나오지 않은 이상 언어로 인해 갈등을 겪는다고 했다. 부부 중에 어느 하나가 영어를 못하면 모든 일을 다른 한 명이 처리해야 한다. 한국에서는 있을 수 없는 갈등의 씨앗이 될 수 있다. 외국에서 생활하기 위해 언어는 정말 중요한 것 같다.

오후 6시가 되니 바람이 제법 쌀쌀하다. 여전히 호주 젊은이들은 검은 바다 속에서 스쿠버다이빙을 하고 있다. 오늘은 평일인데도 남녀노소 바다를 즐기는 사람들이 많다. 도대체 저 사람들은 무슨 일을 하며 먹고 살까? 호주는 한국 사람의 눈으로는 정말 종잡을 수 없이 자유분방한 나라이다.

4월 14일 건이네 가족은 아직도 뉴질랜드로부터 연락을 받지 못해 마음 졸이고 있다. 마음도 비울 겸 건이네 가족과 래밍턴(Lamington) 국립공원에 가기로 했다. 10시에 만나 출발하였다. 내륙방향으로 1시간을 달리자 꽤 가파른 길들이 이어졌다. 한참을 올라가니 우리는 어느새 산등성이에 난 도로를 달리고 있었다. 열

래밍턴(Lamington) 국립공원의 절벽에서 바라본 열대우림의 모습(왼쪽에 폭포)

대우림이 우거져 낮인데도 불구하고 숲 사이로 난 길은 어두웠다. 특히 길은 1차선이라 모퉁이를 돌 때마다 반대쪽에서 오는 자동차를 주의해야 했다. 예정보다 30분 늦게 정상에 도착하였다. 미옥 씨는 언제나 그렇듯이 소시지에 식빵 그리고 컵라면을 준비해 왔다. 미옥 씨가 아내에게 미리 점심으로 컵라면을 먹자고 연락했었다. 눈치 없는 서진이가 컵라면은 질린다며 투덜거린다. 건이네 가족은 호주에 온 지 딱 1년이 되어가고 있다. 비자문제로 예상보다 돈을 많이 지출한 것 같다. 우리는 가끔씩 건이네 가족에게 식사 대접을 했었다. 요즘은 건이네 가족이 금전적으로 부쩍 힘들어 보였다. 아내와 난 항상 미옥 씨의 뜻을 존중하며 따랐다. 국립공원 정상에는 식당이 있었지만 너무 비싸보였다. 누군가와 함께 하고 싶다면 눈높이를 맞출 수밖에 없는 것이다. 사람이 그리운데 그 무엇이 가로 막겠는가?

식당 옆에는 작은 경비행기 한 대가 전시되어 있다. 예전에 브리즈번(Brisbane)에서 시드니(Sydney)로 가던 여객기인데 래밍턴 산에 불시착해서 탑승객 7명 중 4명이 죽었다고 한다. 호주의 역사가 짧다보니 별것 아닌 것도 기념하려는 것 같다. 옆으로 난 산책로를 따라 가니 나무와 나무를 연결한 Tree Top Walk가 있었다. 그 뒤로 산책로가 있어서 확인해 보니 20km가 넘는 트래킹 코스의 초입이다. 이 나라의 트래킹 코스는 기본이 몇 십 킬로미터는 되는 것 같다. 안내센터에 가서 가볼 만한 곳을 물어보았다. 근처에 폭포를 볼 수 있는 전망대가 있다고 했다. 3km만 걸어가면 전망대가 나타난다고 했다. 숲이 너무 빽빽이 우거져 오후 3시임에도 불구하고 햇빛은 거의 들어오지 않았다. 인적이 드물어 가는 내내 무서웠다. 가는 걸 포기할 뻔 했다. 길을 따라 30분을 걸어가니 갑자기 환해지면서 우리가 절벽 끝에 서있음을 깨달았다. 멀리 보이는 폭포와 열대우림의 모습은 한국에서는 볼 수 없는 장엄함 그 자체이다. 다시 오기 어려울 이곳의 아쉬움을 달래기 위해 연거푸 사진을 찍었다. 구글 맵을 찾아보니 Moonlight crag라는 곳을 갔다 온 것 같다. 오는 길은 무서웠지만 건이네 가족과 함께해서 가능했던 것 같다.

집으로 돌아오는 길에 카눈그라(Canungra)라는 작은 동네의 놀이터에서 아이들을 놀게 하였다. 언제 다시 만날 수 있을지 알 수 없는 건이네 가족과 인생의 아름다운 하루를 채웠다. 미래에 소정이와 서진이가 건이와 강이랑 놀던 카눈그라의 놀이터를 기억해낼 수 있을지 의문이다. 그러나 가슴속에 묻어둘 즐거운 장소가 많다는 것은 행복한 삶이 아닐까 생각해 본다.

4월 15일 미옥 씨가 뉴질랜드로 가기 전에 우리 가족에게 많은 정보를 주고 싶은 것 같다. 오늘은 건이네 가족과 버레이 헤드(Burleigh Head) 국립공원 맞은편 탈레버제라(Tallebudgera) 공원에 갔다. 탈레버제라 강이 바다와 만나는 곳으로 강이 깊지 않고 유

버레이 헤드(Burleigh Head) 국립공원에서 바라본 서퍼스 파라다이스(Surfers Paradise) 전경

버레이 헤드(Burleigh Head) 국립공원 맞은편 탈레버제라(Tallebudgera) 공원 모습

속이 빠르지 않아 천연 수영장으로 인기 있는 곳이다. 해변에 도착했을 때는 돗자리 하나 깔기 어려울 정도로 사람들이 많았다. 그러나 조금 기다리니 자리를 떠나는 사람들이 나타났다. 미옥 씨는 이곳 사람들이 생각보다 해변에 오래 머물지 않는다고 했다. 그들에게 해변은 지나가다 언제든지 들를 수 있는 공유재인 것이다. 한국 사람들처럼 자리는 먼저 맡은 사람이 임자이고 자리를 하루 종일 지키느라 버티는 그런 문화가 아니다. 호주 사람들은 자연을 소유할 수 없다고 생각하지만 한국 사람들은 자연을 소유할 수 있다고 생각하는 것 같다. 이러한 생각의 차이가 세상을 여유롭게 만들기도 하고 각박하게 만들기도 하는 것 같다. 호주에서는 자연을 즐기는데 입장료를 내본 적이 별로 없었다.

한국에서는 조금만 경치가 좋아도 어디가나 매표소가 있다. 한국에서는 종종 남을 배려하고 정직하게 살면 바보 취급당하는 경우를 본다. 오죽하면 "눈감으면 코 베어 간다"는 속담이 있을까?

버레이 헤드(Burleigh Head) 국립공원에서 바라본 바다

외국인들이 이 속담을 들으면 소스라치게 놀랄 것이다. 속담 속에는 그들이 상상하기 힘든 잔인함이 묻어 있다. 우리는 언제부턴가 이러한 속담을 당연히 받아들이며 살고 있다. 한국이 여유로운 나라가 되기 위해선 갈 길이 먼 것 같다. 부족하지만 서로를 배려하면 좀 더 풍요로워지지 않을까 생각해 본다.

4월 20일 건이네 가족이 우리 집에 놀러왔다. 드디어 건이네 가족이 뉴질랜드로부터 비자를 받았다. 만난 지 두 달 만에 친해졌는데 이제 정말 다음 주면 그들은 뉴질랜드로 간다. 이민자 중 한 분이 여기에서는 만남과 헤어짐에 익숙해져야 한다는 말이 생각났다. 한국에 있을 때는 우리가 외국에 나가면 이민자들이 반길 줄 알았다. 그러나 일부 이민자들은 잦은 만남과 헤어짐에 노출되다 보니 많은 정을 주는 것에 인색한 것 같다. 만남의 기쁨보다 헤어짐의 슬픔이 더 크기에 오히려 냉정해졌는지도 모른다. 우리는 다시 고국의 품으로 돌아가지만 여전히 타지에 남겨질 그들의 모습을 생각하니 정을 줄 자신이 없었던 것 같다. 그나마 건이네 가족은 우리와 비슷한 처지라 친해진 것 같았다. 아파트 뒤 바비큐 시설에서 고기를 구워 먹었다. 이런 저런 얘기를 하다 보니 거의 밤 12시가 되었다. 처음에는 몰랐는데 건이네 가족이 떠난다고 하니 이민자들의 마음을 조금은 이해할 것 같았다. 건이네 가족은 다시 한국으로 돌아가지 않는다. 기회가 닿으면 우리가 뉴질랜드로 놀러가겠다고 막연한 약속을 하였다. 많은 얘기들 중에서 미옥 씨가 호주에 온 이유가 생각났다. 나이가 들어가니 돈이 중요한 것이 아니라 지나가는 시간이 더 중요해진다고 했다. 이 시간이 지나가면 다시는 이런 생활을 할 수 없을 거라는 생각에 외국 생활을 결심했다고 했다.

나 역시 누구보다 열심히 살아왔고 후회 없는 삶이었다고 생각했었다. 이곳에서 많은 사람들을 만나 보니 그동안 내가 무엇을 위해 살아왔는지 다시 한 번 물어보게 된다. 직장에서 돈과 승진을 쫓느라 어느새 반평생이 지나가고 있다. 돌아오지 않는 인생의 시간들이 소중해짐을 깨닫는다. 좋은 사람들과 좋은 곳에서 시간을 보내고 싶다. 물론 돈이라는 놈이 가끔씩 우리를 괴롭히지만 그것이 늘 행복과 맞바꿀 수 있는 건 아닐 것이다. 후회 없는 인생을 살려면 너무 많은 기준들에 얽매이지 않아야 할 것이다. 이 나이가 되면 이것을 해야 하고 저 위치에 가면 저렇게 해야 하는 한국의 암묵적 기준들에서 건이네 가족은 과감히 탈출하였다. 물론 그들이 헤쳐 나가야 할 문제들은 많겠지만 인생의 선택은 오로지 자신들의 몫이라는 것을 잘 알고 있다. 누구나 똑같이 주어진 시간 속에서 삶이 행복했었다고 말하려면 타인이 아닌 자신의 눈에서 세상을 바라봐야 할 것이다. 우리는 기약 없이 만남을 기다리겠지만 삶이 힘들 때마다 같이 했던 시간들을 떠올리며 서로를 위로할 것이다.

인생의 기준은 없지만 한국에는 보이지 않는 인생의 기준들이 존재한다. 건이네 가족은 어느 누구도 말하지 않은 인생의 기준을 만들며 살고 있다. 새로운 인생을 풀어가는 것은 뒤를 돌아보게 만드는 불안의 연속일 것이다. 어느 누구도 잘 가고 있다고 말할 순 없지만 가본 적 없는 길을 가는 것은 더욱 더 말하기 힘들다. 그러나 지나온 길이 후회 없이 행복했다면 그것으로 족할 것이다.

10. 천천히 느긋하게 세상을 바라보려 한다

벌써 아이들의 여름방학이 시작되었다. 호주는 남반구에 있어서 말이 여름방학이지 계절상 겨울이다. 그러나 겨울이라고 해도 그렇게 춥지는 않다. 조금만 위쪽 지역으로 이동하면 바다에서 수영도 할 수 있다.

7월 5일 아름다운 골드코스트에 사는 사람들도 휴가를 위해 간다는 선샤인 코스트(Sunshine Coast)에 가기로 했다. 아침 9시에 브리즈번으로 향했다. 선샤인 코스트는 브리즈번의 북쪽 지역에 있다. 브리즈번 시내를 관통해야 선샤인 코스트로 갈 수 있다. 초행길이라 매우 긴장되었다. 10시쯤 브리즈번의 복잡한 시내를 빠져

브리즈번 앞 탕갈루마(Tangalooma) 섬의 해변 전경

나와 어느새 한적한 시골길에 접어들었다. 멀리서 기둥 같은 산들이 보이기 시작한다.

우리의 첫 번째 목적지는 글라스하우스 산(Glass House Mountains) 전망대이다. 호주는 거의 평원이므로 큰 산이 없다. 글라스하우스 산 전망대에 도착하니 돌 산 몇 개가 들판에 솟아 있었다. 1770년

글라스하우스 산(Glass House Mountains) 전경(위쪽)과 왼쪽의 산(아래) 모습

제임스 쿡 선장이 배를 타고 가다가 발견한 것으로 유리 온실의 모양을 하고 있어서 그렇게 이름이 붙여진 것 같다. 약 2,600만 년 전에 일어난 화산활동으로 용암이 흘러내리다가 굳었는데 풍화작용에 의해 지금처럼 뾰족한 돌산이 되었다고 한다. 돌산보다 인상적인 것은 한국에선 볼 수 없었던 끝없는 평원이다. 이곳은 원주민 에버리진(Aborigine)이 신성시하는 곳이며 호주의 유산으로 등록되어 있다.

우리의 두 번째 목적지는 몬트빌(Montville)이라는 산 위의 마을이다. 구불구불한 산길을 한참 달려 정상에 다다르니 몬트빌이 나타났다. 몬트빌은 프랑스나 스위스의 시골마을 같은 정겨운 모습을 하고 있다. 몬트빌에 도착할 쯤 비가 오기 시작하여 시야가 잘 보이지 않았다. 주로 공예품을 파는 작은 마을인데 카페 뒤로 보이는 선샤인 코스트의 전망이 정말 멋있었다. 스카프 가게에서 선한 인상을 가진 호주 아줌마를 만났다. 우리보고 어디서 왔냐고 물었다. 한국에서 왔다고 하니 매우 반가워하며 자기도 한국 친구가 있다고 자랑을 한다. 아내에게 캐시미어로 만든 스카프를 선물로 사줬다. 산 위에 이런 마을이 있다는 것이 정말로 신기하였다. 마을은 화려함과는 다소 거리가 먼 소박하기 그지없다. 그러나 마을에서만 볼 수 있는 선샤인 코스트의 풍경은 그 무엇보다 화려하였다.

오후 3시쯤 가파른 산길을 타고 선샤인 코스트에 있는 알렉스비치 캐러밴으로 향했다. 숙소에 도착하니 오후 4시 정도가 되었다. 우리는 숙소 옆 바닷가의 산책로에 가기로 하였다. 물루라바(Mooloolaba) 거리로 가는 산책로에는 많은 사람들이 조깅을 하고 있었다. 이곳의 주민인지 관광객인지는 모르겠지만 너무나 편안한

몬트빌(Montville) 거리의 어느 가게 앞

몬트빌(Montville) 거리에서 서진

모습들이다. 선샤인 코스트는 인구가 30만으로 골드코스트 인구의 절반밖에 되지 않아 편안하고 조용한 매력을 가지고 있다. 왜 골드코스트에 사는 사람들이 선샤인 코스트로 휴가를 오는지 알 수 있었다. 한국에서만 살아온 나에게 골드코스트의 첫인상은 시골과 같았다. 그러나 골드코스트는 너무 상업적이라 선샤인 코스트로 휴가를 왔다는 한 관광객의 말에 속으로 웃음이 나왔다. 사람은 주어진 환경에 따라 세상을 바라보는 시각이 정말 다른 것 같다.

7월 6일 신혼여행지 중 하나인 누사헤드(Noosa Heads)로 향했다. 선샤인 코스트에서 30분 정도 위쪽으로 올라가면 된다. 11시 정도에 도착하여 4시간 무료 주차장을 찾았다. 하늘은 약간의 비를 머금고 있었다. 누사비치는 생각보다 크지 않았지만 모래가 한국에서 보던 모래와 매우 달랐다. 흰색에 가까운 모래는 물기를 갖지 않은 매우 고운 모래였다. 날씨가 흐린데도 불구하고 골드코스트보다 따뜻하여 많은 사람들이 서핑과 수영을 즐기고 있었다. 해변 옆에 있는 작은 언덕에는 별장 같아 보이는 집들이 곳곳에 숨어 있었다. 저곳이 신혼부부들이 주로 묵는 호텔인 것 같았다. 하얀 해변에는 알록달록한 수영복들이 수를 놓

누사헤드(Noosa Heads) 해변에서 나를 모래에 파묻고 좋아하는 아이들

고 있었다. 잠깐 한눈판 사이에 소정이와 서진이는 나를 모래에 묻어 버렸다. 호주의 어디를 가나 수영 후에 씻을 수 있는 간이 샤워시설이 무료로 제공된다. 이러한 작은 배려가 이 나라의 여유를 말해 주는 것 같았다.

오후 2시 정도에 선샤인 코스트 쇼핑몰에 도착했다. 바다와 접한 강을 사이에 두고 두 개의 쇼핑몰이 연결되어 있었다. 쇼핑몰 사이로 흐르는 강에는 카누를 타며 낚시하는 사람들이 있었다. 정말로 신기하면서도 놀라운 풍경이다. 어떻게 이러한 지형을 이용하여 쇼핑몰 만들 생각을 했을까? 쇼핑몰에서는 바다도 볼 수 있고 강도 볼 수 있으며 낚시도 할 수 있다. 한국에서는 보기 힘든 창의적인 쇼핑몰이다. 오후 4시에는 남쪽으로 2km 떨어진 물루라바 거리로 갔다. 바닷가의 놀이터에는 아이들과 엄마들로 가득하다. 바닷가를 따라 줄지어선 식당에는 행복한 웃음소리로 가득했다. 소정이와 서진이도 놀이터에서 호주 아이들과 신나게 놀았다.

선샤인 코스트(Sunshine Coast) 숙소(오른쪽 중간) 앞에 이름 모를 연못에서 소정과 서진

선샤인 코스트(Sunshine Coast) 쇼핑몰을 가로지르는 강 앞에서 소정과 서진

생김새만 다를 뿐 그냥 사람 사는 곳은 다 똑같은 것 같다.

7월 7일 아침 10시 숙소를 나왔다. 물루라바에 잠깐 들러 떠나는 아쉬움을 달랬다. 브리즈번으로 가는 길에 숙소에서 알려준 주말시장 카와나(Kawana) 시장에 들렀다. 다른 주말시장과 큰 차이는 없었으나 농부들이 직접 장사를 하는 것 같았다. 구릿빛 거친 피부와 세련되지 못한 옷차림에서 그들의 순박함을 느낄 수 있었다. 워낙 많은 가판대가 있어서 학교를 빌려 열린 시장인 줄 몰랐다.

오후 12시쯤 브리즈번을 지나가다 이날라 플라자에서 점심을 먹었다. 하일린 가족과 왔던 곳이라 낯설게 느껴지지 않았다. 한국의 시골장터 같은 느낌이다. 반미(Banh mi)는 언제 어느 곳에서 먹어도 한국인의 입맛에 잘 맞는 것 같다. 베트남 사람들이 운영하는 식당에서 쌀국수를 먹었는데 잊을 수 없이 맛있었다. 쌀국수를 먹기 위해 이곳에 다시 와야 할 것 같았다. 한 가게에서 음식을 샀다. 억척스러운 주인 아줌마에게 돈을 건네자 무뚝뚝했던 얼굴이 순식간에 미소로 번졌다. 번진 미소 속에서 살아남기 위해 고단했던 그들의 이민생활이 느껴졌다.

정말 정이 많을 것 같은 베트남 사람들을 만나러 베트남에 가보고 싶다. 멀리 다가오는 우리 집이 우리 기족을 반긴다. 몇 개월 살았다고 어렵게 구한 우리 집에 정이 늘었다. 낯선 타지에서 집이 없었으면 길바닥에서 자야 했는데 얼마나 고마운 집인가?

브리즈번의 북부지방을 돌아보며 호주의 편안함을 다시 한 번 느꼈다. 호주 사람들은 소시지에 식빵 한 조각만 있으면 더 바랄 것 없이 행복해 보였다. 그들을 생각하며 좀 더 천천히 느긋하게

베트남 동네 이날라 플라자(Inala Plaza)에서 반미(Banh mi)먹고 있는 소정

세상을 바라보려 한다. 많은 짐들을 머릿속에서 내려놓으려고 한다. 우리는 자연에서 태어나 자연 속에서 살다가 해변의 모래알처럼 자연으로 돌아간다. 호주 사람들이 투박하고 촌스러워 보여도 우리가 갖지 못한 그들의 여유로움은 부럽기만 하다.

Part IV

꿈을 꾸게 만드는 사람들

1. 서진이 친구 서진이는 동생이 생겼다 | 2. 작지만 확실한 행복을 찾은 사람들 | 3. 그의 가슴에 동양의 피가 흐른다 | 4. 동대문 쇼핑몰에서 만나요 | 5. 행복해질 수 있는 것만 채우면 그만이다 | 6. 래브라도의 미용사 아줌마 | 7. 인생의 풍요는 사람에서 온다 | 8. 몸은 멀리 있어도 마음은 가까이에 | 9. 지구 반대편에 남겨둔 가족들 | 10. 언제나 은인은 가까이에 있다

1. 서진이 친구 서진이는 동생이 생겼다

7월 13일 아침에 집세를 내고 오스트레일리아 페어 쇼핑몰로 향했다. 서진이 친구가 점심때 우리 집에 놀러오기로 하였다. 11시쯤 서진이 친구가 집에 왔다. 서진이 친구의 이름은 서진이다. 성만 다르고 이름은 똑같다. 친구 서진이의 엄마는 둘째를 임신 중이라 몸이 힘들었지만 초대에 응해주었다. 아파트 뒤 바비큐 시설에서 삼겹살을 구워먹었다. 하늘은 파랗고 나뭇잎은 뚜렷한 녹색이고 아파트는 하얗다. 모든 것이 칼라로 된 한 장의 사진이다.

우리 가족을 빼고 서진이네는 비거라 워터스 초등학교의 유일한 한인 가족이다. 처음에는 우리 가족만 학교에서 유일한 한인 가족인 줄 알았다. 이 교수가 자기가 다니는 성당에 비거라 워터스 초등학교에 다니는 아이가 있다고 해서 알았다. 학교 행정직원은 교재비나 회비를 걷을 때 항상 우리 서진이와 친구 서진이를 혼동하여 청구서를 보냈다.

서진이 엄마는 젊었을 때 호주에 놀러왔다가 아름다운 호주의 매력에 푹 빠졌다. 직장에서 같이 일했던 남편을 만나 결혼한 후, 복잡하고 치열한 한국의 삶에 회의를 느껴 호주로 왔다. 서진이네는 호주로 올 때 환전수수료를 조금이라도 아끼려고 개인 업체를 통해 환전을 했다. 서로 신뢰가 쌓이면서 환전금액이 커지던 어느 날, 업체사장은 서진이네 돈 3천만 원을 갖고 도망가 버렸다. 서진이 엄마는 피 같은 돈을 잃고 나서 한동안 망연자실했었다. 서진이 엄마는 살아남기 위해 평일뿐만 아니라 주말에도 공사장이나 건물에서 청소하며 돈을 벌었다. 나중에 알게 된 사실은 서진이네가 집을 구하기 위해 3달 동안 바닷가에 텐트치고 살았다는 것이다. 지금은 호주에서 영주권도 얻어 안정적인 삶을 살고 있지만 처음에는 정말 고생을 많이 했던 것 같다. 연구만을 위해 잠깐 오게 된 나의 생활이 그들에게 사치스럽게 보일까 봐 걱정되었다. 아름다운 호주의 풍경 뒤로 살아남기 위한 이민자들의 치열한 몸부림이 있었다는 것을 깨닫게 된다.

서진이 아빠는 한국에서 오토바이 만드는 회사에 다녔었다. 오토바이 엔진은 작은 배의 엔진과 같아 호주에 기술이민으로 오는데 매우 수월하였다. 호주 정부는 호주에 필요한 기술 인력이 아니면 이민자로 잘 받지 않는다. 서진이 아빠는 나와 동갑인 72년생이다. 그런데 올해 둘째 아이를 갖게 되었다. 2018년 한국의 출생률은 0.98명이다. 더 심각한 것은 4세 이하의 인구수가 200만 명대인 데 반해 70세 이상의 인구수는 500만 명대이다. 그만큼 한국의 고령화 속도는 심각해지고 경제동력은 떨어지고 있다. 출산장려금 몇 푼으로 인구수를 끌어올리려는 한국 정부의 정책은 이미 빛바랜 사진과 같다.

미래의 삶이 불안하지 않고 노력하면 먹고살 수 있는 그런 환경이라면 그들 자신을 닮은 아이를 갖는데 누가 마다하겠는가? 동물은 세상에 그들의 유전자를 널리 퍼트리려는 종족번식의 본능을 갖고 있다. 그러나 그들의 2세가 다른 동물의 먹이가 되거나 먹고살 방법이 없어 굶어 죽는다면 차라리 2세를 만들지 않을 것이다.

동물이 종족번식이 불가능한 환경에 접하면 2세를 갖지 않으려 할 것이다. 호주에서는 종족번식의 본능에 충실할 수 있지만 한국에서는 그것이 쉽지 않아 보인다. 한국이 인구를 늘리기 위해 어디서 무엇부터 시작해야 할지 감이 잘 오지 않는다.

11월 28일 하버타운에서 서진이 동생을 안고 있는 서진이 엄마를 만났다. 출산한 지 얼마 되지 않아 서진이 엄마의 얼굴에 아직 붓기가 있었다. 그러나 또 다른 서진이를 갖게 된 서진이 엄마의 얼굴에는 미소가 가득하다. 옆에 있던 서진이 아빠는 더 젊어진 것 같다. 호주의 안정된 복지제도에서 아이를 키우는 것은 한국에 비하면 부담이 적을 것이다. 호주에서는 고소득자가 아니라면 아이들의 일정 나이가 될 때까지 양육수당을 지원받을 수 있다.

호주 서진을 마지막으로 만났던 하버타운(Harbour town) 앞에 서 있는 소정과 서진 모습

40대 후반인 나에게 여전히 아이를 더 낳으라는 엄마의 권유가 한국에서는 터무니없게 들렸다. 내 동갑내기 서진이 아빠는 서진이 동생을 안고 있다. 한국에서 살아야 할 난 서진이 동생을 만들 자신이 전혀 없다. 이것이 나에게 호주와 한국 삶의 가장 큰 차이로 다가왔다. 어떠한 삶이 행복한 삶인지 평가하기는 정말 어려운 일이다. 그러나 호주로 올 때 고생했던 서진이네가 이렇게 부럽고 크게 보이는 이유는 그들이 선택한 인생을 살아가고 있기 때문 아닐까 생각해 본다.

친구 서진이는 주말이면 벌써부터 아빠랑 모터보트를 타고 바다에 나간다. 처음에 만난 서진이는 너무 자신의 감정에 솔직하여 버릇없는 아이처럼 느껴졌다. 한국에서 선생님이 좋아하는 아이들은 조용하고 말 잘 듣고 공부 잘하는 아이일 것이다. 호주에서는 자기의 생각을 얘기하고 운동을 좋아하며 감정에 솔직한 아이가 인기 있다. 어떤 아이가 더 행복한 삶을 살지에 대해서 생각해 본다.

창의적인 사고를 기르려는 한국의 교육목표가 창의적인 아이를 길러낼 수 있는 환경을 제공하고 있는지 의문이다. 어렸을 때부터 아이들은 부모의 손에 이끌러 학원에 다니고 엄마가 짜준 일정에 따라 쳇바퀴처럼 움직인다. 밤에는 엄마랑 숙제로 실랑이를 벌인다. 아이들은 언제나 졸리고 피곤하다. 언제부턴가 주말에도 학원이 운영되면서 우리의 아이들은 주말에도 쉴 수 없다. 창의적인 사고를 떠나 우리의 아이들은 눈앞에 있는 일정도 소화하기 바쁘다.

선샤인 코스트(Sunshine Coast) 숙소 앞 연못에서 고니와 대화하는 서진

누사헤드(Noosa Heads) 해변의 전경(아래 서진)

학창 시절에 행복은 성적순이 아니라고 외쳤던 엄마들도 여전히 마음속엔 학벌이 자리 잡고 있다. 학벌에서 벗어나지 못하는 엄마들은 아이의 미래가 학벌에 달려있다고 믿는다. 노후도 준비하지 못한 채 그렇게 학벌을 좇아 사교육비를 지출한다. 우리는 몇 십 년간 학벌과 행복한 삶의 확인되지 않은 연결고리에서 괴로워했다. 국가의 먹거리가 다른 나라에 뺏기면서 경기의 활력이 사그라지고 있다. 더 나아가 인구는 점점 줄어들고 있다. 불행 중 다행일까? 경기침체와 인구감소가 아이러니하게도 학벌의 가치를 떨어뜨리고 있다. 한국의 미래가 어디로 흘러갈지 불안하기만 하다.

호주에서 아이의 작은 목소리에도 귀를 기울이는 선생님과 아이들과 친구처럼 지내는 부모들을 보면서 무엇이 올바른 교육인지 고민하게 된다. 서진이네 가족이 호주에 올 때 입었던 마음의 상처는 많이 아문 것 같다. 호주 사람이 된 서진이와 서진이 동생은 호주에 살지만 그래도 한국 사람이라는 것을 잊지 않았으면 좋겠다. 한국에도 서진이가 있다는 것을 기억하며 말이다.

2. 작지만 확실한 행복을 찾은 사람들

바다에 둘러싸여 있는 호주 사람들에게 확실한 행복은 작지만 바다로부터 나온다. 수영을 하거나 낚시를 하며 그들의 인생을 보낸다. 7월 중순은 낮에 따뜻해도 저녁은 매우 춥다. 위층에 정 선생님께서 저녁에 바다낚시를 갈건데 같이 가자고 하신다. 사실 정 선생님과 사모님은 며칠 전부터 바다에 가서 낚시를 하셨다. 뉴질랜드에 사실 때부터 정 선생님 부부는 답답하거나 심심하면 낚시를 다니셨다고 했다.

7월 18일 오후 4시 정 선생님 차를 타고 테마파크 씨월드(Sea World) 뒤쪽으로 갔다. 그곳에는 바다로 뻗은 교각이 있었고 위에는 바다에서 모래를 빨아올려 뭍으로 옮기는 긴 파이프가 있었다. 그 교각 위에는 많은 사람들이 바다에 낚싯대를 드리우고 물고기

씨월드(Sea World)의 돌고래 공연장 모습

씨월드(Sea World)에서 탄 노란색 잠수함

를 잡고 있었다. 물론 그 교각 위로 올라가기 위해서는 어른은 4.4달러, 아이들은 2.2달러의 비용을 지불해야 한다. 교각 시설의 주요 목적은 바다로 쓸려간 모래를 다시 뭍으로 가져오는 것이다. 그러나 시설관리비를 일부 충당하기 위해 사람들이 교각 위에서 낚시하는 것을 허용하고 입장료를 받는다. 호주는 관광산업이 주요 핵심 산업이다. 자연을 보존하려고 많은 돈을 쏟아 붓는다. 해변의 모래가 바다로 쓸려 가면 해변은 그 가치를 잃는다. 처음에는 밤에 서퍼스 파라다이스 해변에 움직이는 불도저가 무슨 일을 하는지 알지 못했다. 불도저는 낮에 관광객들이 지나다니면서 울퉁불퉁해진 해변을 평평하게 고르는 일을 하였다. 저녁이 되니 바닷바람이 매우 쌀쌀하였다. 사모님이 준비해 오신 김밥을 먹으며 낚시를 하였다. 정 선생님은 뉴질랜드에 와서 무엇을 하며 먹고 살아야 할지 막막할 때마다 사모님과 낚시를 하셨던 것 같다. 낯선 땅에서 살아남기 위해 두 분이 바닷가에 앉아 고민하던 그때의 모습이 눈에 선하다. 돈을 많이 들이지 않고도 생각을 비울 수 있었던 방법으로 낚시만큼 좋은 것이 없었을 것이다.

한참을 우두커니 바다를 보고 있었다. 갑자기 정 선생님의 낚싯대가 확 휘었다. 이미 작은 물고기들은 몇 마리 잡았지만 이번엔 무엇인가 큰 놈이 걸린 것 같았다. 정 선생님이 계속해서 낚싯줄을 감으니 멀리서 검은 물체가 다가오는 것을 느꼈다. 작은 상어가 잡힌 것이다. 정말 신기하고 믿겨지지가 않았다. 가까이 다가온 상어를 교각 위에서 보니 거의 사람 길이만 하였다. 상어가 힘이 빠질 때까지 이리저리 낚싯대를 움직이며 줄을 계속 감아야 했다. 주변에서 낚시를 하던 사람들이 구경도 하며 같이 도와주었다. 그런데 갑자기 상어가 교각 밑으로 들어갔다. 정 선생님은 상어가 교각 밑으로 들어가면 낚싯줄이 끊어져 놓치게 된다고 하셨다. 낚싯줄이 상어의 몸부림과 함께 교각의 모서리와 마찰하다 급기야 끊어졌다. 난 상어를 놓친 것에 대해 아쉬웠지만 정 선생님은 더 아쉬워하셨다. 나에게 상어고기를 먹어볼 기회를 주고 싶었다고 하셨다. 한국에서 오래 사셨던 정 선생님은 한국에서는 느낄 수 없는 경험을 나에게 주고 싶어 하셨다. 상어는 잡지 못했지만 새로운 경험을 주신 정 선생님께 상어보다도 더 큰 감사의 마음을 느꼈다. 정 선생님은 예전에도 몇 번 상어를 잡으신 적이 있었다. 한국 사람으로 사셨던 정 선생님은 자연에서 느낄 수 있는 이런 즐거움이 한국 사람에게 얼마나 소중한 경험인지를 잘 알고 계셨다.

정 선생님과 낚시하였던 씨월드(Sea World) 뒤쪽 스핏(Spit)에서 바라본 석양

어느새 밤 12시가 넘었다. 정 선생님은 내일 또 출근을 하셔야 한다. 펼쳐놓은 낚싯대를 정리하기로 했다. 1인당 잡을 수 있는 물고기는 20마리이다. 종류별로 크기도 제한되어 있어서 너무 작은 물고기는 놓아주었다. 멀어지는 교각 위로 여전히 많은 낚시꾼들이 세월을 낚고 있었다. 정 선생님은 그들이 모두 직장을 다니고 있지만 밤늦게까지 낚시를 즐긴다고 하셨다. 그들이 낚는 것은 물고기가 아니라 자유라는 행복일 것이다.

평상시에도 정 선생님은 말씀하셨다. 우리 가족이 짧지만 호주에서 행복한 삶을 즐기다 갔으면 좋겠다고 말이다. 정 선생님은 한국의 각박하고 치열한 삶을 잘 알기에 우리 가족에게 더 살뜰히 신경 써 주셨다. 정 선생님은 우리 가족이 한국으로 돌아가면 다시 호주로 나오기가 쉽지 않다는 것을 잘 알고 계셨다. 내가 살아오면서 정 선생님처럼 다른 사람들에게 살뜰히 마음을 써 본 적이 몇 번이나 있었는지 생각해 본다. 작지만 확실한 행복을 누리는 호주 사람들의 여유가 부럽기만 하다.

우리의 가슴에는 언제부턴가 행복이 설명하기 힘든 거창한 그 무엇이었다. 그 무엇을 위해 많은 것들을 희생하며 시간을 보낸다. 그 무엇이 무엇인지도 모른 채 막연히 기다린다. 교각 위의 불빛들을 보며 행복은 매일 우리 일상에 숨어 있었다는 것을 발견한다. 오늘을 부정하며 행복은 미래에 있다고 믿는 사람들에게 행복은 영원히 오지 않을 것이다. 그런 어리석음을 범하지 않으려고 노력해야겠다.

3. 그의 가슴에 동양의 피가 흐른다

도서관 중에서 어퍼 쿠메라 도서관에 정이 가장 많이 간다. 그 이유는 피터가 있기 때문이다. 피터는 백인이며 머리가 벗겨진 60대 할아버지이다. 사실 할아버지라고 부르기에는 피터가 너무 젊게 느껴진다. 호주에서는 나이든 사람에게 존칭을 쓰지 않고 이름만 불러서 그냥 친구처럼 느껴졌다. 피터는 직장에서 은퇴한 후, 도서관에서 이민자들에게 영어를 가르치는 자원봉사자이다. 도서관에 갈 때마다 그는 항상 중국인 이민자들에 둘러싸여 수업을 하곤 했다. 처음에는 어퍼 쿠메라 지역에 동양인이 많이 살고 있기 때문이라고 생각했었다.

어퍼 쿠메라(Upper Coomera) 도서관에서 피터, 수잔, 나(왼쪽부터)

어느 날 피터는 영어수업 목적으로 자기 가족사진을 들고 왔다. 사진 속에는 본인의 할아버지, 할머니 그리고 아내와 자식들이 있었다. 처음에는 그 사진이 믿겨지지 않았다. 그의 할머니는 중국인이었다. 피터의 얼굴에서 중국인의 피를 전혀 찾아볼 수 없었다. 그러나 사진은 피터의 할머니가 중국인임을 보여주고 있었다. 피터는 어렸을 때부터 중국 문화를 할머니로부터 알게 모르게 흡수하였다. 그래서 중국에 대해 많은 관심을 갖고 있었던 것 같았다. 피터는 우리가 보기에는 영락없는 호주 사람이다. 그러나 원래 백인들이 보기에는 그들과 무언가 다르다는 것을 알 수 있었을 것이다. 피터가 학교를 다니던 시절에는 사회적으로 '백호주의'가 팽배하여 동양인이 차별을 받았다고 했다. 그때 피터도 무언가 다른 그의 얼굴 때문에 백인 아이들로부터 따돌림을 받았다고 했다. 그래서 일까? 백인 얼굴을 가진 피터에게서 동양인의 정이 느껴졌다.

피터는 결혼을 두 번 했다. 결혼을 두 번 한 것에 대해 전혀 창피해하지 않았다. 심지어 첫 번째 아내와 두 번째 아내의 사진을 서슴없이 보여주었다. 왜 결혼을 두 번 하였는지는 묻지 않았지만 정체성을 찾기 위해 고단했던 그의 인생을 엿볼 수 있었다. 영어 수업을 할 때마다 그는 노트북에 저장된 많은 사진을 보여 주었다. 가족사진을 보여주며 우리와 소통하려고 노력하였다. 피터의 영어발음은 전형적인 호주식 발음이다. 입안에서만 맴도는 영어라 한국으로 돌아올 때까지도 피터의 말을 제대로 알아듣기 힘들었다. 피터는 그의 정체성을 이민 온 동양인들 속에서 찾으려고 했던 것 같았다.

피터는 우리 가족이 도서관에 갈 때마다 그의 마음속으로 끌어당기려 하였다. 같은 언어에 같은 생김새를 갖고 있는 한국 사람들끼리도 부와 명예로 서로를 편 가르며 차별한다. 그런데 생김새가 전혀 다른 피터는 할머니로부터 받은 희미한 동양의 피로 우리 가족을 끌어안는다. 태어나보니 나는 한국 사람이었다. 태어나보니 피터는 호주 사람이었지만 동양인의 피가 흐르고 있었다. 출발선은 전혀 달랐고 걸어온 인생도 전혀 달랐다. 그러나 동양의 피가 흐른다는 이유만으로 우리는 서로를 이해할 수 있었다. 지나간 것은 지나간 대로 가슴에 묻어 둘 뿐이다. 우리는 최선을 다해 주어진 인생을 살아갈 때 존재 의미가 생긴다고 믿기로 했다. 어떠한 확률로도 계산할 수 없는 우리의 만남은 그런 의미를 확인하는 계기가 되었다. 피터는 우리에게 모든 사람들의 인생이 소중하다는 것을 알려 주었다.

호주를 떠날 때 우리가 건넨 작별 인사에도 피터는 덤덤하였지만 언제 볼지 모를 우리를 생각하면서 슬퍼했을지도 모른다. 한국으로 돌아온 우리 가족을 그리워할 피터를 생각하면 마음이 짠하다. 그러나 그는 그의 삶에 대해 항상 긍정적이고 행복하다고 했다. 어쩌면 피터는 정신없이 치열하게 살아갈 우리 가족을 안타까워하고 있는지도 모르겠다. 피터는 피 속에 남아 있는 동양의 흔적으로 인해 어렸을 때부터 차별받았다. 이제 피터는 많은 동양의 이민자들로부터 안정감을 찾고 행복했으면 하는 바람이다.

4. 동대문 쇼핑몰에서 만나요

아이들을 등교시킨 첫날, 비거라 워터스 초등학교에 한국 학생이 다니는지 궁금했었다. 며칠이 지나 아이들을 등교시킬 때마다 마주치는 동양인 엄마를 발견하였다. 한동안 그녀가 어느 나라 사람일지 궁금했었다. 단아한 외모와 훤칠한 신장 그리고 하얀 피부의 그녀는 항상 조용해 보였다. 아내는 그녀를 친구로 사귀고 싶다고 했다. 한 달이 지나 아내와 난 하굣길에 우연히 만난 그녀에게 불쑥 말을 건넸다. 그녀는 중국 사람이었다. 긴 다리와 동그랗지만 작은 얼굴 그리고 짧은 턱을 보니 화북 사람인 것 같았다. 그녀는 우리가 알고 있던 예의 없고 지저분하다는 중국 사람과는 어딘가 달랐다. 그녀는 독일에서 9년간 유학을 하고 중국으로 돌아가 지금의 남편과 결혼을 했다. 결혼 후, 한동안 중국에서 살다가 중국의 부정적인 면들에 실망하여 호주로 이민을 왔다.

9월 5일 우리는 비비안과 학교에서 자주 얘기를 했었지만 정작 집으로 초대한 적은 없었다. 오늘은 비비안을 우리 집으로 초대하여 한국 음식을 대접하기로 했다. 사실 우리는 호주에서 잠깐 살다 갈 거라 주방 기구가 많지 않았다. 그래도 아내는 된장찌개와 삼겹살을 대접하기로 하였다.

12시쯤 비비안은 꽃과 와인을 들고 우리 집에 왔다. 그녀는 식사를 하면서 중국에 대한 이야기를 하였다. 나는 호주에 온 중국 사람들이 모두 부자일 거라고 생각했었다. 비비안은 모두가 부자는 아니라고 말했다. 그리고 충격적인 것은 중국 정부가 외국으로 돈이 유출되는 것을 막기 위해 안간힘을 쓴다는 것이다. 중국 정부는 중국 사람들이 1년 동안 해외로 가져갈 수 있는 돈을 1인당 5천달러로 제한하고 있다고 했다. 그래서 비비안이 어떻게 호주에 집을 샀고 자동차를 구입했는지 궁금했다. 중국 사람들이 해외로 많은 돈을 가져갈 수 있는 공식적인 방법은 많은 사람들을 이용하는 것이라고 했다. 즉 여러 명의 중국 사람들을 고용하여 1인당 5천달러씩 해외로 들고 오게 하는 방법이다. 또 다른 방법은 해외에 있는 불법 송금 회사를 이용하는 것이다. 홍콩에는 해외로 자금을 보낼 수 있는 불법 송금 회사가 있는데 수수료가 송금액의 10%라고 한다. 중국 정부가 정치, 문화 그리고 경제 등 모든 것을 통제하려고 하니 외국인이 중국에 투자하는 것을 꺼리는 것 같다. 아직도 이해되지 않는 중국 정부의 통제와 보수적인 관행들이 세계적 선도국가로 성장하려는 중국의 발목을 잡는 것 같다. 도서관에서 봤던 많은 중국 사람들이 이러한 방법으로 돈을 가져왔다고 생각하니 안타깝게 느껴졌다. 한번 해외로 나온 중국 사람들은 다시 중국으로 돌아가고 싶어 하지 않는 것 같다. 막연히 부자일거라고 생각했던 비비안도 경제적으로 많은 어려움을 겪는 것 같았다. 살면서 이 사람 저 사람 눈치 보는 것도 모자라 정부의 눈치까지 봐야 하는 중국 사람들을 다시 한 번 생각하게 되었다.

10월 15일 하루 종일 비가 왔다. 아이들이 수영 수업에 한껏 부풀어 있었는데 취소되어 실망했을 것이다. 하버타운에서 아내와 커피를 마시고 있는데 비비안으로부터 전화가 왔다. 비도 오고 심심하다며 자기 집으로 놀러 오란다. 갑작스런 초대에 무엇을 사가야 할까 고민하다 과일과 영양제를 사서 갔다. 비비안이 사는 집은 이 교수와 같은 아파트라 우리 집에서 멀지 않다. 11시쯤 도착해보니 비비안의 아파트는 1층이었다. 1층에 살면 얻을 수 있는 혜택은 넓은 발코니이다.

중국 사람들은 높은 층보다는 지면에 가까운 낮은 층을 선호한다고 했다. 발코니에 가보니 그물망이 있어서 무엇이냐고 물어보았다. 비비안은 자기 집 발코니에서 꽃게를 잡을 수 있다고 했다. 골드코스트에 와보지 않은 사람은 이것이 무슨 말인지 이해하기 힘들 것이다. 골드코스트는 바닷물이 수로를 따라 내륙으로 들어와 있어서 바닷물에 바로 접한 집들이 많다. 집 앞에는 개인이 소유한 요트를 정박시킬 수 있다. 집에서 낚시도 할 수 있다. 이곳

발코니에서 꽃게를 잡을 수 있는 비비안 집(왼쪽, 가운데 전용수영장)

사람들에게는 너무나 당연해 보이는 모습이 한국 사람들에게는 신기해 보일 것이다.

비비안이 우리 부부에게 뚝딱 차려준 점심

비비안은 호주에 온 지 1년이 되었다. 사업 비자로 왔기 때문에 사업을 시작해야 한다. 최근에 가구 사업을 시작하여 바쁜 것 같았다. 남편은 아직도 중국에서 사업을 운영하고 있다. 따라서 비비안은 아들 둘을 키우면서 사업을 운영해야 했다. 가끔 남편이 중국에서 오지만 본인의 삶을 남편에게 전적으로 의지하지는 않는 것 같았다.

중국 정부는 1960년대까지는 산아제한을 하지 않았다. 1970년대 들어서면서 자원과 식량부족을 우려하여 산아제한 정책을 도입하였다. 따라서 1980년부터 2015년까지는 한 자녀만 출산이 가능하였다. 이후, 다시 중국 정부는 고령화 사회진입에 대한 우려로 두 자녀까지의 출산을 허용하였다. 비비안은 1978년생으로 사업가의 외동딸로 태어났다. 중국 사회는 한 자녀 정책으로 태어난 아이들이 부모들의 과잉보호와 맹목적인 사랑으로 인해 버릇이 없다고 우려하고 있다. 그러나 비비안은 나중에 아들들이 모두 성장하면 아버지의 가업을 잇기 위해 중국으로 돌아가겠다고 했다. 그러고 보니 비비안의 두 아들은 한 자녀 출산정책이 시행된 시기에 태어났다. 그래서 호주로 이민 온 것은 아닌지 궁금했다. 여하간 비비안은 여장부같이 낯선 호주 생활을 잘 헤쳐 나가고 있었다.

비비안과 얘기를 하다 보니 한국의 친구네 집에 놀러 간 느낌이었다. 비비안은 굉장히 빠른 손놀림으로 우리에게 점심을 차려주었다. 중국 음식은 모두 기름질 거라고 생각했었다. 비비안은 기름진 음식을 싫어하여 평상시 본인이 직접 음식을 만들어 먹는다고 했다. 비비안의 요리는 생각보다 담백해서 깜짝 놀랐다. 오후 3시가 되어 우리는 아이들을 데리러 학교에 갔다. 씩씩한 비비안은 오늘도 달린다.

10월 22일 오늘은 '학생의 날'이라고 하여 아이들이 학교에 가지 않는다. 비비안 가족과 우리 가족은 파라다이스 포인트에서 만났다. 휴일만 되면 비비안은 남편 없이 아이들을 돌보는 것에 힘들어 하는 것 같았다. 우리 아이들은 여자아이지만 비비안의 아들들과 잘 어울리는 것 같았다. 아내와 비비안은 같이 사진도 찍고 수다도 떨며 여느 아줌마들처럼 시간을 즐겼다. 이제 몇 달이 지나면 비비안과도 헤어져야 한다. 몇 달 후에 일어날 너무 많은 헤어짐에 걱정이 앞선다.

12월 24일 크리스마스이브이다. 날씨는 한국처럼 추운 것도 아니고 눈이 내리는 것도 아니다. 연말이라는 느낌은 없지만 도시는 들썩거렸다. 오전 11시에 우리 가족은 비비안 가족과 로비나(Robina) 근처의 트램펄린(Trampoline) 이는 곳에서 만났다. 비비안과 아내의 만남은 오늘이 마지막이다. 비비안의 아들들과 우리 아이들이 놀 수 있도록 그곳에서 만났다. 비비안과 아내는 서로 못

트램펄린(Trampoline) 키즈카페에서 마지막 만남(왼쪽부터 비비안 아들 찰스, 비비안 그리고 아내)

다한 이야기를 나누었다. 사실 몇 개월 만난 그들에게 못 다한 이야기가 얼마나 있겠는가? 다만 낯선 땅에서 이제 마음에 맞는 친구를 만났다고 생각했는데 벌써 헤어져야 해서 아쉬울 따름일 것이다.

아쉬움만큼 시간은 빨리 흘렀다. 비비안에게 한국의 동대문에서 만나자고 말을 남긴 후 우리는 덤덤하게 헤어졌다. 평상시 패션에 관심이 많던 비비안은 동대문에 쇼핑하러 가고 싶다고 했었다. 우리는 언제든지 다시 만날 것처럼 아무렇지도 않게 헤어졌지만 기약할 수 없는 만남은 우리의 마음을 무겁게 하였다. 비비안 가족은 이번 여름방학에 중국에서 머문다. 그들은 우리 가족이 내년 1

월말 한국으로 돌아갈 때까지도 호주에 오지 않는다.

친해지니까 수다스러웠던 비비안은 우리가 호주에 다시 오면 자기에게 꼭 연락하라고 했다. 비비안에게서 아이들의 미래를 위해 이민 온 맹자(孟子)의 어머니 모습이 보인다. 늙은 아버지의 사업을 이어갈 가장의 모습도 보였다. 비비안은 중국 사람들이 잘 씻지 않고 예의도 없다는 우리의 편견을 완벽하게 지워주었다.

어느 누구보다 사람을 좋아하고 배려하며 항상 웃었던 비비안은 한국 사람보다 더 한국적인 면을 가지고 있었다. 외로울 것 같은 호주 생활에서 따뜻한 중국 아줌마의 배려로 우리 가족은 행복한 시간을 보냈다. 가구회사 사장님이 되어 두 아들과 살아갈 비비안을 생각하면 웃음이 나오고 마음이 놓인다. 우리 가족은 만남에 기약이 없는 비비안을 호주에 남겨 둘 수밖에 없었다. 그저 서로의 기억 속에서 행복했던 추억만을 되새기며 서로가 행복하길 바라는 마음뿐이다.

정말로 동대문 쇼핑몰에서 영화처럼 만날 수 있다면 좋겠다.

5. 행복해질 수 있는 것만 채우면 그만이다

7월에 도서관에서 만난 중국 할머니 윙의 말은 도무지 알아들을 수 없었다. 그러나 70세가 넘어 보이는 그녀는 항상 영어로 대화하려고 하였다. 영어로 말하기가 힘들면 자기네들끼리 중국말로 얘기하는 다른 사람들과는 어딘가 달랐다. 그녀는 중국에서 흔히 말하는 뼈대 있는 집안의 후손 같았다. 비비안과 같이 자식들의 교육을 위해 호주로 왔다. 지금은 손자와 손녀를 돌보고 있다. 윙은 6월에 아주 싸게 배를 타고 놀러 갔다왔다고 했다. 처음에는 작은 배를 타고 가까운 섬에 놀러갔다 온 줄 알았다. 나중에 피터는 윙이 갔다 온 여행이 크루즈 여행이라고 말해 주었다. 피터는 크루즈 여행을 예약할 수 있는 사이트를 보여 주면서 라스트 미닛(last minuets)을 잘 잡으면 매우 싸게 크루즈 여행을 할 수 있다고 했다. 라스트 미닛은 크루즈 여행사가 크루즈선의 출발 일정이 다가올 때까지 팔리지 않은 표를 싸게 파는 것이다. 피터의 말에 의하면 시간이 많고 할 일이 없는 노부부들이 짐을 다 싸놓고 라스트 미닛이 뜨기만을 기다린다고 했다.

그날부터 매일 생각지도 않았던 크루즈 여행을 위해 피터가 알려준 사이트에 들어가곤 하였다. 생각해 보니 호주는 바다로 둘러싸여 있고 가까이에 많은 섬나라들이 인접해 있어서 크루즈 여행상품을 만들기에 적합하였다. 한국에서는 크루즈 여행이라기보다는 여객선을 타고 가까운 섬에 가는 것이 전부일 것이다. 드디어 P&O라는 크루즈 여행사에서 저렴한 1주일짜리 크루즈 여행상품을 발견하였다. 계산해 보니 1인당 50만 원도 안 되는 금액에 숙식이 해결되는 1주일짜리 패키지 여행상품인 것이다. 크루즈선이 출발하는 장소는 브리즈번 강 하류에 위치한 크루즈 터미널이었다. 크루즈선은 브리즈번 시내를 관통하는 브리즈번 강을 거슬러 올라와 시내가까이에서 출발하는 것이다. 이 여행상품의 최종목적지는 호주 북부에 위치한 케언즈(Cairns)이다. 브리즈번은 가까이에 공항이 있고 바닷가를 따라 달릴 수 있는 M1 고속도로가 지나간다. 강에는 크루즈선이 떠있어서 매력적인 도시이다.

9월 7일 크루즈 여행을 떠나는 날이다. 10시쯤 집을 떠나 'Gateway'라는 미리 예약한 주차장으로 갔다. 주차장에서 무료 셔틀버스를 타고 크루즈 터미널에 도착하니 11시 반 정도가 되었다. 크루즈 예약부터 주차장 예약까지 모든 것을 온라인으로만 처리하다보니 제대로 일이 진행되고 있는지 긴장이 되었다. 낯선 호주에서 일일이 모든 것을 사람들에게 물어볼 수도 없는 노릇이다. 모든 일들이 나에게 새로운 경험이므로 일처리를 할 때마다 온몸에 털이 쭈뼛쭈뼛 서는 것 같았다. 긴장된 나와 달리 나만 믿고 따라온 아내와 아이들은 새로운 경험에 신이 나 있었다. 무사히 도착한 크루즈 터미널에는 이미 많은 사람들이 짐을 부치고 있었다. 1천 500명을 수용할 수 있는 크루즈선임에도 불구하고 탑승시간은 생각보다 오래 걸리지 않았다. 크루즈선에 타는 시스템은 의외로 간단하였다. 터미널 밖에서 짐을 부치고 창구에 가서 이티켓(e-ticket)을 제시하면 작은 카드와 탑승 번호표를 준다. 그리고 터미널 안에서 대기하고 있다가 탑승 번호가 전광판에 뜨면 그때 배를 타면 된다. 탈 때에는 비행기와 마찬가지로 음식물 등을 검사

피터의 권유로 타게 된 크루즈선

했다. 크루즈선에 탑승하니 바로 'Pantry'라는 식당에서 점심을 먹을 수 있었다. 크루즈선에는 4개의 식당이 있었다. Pantry를 제외하고는 미리 예약을 해야 식사를 할 수 있다. 점심을 먹고 나서 크루즈선의 맨 위층에 있는 풀장으로 갔다. 그곳에는 흥을 돋우기 위해 직원들이 노래를 부르고 춤을 추기 시작했다. 잠시 후 안전교육이 실시되었는데 특별한 것은 아니다. 알람이 울리면 객실의 구명조끼를 들고 갑판으로 나오는 것이다.

뱃고동이 울리고 크루즈선은 서서히 브리즈번을 떠나 바다로 향했다. 20층 높이의 거대한 크루즈선은 브리즈번 강을 따라 천천히 내려갔다. 바다에 다다르니 그때부터 속도를 내기 시작했다. 드디어 크루즈선에 몸을 실었다는 안도감과 함께 마음이 차분해졌다. 가족들과 이리저리 크루즈선 내부를 돌아다녔다. 승객 중에 한국 사람은 우리 가족이 유일한 것 같았다. 영화 극장도 있고 무대가 있는 공연장도 있었다. 몇 개의 상점, 술집들 그리고 카지노는 관광객들을 설레게 하였다. 저녁은 낮에 예약한 드래곤 레이디(Dragon Lady)라는 식당에서 식사를 하였다. 너무 저렴한 가격에 크루즈 여행을 하게 되어 공짜 같은 느낌이 들었다. 식당의 음식은 매우 훌륭하였다. 크루즈선은 어느새 바다 한가운데를 달리고 있었다. 칠흑 같은 어둠은 세상을 덮어 버렸다. 누군가의 소중한 여행에 흥을 돋우려고 직원들은 다양한 행사들을 하였다. 잠자리를 청하니 온몸으로 미세한 진동이 느껴졌다. 내가 크루즈선을 타고 있다는 것을 실감하게 했다.

9월 8일 오늘은 하루 종일 크루즈선에 있어야 한다. 우리의 첫 번째 목적지는 한국의 제주도와 같은 신혼여행지 해밀턴(Hamilton) 섬이다. 해밀턴 섬은 위선데이(Whitsunday) 제도의 섬들 중 하나이다. 세계적 자연유산인 그레이트 배리어 리프(Great Barrier Reef)가

크루즈선의 수영장에서 일광욕을 즐기는 사람들과 푸른 바다

해밀턴(Hamilton) 섬의 해변 모습

있는 곳이다. 아쉽게도 크루즈선은 하루 종일 달려 내일 아침에 섬에 도착한다. 아침을 먹고 오전에 영화 한 편 보고 점심을 먹고 또 영화 한 편을 보고 저녁을 먹고 또 영화 한 편을 보았다. 저녁에는 마술공연도 보았다. 내가 땅위에 있는지 배 안에 있는지 모를 정도로 시간이 빠르게 지나갔다. 일부 바(bar)에서는 가수들이 노래를 하였다. 일부 바에서는 재즈공연이 펼쳐졌다. 아이들은 하루 종일 풀장에서 수영하기 바빴다. 창밖은 그저 망망한 바다밖에 없었다. 지나가는 배조차 보이지 않는 그냥 아무것도 없는 바다이다. 관광객들이 지루해할까 봐 직원들은 연신 다른 옷으로 갈아입으며 행사를 하였다.

관광객 중에는 생각보다 노부부들이 많았다. 그들은 나라를 위해 젊음을 바쳤기에 이제는 당당히 즐겨도 된다고 주장하는 것 같

해밀턴(Hamilton) 섬에서 바라본 바다 위의 크루즈선

았다. 은퇴하고 경로당에 가거나 밭에서 소일거리로 시간을 보내는 부모님을 생각하면 마음이 무겁다. 그것이 행복의 전부라고 믿는 부모님에게 죄송한 마음이 들었다. 끝없는 바다에 나의 모든 걱정과 잡념을 던져버리려고 노력했다. 행복은 새로운 것에 도전할수록 계속 만들어지는 것 같았다.

9월 9일 잠결에 배가 닻을 내리는 소리를 들었다. 아침에 일어나보니 거의 1만 톤에 가까운 닻이 바다에 내려졌다. 구명선은 관광객을 섬으로 실어 나르기 위해 준비하고 있었다. 해밀턴 섬은 작기 때문에 크루즈선이 가까이 갈 수 없었다. 아침을 먹고 바다를 보니 어제 보던 바다 색깔과 너무 달랐다. 말로 형용할 수 없는 에메랄드빛의 청록색 바다였다. 정말 사진 속에서나 보던 상상의 바다가 실제로 내 눈앞에 펼쳐져 있었다. 왜 이곳이 호주에서 신혼여행지로 인기 있는지 알 것 같았다. 천국 속에 또 다른 천국이라고나 할까!

구명선을 타고 섬에 다다르니 두 개의 셔틀버스 노선이 있었다. 우리는 두 노선을 모두 타 보기로 하였다. 해밀턴 섬은 가족에 의해 운영되는 개인 소유의 섬이다. 그러나 근처 섬들 중에서 유일하게 제법 큰 비행장도 있었다. 최근에 한국 사람들도 이곳으로 신혼여행을 온다고 했다. 하나의 셔틀버스는 섬 반대편의 해변으로 가는 것이고 또 다른 하나는 섬을 가로질러 다니는 셔틀버스이다. 반대편의 해변까지는 셔틀버스(A)를 굳이 타지 않아도 걸어서 갈만한 거리였다. 그러나 섬을 가로질러 가는 셔틀버스(B)는 꽤

항상 행복하기만 할 것 같은 해밀턴(Hamilton) 섬 수영장의 사람들(왼쪽 소정)

긴 노선이었다. 먼저 셔틀버스 B를 타고 섬 끝에 있는 전망대로 갔다. 우리가 타고 온 크루즈선이 보였다. 에메랄드빛 호수에 떠 있는 장난감 배와 같았다. 영화 속에서나 보던 상상의 풍경 안에 우리 가족이 들어가 있는 것이다. 전망대를 내려와 우리는 선착장 반대편의 해변으로 갔다. 해변 앞에는 인공 수영장이 있었다. 처음에는 이 수영장을 옆에 있는 호텔의 손님만 이용할 수 있는 줄 알았다. 그러나 나중에 보니 이 섬을 방문한 누구나 수영장을 이용할 수 있었다. 이 섬을 소유한 가족의 따뜻한 배려를 느낄 수 있었다. 아무리 봐도 익숙해지지 않는 호주의 아름다운 풍경이다. 아이들과 실컷 놀다가 오후 1시쯤 다시 구명선을 타고 크루즈선으로 돌아왔다. 이 섬에서의 하룻밤 숙박비는 굉장히 비싸다고 들었다. 그러나 섬에 방문한 관광객들을 위해 셔틀버스를 무료로 운영하며 웬만한 모든 시설도 무료로 이용할 수 있다. 이름 모를 소유자의 넉넉함에 다시 한 번 호주의 매력을 느꼈다. 내일은 우리가 가장 고대하던 케언즈로 가는 날이다. 보이는 대부분의 사람들은 관광객이겠지만 그들의 밝은 표정에 다시 한 번 인생은 살만한 가치가 있다고 생각했다. 세상이 아무리 힘들고 고달파도 천국 같은 곳은 많이 있는 것 같다.

9월 10일 아침 9시 반 크루즈선이 케언즈에 도착하였다. 창밖을 보니 도시 옆으로 온통 맹그로브 숲이 뒤덮여 있었다. 바닥이 진흙이어서인지 바다는 뿌옇게 보였다. 아주 옛날에 사람들이 케언즈에 접근하기 위해 바닷길을 택했나는 것이 이해가 되었다. 지금이야 도로가 생겼지만 예전에는 육로가 험했을 것 같았다. 케언즈의 바다는 산호초로 둘러싸여 있는 깨끗한 바다라고 생각했었다.

케언즈(Cairns)의 인공해변과 케언즈 앞 바다(중간)

케언즈(Cairns)의 진흙 벌과 맹그로브 숲(왼쪽) 그리고 정박하여 있는 크루즈선(오른쪽)

생각보다 바닷물이 탁한 모습이었다. 2시간 이상 배를 타고 나가야 TV에서 보던 그런 깨끗한 바다를 볼 수 있을 것 같았다. 케언즈는 진흙 벌로 둘러싸여 있어서 모래해변이 없다. 바다에는 해파리가 강에는 악어가 있어서 수영하기에는 적합하지 않다. 그러나 시민의 복지를 위해 케언즈 부자들이 낸 기부금과 시의 예산으로 인공해변이 만들어졌다. 크루즈 터미널에서 10분을 걸어가니 인공

해변이 나타났다. 아이들은 오늘도 신나게 물놀이를 하였다. 부자들의 헌신으로 케언즈의 명물이 만들어지고 있었다.

오후 2시에 거리를 걸어 보았다. 열대우림이 거리에 그대로 있어서 생각보다 깨끗하진 않았다. 거리를 걷다가 들어간 한 상점에서 한국인 주인을 만났다. 이런 오지에도 한국 사람이 살고 있다는 것이 새삼 신기하였다. 작지만 세계를 누비는 큰 한국에 대해 소중함을 느꼈다. 날씨는 생각보다 흐렸고 가끔 비도 내려 후텁지근하였다. DFO라는 쇼핑몰이 있어서 무료 셔틀버스를 타고 가보았다. 크루즈 터미널에서 30분 거리에 있었는데 하버타운만 못했다. 그냥 시골의 작은 쇼핑몰 같았다. 그러나 그곳의 작은 초밥 식당에서도 한국인 점원을 만났다. 우물 안 개구리와 같았던 나에게 한국이 이렇게 큰 나라라는 것을 새삼 깨닫게 하였다. 호주의 낯선 시골에서도 동양의 작은 나라 한국의 숨결을 느낄 수 있었다. 그레이트 배리어 리프를 보지 않는 이상 케언즈는 생각보다 흥미롭지 않았다. 일정상 우리는 그레이트 배리어 리프까지 갈 시간이 없었다. 다음에 기회가 된다면 꼭 한 번 가보고 싶다. 살아서도 갈 수 있는 천국처럼 말이다.

오후 3시 우리 가족은 다시 크루즈선으로 돌아왔다. 블루 룸이라는 바에는 2명의 바이올린 연주자와 1명의 기타 연주자 그리고 1명의 클라리넷 연주자가 공연을 하고 있었다. 연주자들은 한 명을 빼고는 모두 60대처럼 보였다. 연령대에도 불구하고 그들은 너무나 활기차고 멋있는 공연을 보여 주었다. 그들이 가족일 것 같다는 추측을 하며 즐겁게 공연을 즐겼다. 특히 60대 남성의 기타 연주는 정말 매력적이었다. 사실 그의 연주가 매력적이라기보다는 저 나이에도 저렇게 열정적일 수 있다는 것이 내 마음을 사로잡았다. 60대가 되면 직장에서 은퇴하여 사회생활로부터 멀어지는 게 한국의 현실이다. 그를 보고 있으니 활기찬 나의 노년을 그려보게 된다. 내일은 브리즈번으로 돌아가는 길에 마지막 목적지인 타운스빌(Townsville)에 들른다.

9월 11일 타운스빌은 케언즈보다 큰 도시로 시내 중심지가 크루즈 터미널에서 한참 떨어져 있었다. 아침을 먹은 사람들이 크루즈선에서 내리기 시작했다. 터미널을 나와 택시 승강장에 가니 지역 여행사가 저렴한 가격에 하루짜리 버스 노선을 만들어 놓았다. 어른은 5달러이고 아이들은 무료로 탑승할 수 있었다. 셔틀버스 A는 시내까지만 사람들을 실어 날랐다. 시내에 도착하면 바닷가를 순회하는 셔틀버스 B로 갈아탈 수 있었다. 타운스빌에 도착하여

타운스빌(Townsville)의 거리와 크루즈선 관광객을 위한 셔틀버스(오른쪽)

타운스빌(Townsville)의 평화로운 해변 모습

어떻게 움직일까 고민하였는데, 크루즈 여행사가 해결해 주었다. 관광객을 위해 크루즈 여행사가 지역 여행사와 연계하여 저렴한 가격에 버스 노선을 운영하는 것이다. 왜 호주가 관광대국인지 실감하였다. 셔틀버스 A를 타고 시내에 들어가니 이미 많은 사람들이 셔틀버스 B를 기다리고 있었다. 셔틀버스 B는 바닷가를 따라가면서 곳곳에 사람들을 내려주었다. 우리는 바닷가 옆 작은 놀이터에 내렸다. 놀이터에서 아이들이 1시간 정도 놀게 하였다. 해변에는 여유롭게 햇살을 즐기는 젊은 연인들이 누워 있었다. 아무 일도 일어날 것 같지 않은 평화로운 풍경이 너무 인상적이었다. 물론 이곳에 사는 사람들도 나름 고충이 있을 것이다. 그러나 겉으로 보이는 모습들은 너무 행복해 보였다. 일단 거리에는 거지나 노숙자들이 보이지 않는다.

12시쯤 시내 중심가로 나와 거리를 걸어보았다. 시내 전체를 볼 수는 없었지만 산업도시라고 들었던 타운스빌이 생각보다 깨끗하였다. 조용하고 평화로운 이곳에서 살아보고 싶다는 생각이 들었다. 래브라도(Labrador)의 차고에서 미용실을 운영하던 한국 아줌마가 생각났다. 그녀는 호주로 여행 왔다가 처음 정착한 곳이 타운스빌이라고 했다. 그녀의 말대로 크지도 작지도 않은 작은 도시가 마음을 편안하게 하는 매력을 갖고 있었다.

오후 1시 셔틀버스 A를 타고 크루즈 터미널로 돌아왔다. 아침에는 없었던 작은 시장이 터미널 안에 생겼다. 지역 특산물과 수공예품을 파는 작은 상점들이 줄지어 있었다. 어디서 왔는지 가수가 노래를 부르며 흥을 돋우고 있었다. 지방정부의 공무원들은 관광객들이 자기 고장에 왔다며 시식용 열대과일을 나눠 주고 있었다. 호주는 즐거움과 흥을 아는 멋지고 넉넉한 나라인 것 같다. 관광객들을 즐겁게 할 수 있는 방법들을 잘 알고 있었다.

점심을 먹고 나니 크루즈선은 서서히 움직이기 시작했다. 타운스빌의 앞 바다는 깊지 않아 크루즈선이 갈 수 있는 바닷길이 숨겨져 있었다. 옆에 작은 배 두 대가 크루즈선의 방향을 바다로 향하게 돌려놓았다. 한국에서 말하는 도선사들인 것 같았다. 바다에는 먼 바다를 향해 작은 막대들이 꽂혀져 있었다. 바닷길을 알려주는 이정표인 것 같았다. 크루즈선의 방향을 돌려준 작은 배들은 바다로 나가는 크루즈선을 따라왔다. 한참동안을 따라온 두 배는 다시 뭍으로 돌아갔다. 그러나 크루즈선 옆에는 여전히 PILOT이라고 쓰여 있는 노란색 배가 계속 붙어 있었다. 아마 이 배가 바닷길을 인도하는 것 같았다. 그러고 보니 주변에 섬들이 많이 보였다. 크루즈선을 운행하려면 지방정부의 도움 없이는 안 되는 것

저마다의 꿈을 싣고 출발하는 크루즈선의 내부모습

같았다. 지방정부와 크루즈 여행사가 서로 협조하여 많은 관광객을 유치하려는 모습들이 나에게 정말 신선하였다. 멋진 톱니바퀴들이 한 치 오차 없이 맞물려 움직이는 것 같았다. 어느덧 해는 저물고 크루즈선은 바다 한가운데를 달리고 있었다. 수많은 인생을 품은 크루즈선이 끝을 향해 달려가고 있다. 다가오는 시간은 설레게 하지만 멀어지는 시간은 공허하게 만든다.

9월 12일 오늘은 하루 종일 크루즈선에 있어야 했다. 내일이면 브리즈번에 도착한다. 아침을 먹고 갑판을 산책하니 일광욕을 즐기는 사람들이 눈에 띄었다. 아이들은 풀장에서 수영을 하겠다고 했다. 아내와 나는 수영장 비치의자에 그냥 누워 있었다. 푸른 바다에 크루즈선이 하얀 점처럼 둥둥 떠 있고 그 점 속에 나도 둥둥 떠 있다. 인생에 너무 의미를 부여할수록 인생이 힘들어지는 것 같다. 지나간 시간들은 그 나름에 의미가 있을 테고 그냥 흘려버리면 될 것이다. 앞으로 다가올 시간들만 좀 더 소중하게 사용하면 될 것 같다.

바다 멀리서 하얀 점이 다가왔다. 설렘을 싣고 가는 또 다른 크루즈선이 뱃고동을 울리며 인사를 했다. 저녁엔 며칠 전 공연한 밴드의 비밀을 알게 되었다. 기타를 연주하던 남자는 가족의 아버지였고, 가수 겸 클라리넷 연주자는 그의 딸이었다. 바이올린 연주자 중 한 명은 그의 아내였다. 가족이 하나의 밴드로 일한다는 것이 매우 신선했다. 나이가 꽤 있어 보이는 부부가 저렇게 열정적으로 공연한다는 것이 믿겨지지 않았다. 말 그대로 한 배를 탄 가족이었다. 누구나 저런 가족이 될 순 없겠지만 저렇게 될 수도 있겠다는 희망의 씨앗을 보았다. 딸은 부모를 걱정하고 부모는 딸을 걱정하였다. 공연에서 실수하지 않으려는 그들의 모습이 너무 좋아 보였다. 나도 나름 인생을 한참 달려왔다고 생각했는데, 연주하는 노부부를 보니 그저 햇병아리 같은 느낌이다. 크루즈선의 직원들은 관광객들이 지루해하지 않도록 매 시간 행사를 진행하고 있었다.

9월 13일 아침 6시 반 모든 짐을 정리하여 객실을 나왔다. 큰 짐은 어제 저녁 객실 밖에 두니 직원들이 가지고 갔다. 1천 명이 넘는 관광객들이 한꺼번에 크루즈선에서 내릴 때의 혼잡을 막기 위해 직원들은 미리 큰 가방을 전날 회수해서 다음날 터미널에 내려놓는 것이다. 크루즈선에서 마지막 아침을 먹고 8시쯤 크루즈선과 아쉬운 작별을 하였다. "한국으로 돌아가면 언제쯤 다시 크루즈 여행을 할 수 있을까?" 아쉬운 질문만 머릿속에 맴돌았다. 주차장으로 가서 얼른 자동차의 시동을 걸어 보았다. 오래된 중고차를 타고 다니다 보니 늘 길에서 서지 않을까 걱정이었다. 다행히 자동차는 우렁차게 시동이 걸렸다.

이른 아침이라 바로 골드코스트에 가지 않고 마운틴 쿠사(Mount Coot-Tha)에 들르기로 하였다. 이른 아침이라 전망대의 주차장은 텅텅 비어 있었다. 그러나 이것도 잠시고 많은 관광객들을 실은 자동차들이 순식간에 전망대를 메웠다. 멀리 브리즈번 시내가 보였다. 푸른 평원 위로 뾰족한 건물들의 스카이라인은 정규분포곡선을 그리듯 양쪽으로 뻗어 있었다. 전망대 옆 게시판에는 브리즈번이 불과 1800년대 후반부터 개발되었다고 쓰여 있다. 그 짧은 역사에 이렇게 큰 도시가 만들어졌다는 것이 신기하였다. 개발되

마운틴 쿠사(Mount Coot-Tha)에서 바라본 브리즈번 중심지(왼쪽)와 브리즈번 강(오른쪽)

기 전의 브리즈번 모습을 보니 정말 열대우림 정글이었다. 배를 타고 지형을 살피러 온 초기 정착민들이 브리즈번 강을 거슬러 올라와 살게 된 것이 브리즈번의 시초이다. 역사는 짧지만 멀리 보이는 브리즈번은 열대우림과 조화롭게 발전하고 있었다. 호주 초창기에 많은 일본 자본들이 들어와 호주 발전에 한몫을 했다. 그래서인지 유독 일본 관광객들이 눈에 많이 띄었다. 그들은 그들의 부모 더 멀리 그들의 조상 발자취를 쫓아 호주 땅을 밟는 것 같았다.

가족 중에 아무도 아픈 사람이 없어서 다행이었다. 멈춰버렸으면 했던 행복한 시간들은 덧없이 흘러갔다. 미래가 아닌 현재에서 행복을 찾으려는 호주 사람들의 여유로움이 다시 한 번 부러워졌다. 행복한 추억을 가슴에 품고 다시 미래로 뛰어야 할 것 같다. 스쳐지나가는 수많은 인생들 사이에서 나도 그들처럼 살고 있다는 안도의 한숨을 쉬었다. 어떤 인생이 맞고 틀린지는 정해진 시간 속에 의미 없는 고민이다. 그저 내 인생에 내가 행복해질 수 있는 많은 것들을 채우며 살면 그뿐이다. 난생 처음의 크루즈 여행은 그렇게 내 인생의 또 다른 행복이 되어 다시 뛸 원동력이 되었다.

6. 래브라도의 미용사 아줌마

호주에 온 지 한 달이 될 무렵이었다. 어디서 머리를 깎아야 할지 고민이었다. 오스트레일리아 페어 쇼핑몰을 둘러보다가 10달러짜리 이발소를 발견하였다. 중국 사람으로 보이는 아줌마가 주인인 것 같았다. 호주는 인건비가 워낙 비싸서 괜찮은 미용실에서 머리를 자르려면 최소 20달러 이상은 줘야 했다. 미용실에는 생각보다 많은 미용사가 있었다. 동양인이 운영하므로 왠지 모르게 마음이 끌렸다. 자리에 앉자마자 젊은 여자 미용사가 다가왔다. 길이가 다른 세 종류의 헤어 커트기 날을 보여주면서 하나를 고르라고 했다. 헤어 커트기 날은 고객이 원하는 머리 길이에 따라 다르게 사용되는 것 같았다. 나는 중간 길이의 날을 선택하였다. '씩' 웃으며 누런 이를 보이던 미용사는 헤어 커트기를 내 머리에 갖다 댔다. 그녀는 내 머리카락을 한참 자르더니 계속 거울을 보며 고

래브라도 미용사 아줌마가 처음 정착했던 타운스빌(Townsville)의 전경

개를 갸우뚱하였다. 내 머리의 양쪽 대칭이 잘 맞지 않았는지 이번에는 가위를 꺼내 들었다. 그녀는 거울을 보더니 한쪽 머리를 한 움큼 잘라 내었다. 거울을 보는 내내 난 매우 불안하였다. 미용사는 영어가 능숙하지 않았고 나 역시 내가 원하는 머리 스타일을 섬세하게 설명하지 못했다. 시간이 흐를수록 나의 머리는 점점 더 짧아지기만 하였다. 웃고 있는 미용사에게 화를 낼 수도 없었다. 더는 안 될 것 같아 미용사에게 머리모양이 마음에 든다고 얘기하였다. 아내와 아이들은 미용실을 나오는 나를 보며 배꼽을 잡고 웃었다. 한국에서도 머리를 짧게 깎지 않았는데 호주에서 밤톨머리로 돌아다니게 되었다. 다행히도 호주에서 나를 알아보는 사람이 없다는 사실이 나에게 큰 위안으로 다가왔다.

며칠 후, 베노와의 한 차고세일에 물건을 사러 갔다가 이 사실을 한국인 아주머니에게 말씀드렸다. 그녀는 본인이 알고 있는 미용사의 전화번호를 알려주었다. 알려준 미용사는 래브라도에 있는 본인의 집에서 차고를 개조하여 미용실을 운영하고 있었다. 래브라도 지역은 예전에 마약하는 사람들이 많았고 총싸움도 잦았다고 해서 살짝 소름이 돋았다. 난 무심히 건네받은 전화번호를 스마트폰에 저장하였다.

4월 20일 한국인 아주머니가 알려준 전화번호로 전화를 걸었다. 미용실은 우리 집에서 멀지 않았다. 까무잡잡한 피부에 40대 초반으로 보이는 아줌마였다. 그렇게 해서 나의 머리는 한국에 돌아가기 전까지 열 한 번을 그녀한테서 깎았다. 그녀의 집 앞에 도착하여 전화를 하니 하얀색 차고 문이 열리면서 하얀색 강아지 한 마

래브라도 미용실에서 럭키에게 먹이를 주는 소정과 서진

리가 달려 나왔다. 차고 뒤에는 작은 정원이 있었다. 그녀는 내 머리를 깎는 동안 소정이와 서진이가 심심해할까 봐 강아지 밥을 손에 쥐어 주었다. 아이들은 작은 정원에서 강아지와 뛰어 놀았다. 강아지 이름은 '럭키'인데 한국 사람들이 자주 와서 그런지 우리를 전혀 두려워하지 않았다. 미용사 아줌마는 10년 전 미용기술로 호주에 이민을 왔다. 그녀는 한국에 있을 때 강남의 큰 미용실에서 일을 했었다. 미용사를 천대하는 한국의 직업문화와 열악한 근로조건에 실망했던 것 같았다. 특히 미용업계는 여자들이 많기 때문에 여자들 간의 불편한 감정싸움에 많이 지쳐 있었던 것 같았다. 이민초기에는 북부지방의 작은 도시, 타운스빌에서 살았다. 이후, 시드니와 멜버른 등을 거쳐 골드코스트에 정착하게 되었다. 그녀는 영주권을 따는 데 몰두하다 보니 결혼시기를 놓친 것 같았다.

미용실로부터 얻은 수입과 집을 임대하고 얻은 수입으로 생활을 유지하고 있었다. 집으로 돌아올 때 그녀가 정원에 들어가더니 고추와 가지를 따서 아내에게 안겨 주었다. 그녀는 한국 사람이지만 일반적인 한국 사람의 길을 걸어오지 않았다. 선택할 수 있는 인생의 갈림길은 수만 가지가 있으며 그녀의 인생은 그중의 하나일 뿐이라고 생각했다.

예약하기 위해 전화를 걸면 그녀는 가끔씩 여행 때문에 집을 비우곤 하였다. 누구랑 갔다 왔냐고 물어보면 스리랑카, 인도, 말레시아의 친구들과 갔다 왔다고 했다. 그녀는 자유로운 호주 생활이 너무 만족스럽다고 했다. 더 정확하게 말하면 남의 인생에 간섭하지 않는 호주 문화가 좋은 것이다. 가끔씩 부모님 때문에 속상하다고 했다. 부모님은 결혼을 하지 않은 딸이 걱정되어 아직도 결혼 재촉을 하신다고 했다. 혼자 사는 딸이 외로울까 봐 걱정하는 부모의 마음을 왜 모르겠는가?

부모의 마음도 이해되고 본인의 인생을 살겠다는 그녀의 마음도 이해된다. 그녀는 혼자 살아도 상관없고 결혼했다가 이혼을 해도 상관없고 심지어 동성끼리 살아도 누구하나 손가락질하지 않는 호주가 너무 좋다고 했다.

비거라 워터스 초등학교에서 만난 소정이 친구 엄마가 생각났다. 자기는 시드니에서 살다가 이혼하고 작년에 골드코스트로 이사 왔다고 했다. 그녀는 이혼에 대해 처음 보는 사람에게도 서슴없이 얘기했다. 이혼한 것에 대해 당당하다고 말했다. 다시 인생을 시작하면 그만이라고 웃으며 얘기한 그녀에게서 호주의 진정한 자유를 느꼈다. 다른 사람들이 정해 놓은 기준과 시선에서 자유롭지 못했던 내가 몽둥이로 뒤통수를 맞은 것 같았다. 말하는 자보다 듣는 자가 더 민망한 경험이었다. 다른 사람의 인생을 평가할 수 있는 기준은 세상 어디에도 없다는 것을 깨닫는다.

1월 7일 안 올 것 같았던 2019년의 1월이 왔다. 호주에서 머물 수 있는 시간이 정말 얼마 남지 않았다. 오전에 아파트 매니저에게 아파트를 재계약하지 않겠다고 말했다. 새로 온 아파트 매니저는 40대 초반의 뚱뚱한 혼혈 아줌마이다. 나와 같이 두 딸이 있었다. 그래서일까? 우리 가족이 외출할 때마다 아이들을 보며 'lovely'라고 말하곤 했다. 우리 가족이 한국으로 돌아가야 해서 더 이상 호주에 머물 수 없다고 얘기하였다. 매니저는 자기가 남아프리카공화국(Republic of South Africa) 출신이며 남편은 짐바브웨(Zimbabwe) 출신이라고 하였다. 겉으로 보기에는 모두 호주 사람인 것 같지만 생각보다 많은 사람들이 이민자이다. 그녀는 우리가 영주권을 얻지 못해 돌아가는 거라고 생각하며 떠나는 우리를 안타까워했다. 대부분의 호주 사람들은 영주권을 얻는 데 실패하여 자기 나라로 돌아가는 사람들을 안타까워했다. 남아프리카공화국은 아파르트헤이트(Apartheid)라는 인종차별정책으로 최근까지 몸살을 앓아 왔다. 1815년부터 영국의 식민지였던 남아프리카공화국은 1948년 국민당이 들어서면서 인종을 아프리카 흑인(Bantu), 혼혈 인종 그리고 백인으로 구분하였다. 그리고 전체 국민의 16%에 불과한 백인이 다른 유색인종에 대해 특권을 갖도록 하였다. 1994년 아프리카민족회의(ANC) 의장이던 넬슨 만델라가 대통령이 되면서 인종차별정책은 끝이 났다. 짐바브웨 역시 남아프리카공화국과 비슷한 길을 걸어왔다. 짐바브웨는 1923년 영국의 식민지가 되었다. 영국계 백인들은 아프리카 흑인들을 인종차별하였다. 1980년이 돼서야 짐바브웨는 영국으로부터 독립하였다. 아파트 매니저는 혼혈 인종에 해당하는 것 같았다. 왜 호주로 이민을 왔냐고 물어보지 않아도 그녀의 슬픈 두 눈에서 그 이유를 알 수 있었다.

학교에 가서 린지 조교에게 연구실 열쇠와 필요한 서류를 제출하였다. 집에 오는 길에 래브라도에 들러 마지막으로 머리를 깎았다. 아줌마에게 이제는 머리를 깎으러 오지 못한다고 했다. 사실대로 얘기를 하니 우리 가족이 한국으로 돌아가는 것을 안타까워했다. 그녀는 불현듯 찾아온 만남과 기약 없는 이별에 익숙할 것 같은데도 우리 가족이 잊힐까 두려워했다. 외롭고 낯선 땅에서 스치는 인연조차 한 가닥의 거미줄처럼 그녀의 삶을 지탱하고 있었다. 놓아주어야 할 인연의 그리움과 새로 만나야 할 인연에 대한 불안감의 교차는 그녀를 잠시 힘들게 할 것 같았다. 어떠한 편견도 그녀를 속박할 수 없는 호주에서 그녀는 또 새로운 인연을 기다릴 것이다. 우리 가족에게 그랬던 것처럼 그녀는 또 새로운 인연에게 따뜻한 손을 내밀 것이다. 그렇게 인생과 인생이 교차하며 인생은 흘러갈 것이다. 흘러가는 시간으로 엮이는 잊히는 인생과 다가오는 인생은 어느 인생도 정답이 없다고 말한다.

7. 인생의 풍요는 사람에서 온다

처형 가족이 호주에 놀러 왔다. 처형은 아내보다 2살 많지만 형님은 나보다 1살 더 많아 친구나 다름없다. 결혼할 때 남이었던 사람들이 지금은 떨어질 수 없는 내 인생의 일부가 되었다. 한국에 있을 때는 매주 만나 음식도 해먹고 놀러 다니면서 행복한 시간들을 보냈었다. 누가 뭐라고 해도 항상 내 편이 되어 주었던 사람들이다. 낯선 곳에 있으니 그들의 빈자리가 더 커보였다. 두터웠던 신뢰는 그들을 호주까지 끌어당겼다.

8월 5일 아침 9시 50분 처형 가족을 데우기 위해 골드코스트 공항으로 갔다. 6개월 만에 보는 모습들이라 반갑기만 했다. 그러나 형님 아버지가 얼마 전에 돌아가셨는데 찾아뵙지도 못해 형님에겐 미안했다. 승훈이와 지민이는 6개월 사이에 더 자란 것 같았다. 승훈이는 이제 나보다 키가 더 큰 것 같았다. 남자아이들이라 그런지 탈 때 자동차가 요동쳤다. 처형 가족을 태우고 한 시간을 달려 집으로 돌아왔다. 처형 가족에게 샤워를 하게 하고 오기로 한 승우를 기다렸다. 처형 가족은 자동차가 없기 때문에 승우에게 이동을 부탁하였다.

점심에 아껴두었던 삼겹살 세 봉지가 순식간에 사라졌다. 점심을 마치고 가족들은 승우 차와 내 차에 나눠 타고 힌즈(Hinze) 댐으로 향했다. 힌즈 댐 옆에는 작은 정원과 카페가 있다. 탁 트인 호수 전경과 댐 위의 1km 남짓 산책로는 기분을 상쾌하게 하였

힌즈(Hinze) 댐의 전경

다. 이 댐은 전기발전용이 아니라 오로지 식수 공급용으로 만들어졌다. 산 속에는 어떠한 시설물도 허용되지 않아 호수의 물을 그냥 마셔도 될 것 같았다. 산책 후 돌아오는 길에 카메라 가방을 잃어버렸다는 사실을 알게 되었다. 카메라 가방을 찾으러 다시 돌아가기에는 산책로가 너무 길었다. 찾는 것을 포기하고 산책로 입구로 나오는데 입구의 기둥 위에 카메라 가방을 발견하였다. 누군가가 카메라 가방을 찾으러 다시 돌아갈 나를 위해 카메라 가방을 주워 입구에 갖다 놓은 것이다. 얼굴도 모르는 호주 사람의 배려에 진한 감동을 느꼈다. 그들은 아무런 이해가 없어도 다른 사람이 겪게 될 고통을 공감할 수 있는 가슴을 가졌다. 따뜻한 가슴을 가진 그 사람을 만나고 싶었지만 영원히 만날 수 없을 것 같다. 승우는 브리즈번으로 돌아갔다. 우리 가족은 처형 가족과 일주일을 같이 지내야 했다. 더운 지역이라 그런지 호주 아파트의 벽은 얇은 나무판으로 되어 있다. 이렇게 얇은 벽에도 불구하고 밤에는 층간 소음이 전혀 없다. 콘크리트 벽으로 만들어진 한국의 아파트에서는 매일 층간 소음으로 싸운다. 다른 사람들에 대한 호주 사람들의 배려가 정말 크게 느껴진다. 아이들이 조용히 지내야 될 텐데 걱정이다.

"승훈아! 요즘 주말에 뭐하며 지내냐?" 물었다. "이모네 가족이 호주로 가고 나서 아빠와 엄마는 그냥 집에 있어요"라고 대답했다. 한국에서 느끼지 못했던 우리 가족의 빈자리가 생각보다 컸던 것 같았다.

8월 6일 처형 가족이 오면 같이 타려고 6개월 동안 참았던 수륙

수륙양용차 탑승을 기다리고 있는 모습(왼쪽부터 서진, 나, 소정, 지민, 승훈)

양용차를 타게 되었다. 수륙양용차는 서퍼스 파라다이스를 따라 올라가 씨월드 뒤쪽 바다로 들어갔다. 운전기사는 강 옆으로 줄지어 서있는 집들을 설명해 주었다. 이곳은 유명한 장군의 집이고, 저 집은 영화배우 성룡의 별장이라며 설명을 하였다. 운전기사는 바다 위로 떠가는 수륙양용차의 운전대를 아이들에게 맡겼다. 아

수륙양용차를 운전하는 서진(왼쪽)과 소정(오른쪽) 그리고 여유로운 표정의 운전사 아저씨

에반데일(Evandale) 공원에서 바라본 서퍼스 파라다이스(Surfers Paradise)

이들이 운전대를 잡을 때마다 부모들은 사진 찍기 바빴다. 다시 서퍼스 파라다이스로 돌아온 우리는 해변을 걸으며 호주 생활의 아쉬움들을 달랬다. 우리 아파트가 오랜만에 북적거려 사람 사는 집 같았다. 가까이 있을 땐 몰랐던 가족의 소중함이 멀리 있을 때 비로소 눈에 들어온다. 6개월 동안 호주 생활에 취해 있던 나는 한국에 두고 온 소중한 것들이 많다는 것을 깨닫게 되었다.

8월 7일 처형 가족과 무비월드에 갔다. 아내와 처형은 점심으로 김밥을 준비하였다. 나는 가족들을 무비월드로 나르기 위해 두 번 왔다 갔다 하였다. 첫 번째 팀을 무비월드에 내려놓고 나머지 가족들을 데우기 위해 다시 집으로 왔다. 자동차를 차고에 넣지 않고 길옆에 잠깐 주차하였다. 나머지 가족들을 데리고 자동차로 왔다. 그런데 윈도우 브러시에 작은 종이가 바람에 팔락거리고 있었다. 주차딱지이다. 내가 자동차를 주차한 곳은 주차할 수 있는 곳이다. 그러나 내가 자동차를 길의 주행방향과 반대로 주차했다는 이유로 주차위반 딱지가 발부된 것이다. 과태료가 100달러이다. 이 돈이면 그동안 참았던 맛있는 것들을 많이 사먹을 수 있었다. 화가 난다. 처음에는 내가 무엇을 잘못했는지 알아차리기 힘들었다. 한국에서는 아무런 문제가 되지 않는 일들이 호주에서는 문제가

처형과 아내가 같이 싼 김밥

된다. 교통안전을 위한 벌칙이라는 것을 이해하면서도 여전히 화가 가라앉지 않았다. 시무룩한 나의 얼굴을 가족들에게 숨길 수 없었다. 무비월드에 모두 입장한 후 나는 그냥 가운데 광장에 앉아 있기로 하였다. 그러나 놀이공원에서 즐거워하는 처형 가족을 보며 안도의 위로를 받았다. 똑같은 주차에 대해서도 어떤 나라는

무비월드(Movie World)의 배트맨(위쪽)과 조커(아래쪽)

이 일하는 호주 사람을 데려왔다고 했다. 실제로 자동차를 살 사람은 여성분이었다. 명의이전을 마치고 물어보니 그녀는 30대 초반에 학생신분으로 호주에 왔다. 영주권을 얻으려고 노력하다가 어느새 40대 초반이 되었다고 했다. 여전히 그녀는 영주권을 얻지 못했다. 호주 생활에 익숙해져 한국으로 돌아갈 자신이 없다고 했다. 자동차가 필요하여 평상시 의지했던 60대 남성분에게 자동차 구입을 부탁했던 것이다. 이제는 자동차가 없어서 60대 남성분에게 집까지 태워 달라고 부탁했다. 그분은 목수 일을 하시는데 호주에서 재혼을 하셨다. 전 세계의 많은 곳에서 살아봤지만 본인은 호주가 가장 살기 좋은 곳 같다고 했다. 그래서 늦은 나이지만 행복을 찾아 왔다고 했다.

어떤 이는 태어난 곳에서 죽을 때까지 살아가지만 어떤 이는 세상의 많은 곳에서 살아본다. 세상이 얼마나 큰지 알 수 있는 자는 세상을 많이 다녀본 자만이 알 것이다. 그들은 정해진 길을 걸어야만 잘 산 인생이라고 자부했던 나에게 새로운 방식의 삶을 보여주었다. 정해진 길옆은 낭떠러지가 아니라 새로운 곳으로 향하는 또 다른 길이라는 것을 알려 주었다. 이 세상 끝에 낭떠러지가 있다고 믿는 사람들은 생전에 세상의 끝에 가보지 못할 것이다. 우리는 보지도 않은 낭떠러지가 두려워 늘 정해진 길로만 다니다 세상을 등질 수 있다. 두려운 상상은 다른 생각들이 틀리다고 부정하는 어리석음의 굴레에 우리를 빠뜨릴 것이다. 자기가 본 것만 들은 것만 세상의 전부라고 믿는 사람들은 그들의 좁은 기준으로 세상을 평가한다. 우리가 그토록 믿었던 신념들이 때론 잘못된 것일 수도 있다. 그래서 인생은 정해진 것이 아무것도 없는 것 같다.

두려움은 또 다른 행복의 시작일 수 있다는 것을 가슴속에 품어 본다.

오래된 자동차라 팔지 못할 줄 알았는데 친절한 정비사 부부 덕분에 행복하게 마무리되었다. 언제나 은인은 가까이에 있는 것 같다.

자동차를 사간 그녀는 돌아갈 수 없는 강을 건넌 것일까? 그녀의 인생이 위태롭지 않고 슬퍼지지 않도록 기도를 하였다. 그녀의 손에 50달러 할인권을 쥐어주며 정비사 부부의 따뜻함도 함께 전했다. 그녀의 자동차가 아플 때마다 정비사 부부가 잘 낫게 해줄 거라는 믿음 속에서 마음을 놓기로 하였다.

Part V

끝은 언제나 희망을 품은 아쉬움

1. 타들어가는 안타까운 아름다움

사막이 대부분이라던 호주도 골드코스트에만 있으면 항상 푸르기만 하다. 아이들의 세 번째 방학을 집에서만 보낼 수 없어서 새로운 곳에 가보기로 했다. 호주에 온 지 8개월이 지났지만 아직도 탬버린 산 뒤로 넘어가 본 적은 없었다. 구글 맵을 찾아보니 내륙 안쪽에 무게라(Moogerah) 호수가 있다는 것을 알게 되었다. 호주의 호수는 어떤 모습일지 나의 호기심이 발동하였다.

10월 3일 9시 반 가족을 태워 길을 나섰다. 탬버린 산 뒤쪽의 카눈그라(Canungra) 마을을 지나 1시간 정도 더 달리니 보더서트(Beaudesert)라는 작은 마을이 나타났다. 마을은 매우 작고 주요 거

보더서트(Beaudesert)의 놀이터 모습

리에도 볼 것이 별로 없었다. 아이들은 마을 어귀에 있는 놀이터에서 놀고 싶다고 하였다. 놀이터에는 동양인이 한 명도 보이지 않았다. 호주 아이들은 우리 아이들이 신기한지 몰려들었다. 가지고 온 과자를 아이들에게 나눠주었다. 생각보다 놀이터에는 백인이 많이 보이지 않았다. 이곳은 척박한 땅이라 아마 이민자들이 많이 사는 것 같았다.

마을을 떠나 40분을 더 달려가니 부나(Boonah)라는 마을이 나타났다. 부나는 보더서트보다 더 작은 마을이었다. 정말 너무 작아서 주요 거리의 뒤쪽에는 아무것도 없는 들판이었다. 마치 미국 서부개척시대 때의 작은 마을을 보는 것 같았다. 이곳에서 구글맵이 추천하는 Sandie Lee's Kitchen에서 점심을 먹었다. 가격에 비해 상당히 많은 감자 칩과 샐러드가 나와 놀랐다. 왜 이 식당의 평가점수가 높은지 알 수 있었다. 어쩌면 호주의 시골인심이 담겨져 있는지도 모르겠다. 우리의 목적지인 무게라 호수는 부나에서

부나(Boonah)로 가는 길

부나(Boonah) 중심거리의 상점들 모습(오른쪽 Sandie Lee's Kitchen)

부나(Boonah)에서 먹은 샌드위치

30분을 더 들어가야 했다. 평평한 들판을 한참 달려가니 무게라 호수가 나타났다. 무게라 호수에는 몇몇 사람들이 수영을 즐기고 있었다. 큰 산 밑으로 호수는 넓게 펼쳐져 있었다. 바다 멀리 사는

무게라(Moogerah) 호수의 전경

이곳 사람들에게는 호수가 큰 위안이 되는 것 같았다. 그러나 호수의 물은 호주의 푸른 바다색과 달리 탁하기만 했다. 아마 호수 바닥이 진흙인 것 같았다. 호주의 에메랄드빛 바다를 생각하며 달려왔던 나에게 호수는 실망감을 안겨주었다.

벌써 오후 2시가 되었다. 돌아갈 거리를 생각하면 지금 골드코스트로 떠나야 했다. 돌아가는 길에 시골 도서관의 모습이 궁금하여 부나 도서관에 들렀다. 도서관에는 자원봉사하고 계신 할머니 한 분이 계셨다. 할머니는 이맘때만 되면 이곳은 온통 녹색으로 뒤덮였었는데 올해는 온통 노란색뿐이라며 걱정하셨다. TV를 통해서도 계속 봐왔지만 호주의 가뭄이 얼마나 심각한지 알 수 있었다. 그러고 보니 부나로 오는 길에 들판은 노랗게 타들어갔고 주변 산들은 모두 노란 민둥산이었다. 골드코스트 바다에서 직선으로 1시간만 들어와도 온통 노란색뿐인 것이다. 부나를 떠나 보더 서트를 지나고 카눈그라를 거치면서 호주는 다시 녹색으로 돌아왔다. 탁하고 보잘것없어 보이는 무게라 호수가 내륙의 사람들에게는 피와 같을 것이다. 가뭄으로 속이 타들어가는 농민들을 생각하면 무게라 호수의 경치에 실망했던 내 자신이 부끄러워졌다.

옛날에 호주 대륙은 푸른 숲으로 뒤덮였었다고 한다. 지금도 사막 한가운데에서는 공룡의 뼈가 심심치 않게 발견된다고 했다. 호주 대륙이 점점 사막화되면서 지금은 바닷가 근처에만 사람들이 살고 있는 것이다. 옛날에 쿡 선장은 호주를 둘러보고는 사람이 살기 어려운 땅이라고 말했다. 드넓은 호주 대륙에도 사람이 살기 적합한 땅은 많지 않은 것이다. 그래서 호주의 집값이 비싼 것 같다. 타들어가는 호주를 보면서 아름다운 호주를 다시 못 볼까 봐 걱정이 앞선다. 타들어가는 호주의 속살은 마음을 아프게 하였다.

호주에 살고 있는 그리운 사람들이 모두 잘 지냈으면 좋겠다. 우리 가족에게 행복한 추억을 안겨준 호주가 계속 아름다웠으면 좋겠다.

2. 무섭게 성장하는 이웃

가깝지만 먼 나라 중국의 성장이 무섭기만 하다. 역사적으로나 지정학적으로나 한국과 떼려야 뗄 수 없는 중국의 비상(飛翔)이 내 마음을 무겁게 한다. 도서관에 가도 쇼핑몰에 가도 보이는 대부분의 동양인은 중국인이다. 이렇게 많은 중국 사람들이 호주의 경제를 지탱하고 있다. 더 나아가 중국이 우수한 인재육성에도 관심이 많다는 것에 놀랍기만 했다.

10월 20일 아이들에게 브리즈번의 퀸즐랜드 대학을 보여주고 싶었다. 퀸즐랜드 대학은 세계 100위 안에 드는 명문대학으로 100년의 역사를 자랑한다. 아이들의 늦잠을 깨워 브리즈번의 퀸즐랜

퀸즐랜드 대학(The University of Queensland) 전경

퀸즐랜드 대학교의 학생들이 나무 밑에서 공부하는 모습(가운데 소정)

드 대학으로 갔다. 오랜 역사에 걸맞게 대학의 중심에는 오래된 둥근 건물이 있었고 그 건물을 중심으로 현대식 건물들이 둘러싸고 있었다. 점심시간이 되어 학교식당에 가니 학생들도 많았지만 중국인으로 보이는 사람들이 유난히 많았다. 학교 앞에 세워진 관광버스에서 내린 걸 보면 관광객인 것 같았다. 아마 이 대학이 관광코스 중에 하나로 포함된 것 같았다. 관광객의 구성을 보면 대부분 어른과 함께 청소년들이 많이 보였다. 부모가 자녀를 이 대학에 보내기 위해 미리 방문한 것 같았다. 한국의 부모들 못지않게 중국의 부모들도 자식에 대한 교육열이 대단한 것 같다. 그래서 그런지 주변에 보이는 동양인 대학생들은 거의 중국말을 쓰고 있었다. 중국의 경제성장도 무섭지만 이러한 우수인재들이 세계 곳곳에서 중국을 지원할 거라 생각하니 중국이 더 두렵게 느껴졌다.

점심식사 후, 대학을 끼고 있는 브리즈번 강 위의 다리를 산책하였다. 다리 밑으로 분주히 움직이는 많은 페리들은 시내에서 학교로 대학생들을 나르고 있었다. 이렇게 많은 우수인재들 사이에 한국 학생들도 많이 있었으면 하는 바람이었다. 아이들은 그저 작은 연못에서 빵조각을 받아먹는 자라에만 관심을 보였다.

도서관에서 근무하는 보영 씨 남편의 말이 생각났다. 보영 씨 남편은 호주에 살다보면 한국과 중국의 민족성 차이가 보인다고 했다. 한국 사람이 운영하는 식당이 장사가 잘 되면 그 옆에 더 낮은 가격으로 음식을 파는 한국 식당이 생긴다고 했다. 두 식당이 모두 장사가 잘 되면 그 옆에 더 낮은 가격으로 음식을 파는 한국 식당이 생긴다고 했다. 결국 모든 한국 식당이 망할 때까지 한국 사람들은 자기들끼리 가격경쟁만 한다고 했다. 반면에 중국 사람이 운영하는 식당이 장사가 잘 되면 주인은 그 옆에 새로운 식당

브리즈번 강에 있는 퀸즐랜드 대학 페리 선착장

이 들어올 수 있도록 도와준다고 했다. 그렇게 식당이 늘어나면 자연스럽게 사람들은 그 식당가로 몰려든다고 했다. 또한 중국 사람들은 아무리 좋은 식당이 있어도 근처에 중국 식당이 있으면 그곳에 가서 먼저 음식을 팔아준 다음에 본인이 원하는 식당으로 간다고 했다. 난 이러한 민족성의 차이가 극단적인 사례일 뿐이라며 스스로를 위로했다. 그러나 이러한 중국의 민족성이 전 세계의 차이나타운이 번성할 수 있었던 원동력이 아니었을까 생각해 본다. 살아남기 위한 방식은 서로 다르겠지만 경쟁보다 협동이 더 좋은 방식일 수 있다는 걸 깨닫는다. 이것이 아마 열심히 사는 인생보다 더불어 사는 인생이 더 행복한 이유일 것이다.

대한민국은 외환위기의 어려움을 집에 있는 금을 십시일반(十匙一飯)으로 모아 극복했던 나라이다. 대한민국의 잠재된 저력을 폄하하고 싶지는 않다. 그러나 대한민국이 한 단계 더 성장하기 위해서는 변화가 필요한 시기라고 생각된다. 최근에는 미국과 중국의 무역전쟁으로 한국경제가 멍들고 있다. 겨울만 되면 중국에서 넘어오는 미세먼지로 모든 국민이 고통을 받고 있다. 어쩔 수 없이 공생해야 하는 중국이 불편해지는 이유이다. 그러나 호주에서 빠르게 성장하고 있는 중국의 영향력을 보면 중국이 두려운 건 어쩔 수 없었다. 막연히 중국을 싫어하기보다는 그들로부터 배워야 할 것은 없는지 살펴볼 필요가 있다.

3. 천국에 살고 있는 아이들

11월 10일 우리 가족은 서진이의 친구 야스민네 집에 간다. 며칠 전 서진이는 야스민으로부터 생일초대를 받았다. 무슨 선물을 사 가야 할지 고민이었다. 주변 분들은 편안하게 준비하면 된다고 말씀하셨다. 야스민은 서진이가 학교에서 처음으로 사귄 친구였다. 그녀는 까무잡잡한 피부에 동양인과는 다른 외모를 갖고 있었다. 야스민의 엄마는 인도네시아 사람이다. 정 선생님은 인도네시아 사람들도 호주에 많이 산다고 했다. 인도네시아는 1956년이 돼서야 비로소 네덜란드로부터 독립하였다. 자원이 풍부한 나라이긴 하지만 높은 빈곤율과 열악한 기반시설로 인해 호주를 동경하는 사람들이 많다고 했다.

아이들을 데리러 학교에 갈 때마다 야스민 엄마는 나에게 영주

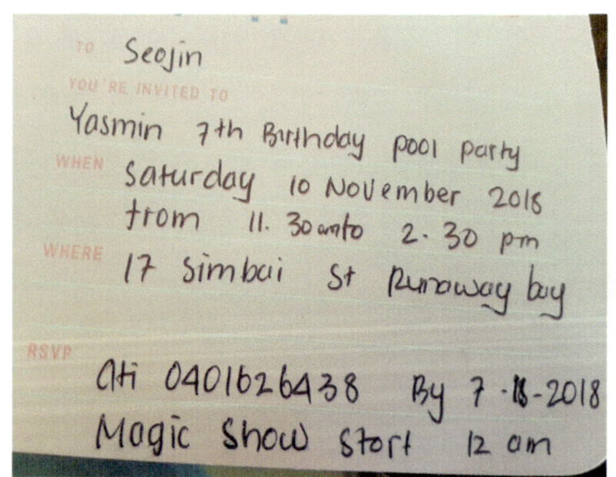

TO Seojin
YOU'RE INVITED TO Yasmin 7th Birthday pool party
WHEN Saturday 10 November 2018
from 11.30 am to 2.30 pm
WHERE 17 Simbai St Runaway bay
RSVP Ati 0401626438 By 7-11-2018
Magic Show start 12 am

야스민이 서진이에게 보낸 초대장

서진이와 야스민

권이 언제 나오는지 물었다. 그녀에게 영주권은 생명과도 같은 중요한 존재인 것 같았다. 피부는 검고 몸집은 왜소하여 인도네시아 사람들은 대체로 작다고 생각했다. 야스민은 가끔씩 아빠에 대한 얘기를 하였다. 아빠는 태권도를 가르치는 체육관 사범이라고 했다. 언젠가는 야스민이 태권도 대회에 참가하기 위해 애들레이드(Adelaide)에 갔다 와야 한다고 했다. 우리가 한국에서 왔다는 사실만으로 태권도는 서진이가 야스민을 끌어당길 수 있는 끈이 되었다. 학교에서는 항상 야스민 엄마만 봐서 야스민 아빠가 궁금하긴 했었다.

호주 아이들의 생일파티가 어떻게 진행되는지도 궁금했다. 또한, 호주 사람들이 어떻게 사는지도 궁금했다. 오전 11시쯤 우리 집에서 20분 거리에 있는 야스민 집에 도착하였다. 야스민 집 앞에는 풍선들이 붙어 있어서 쉽게 찾을 수 있었다. 야스민 집은 하우스인데 대문을 지나 뒤쪽으로 가면 워터프런트 집임을 알 수 있다. 길에서 보면 평범한 집 같지만 뒤로 돌아가면 바다와 이어진 수로와 접해 있다. 집 앞에는 작은 보트가 정박되어 있었다. 집 안으로 들어서니 거실의 테이블 위에는 뷔페식으로 음식들이 놓여 있었다. 물어보니 모두 인도네시아 음식이라고 했다. 처음 먹어보는 인도네시아 음식은 흥미로웠다. 더운 나라의 음식이라 그런지 대부분의 음식이 튀긴 음식들이었다. 만두 같은 것도 있고 빈대떡 같은 것도 있었다. 거실 한쪽에는 이미 많은 아이들이 가져온 선물들로 산을 이루고 있었다. 서진이가 사온 선물이 너무 초라할까 봐 걱정했었다. 이놈의 체면문화가 마음을 괴롭힌다. 다행히도 모든 선물의 포장지에는 누가 가져온 선물인지 표시되어 있지 않았다. 우리도 그냥 선물의 산에 서진이가 가져온 선물을 놓았다. 아이들의 부모들은 거실에서 인도네시아 음식을 즐겼고 아이들은 모두 옆방에 모여 있었다. 옆방에는 야스민의 생일을 더 즐겁게 만들 마술공연이 펼쳐지고 있었다. 마술사는 마술쇼를 하는 중간중간에 말똥말똥 쳐다보는 아이들에게 작은 선물을 나눠 주었다. 아이들의 즐거운 비명은 집안을 들썩이게 하였다. 이곳의 생일파티는 이렇게 하나 보다. 야스민은 그 어떤 연예인보다도 인기 많은 주인공이 되어 있었다.

마술쇼가 끝나고 아이들은 점심을 먹었다. 점심을 먹은 후, 아이들은 수영복으로 갈아입기 시작했다. 오후에는 아이들이 야스민네 집에서 수영하며 놀 거라는 생각을 하지 못했다. 이곳의 모든 집들은 수영장을 가지고 있다. 실외뿐만 아니라 실내 수영장을 가

야스민의 생일을 축하해 주는 사람들(오른쪽에서 두 번째 서진)

야스민네 집의 마술공연을 넋 놓고 바라보는 서진(왼쪽에서 세 번째)

지고 있는 아파트도 많이 있다. 아이들은 모두 수영복을 준비해 왔다. 생일파티에서 수영하며 노는 것이 하나의 관습인 것 같다. 야스민 엄마는 얼른 서진이에게 다가오더니 야스민 수영복을 건네주었다. 이곳 생활에 익숙하지 않은 우리 가족에게 야스민 엄마는 따뜻한 배려를 해주었다. 수영장 뒤 수로에는 보트들이 떠다니고 있었다. 그림 같은 집들은 수로를 따라 줄지어 서있었다. 아이들이 수영하는 모습을 지켜보면서 천국은 이런 모습이 아닐까 생각했다. 수영장을 보고 있는데 작지만 냥냥한 체구의 백인 남성이 다가오더니 나에게 맥주 한 병을 건넸다. 그는 야스민 아빠였다. 야스민 엄마에게 들었는지 우리가 한국에서 왔다는 것을 알고 있었다. 태권도는 미국에서 배운 것 같았다. 그는 태권도 때문인지 우리 가족을 매우 친근하게 대했다. 커다란 아이스박스에는 투바

야스민네 집 뒤 수영장에서 아이들과 물놀이하는 서진(맨 아래 왼쪽)

한 얼음이 둥둥 떠다녔고 음료수부터 맥주까지 다양한 마실 거리가 아무렇지도 않게 널려 있었다. 지나가면서 어른들은 원하는 음료를 아무렇게나 집어 들었다. 한 손에 음료를 든 채 어른들은 수영장을 둘러싸고 아이들이 수영하는 모습을 지켜보았다. 아이들은 주인공이고 어른들은 관객인 한편의 생일파티 공연과 같았다. 이래서 호주가 아이들의 천국이라고 하나보다.

호주 사람들의 여유로운 일상이 나에게 또 다른 구경거리가 되었다. 호주 사람들은 아무리 쉬고 놀아도 여유로운 삶에 질리지 않는 것 같다. 그들은 또 다른 내일의 행복들을 기약하면서도 오늘의 소소한 행복을 포기하지 않는다. 찰나(刹那)의 행복을 끊임없이 이어가기 위해 신기루 같은 부와 명예에 인생의 많은 부분을 허비하지 않는 것이다. 말은 잘 통하지 않지만 그들은 인생이 생각보다 짧다는 것을 우리보다 더 잘 알고 있는 것 같았다.

오후 3시가 넘어 일부 아이들은 집으로 돌아갔다. 그러나 일부 아이들은 여전히 마당에 있는 트램펄린에서 놀고 있었다. 소정이와 서진이도 트램펄린에서 뛰며 놀았다. 아이들의 의견이 존중되고 주인공으로 대접받는 호주에서 잊지 못할 추억을 새긴 소정이와 서진이는 한국에선 찾아볼 수 없었던 생기발랄함을 보여주었다. 똑같은 지구에 살면서 호주의 야스민보다 더 치열하게 살아가야 할 우리 아이들을 생각하면 마음이 무겁다. 공부만이 살길이라고 강요받는 한국의 아이들에게 호주는 천국과 같을 것이다. 낮은 성적과 안 좋은 학벌에 숨어버리고 움츠러드는 한국 아이들을 생각하면 안타깝기 그지없다. 세상에 태어난 축복이 견뎌야 할 불행의 굴레가 되지 않기를 간절히 바라는 마음뿐이다. 아이들이 지치고 좌절할 때마다 세상은 넓고 지구별은 살아볼 만한 가치가 있다고 말해주고 싶다.

인생은 어디로 흐를지 모른다. 살아있는 동안에도 아이들의 인생이 천국 같은 곳으로만 흐르길 바랄 뿐이다.

4. 행복하기만 해야 하는 우리 만남

10월 2일 정 선생님께서 둘째 아들이 그리피스 대학병원에 취직되었다며 우리 가족과 조 선생님 부부에게 브런치를 사겠다고 하셨다. 우리는 브로드 비치 옆 한 카페에서 브런치를 즐겼다. 갑자기 식당에 있던 사람들이 창가로 모이더니 창밖을 바라보았다. 가까운 바다 위로 수영하는 고래 떼가 보였다. 매년 이맘때면 북쪽으로 갔던 고래들이 남쪽으로 이동하여 바다 가까이에서도 고래를 관찰할 수 있다고 한다. 고래들은 먹이활동과 새끼를 낳기 위해 따뜻한 곳으로 이동한다. 관광객을 실은 유람선들이 고래 떼를 쫓아다니고 있었다. 고래에 흥분한 사람들은 우리 가족을 포함하여 관광객들뿐인 것 같았다. 호주 사람들은 자연스러운 자연의 섭

파라다이스 포인트(Paradise Point)에서 작은 소풍(왼쪽부터 나, 정 선생님 부부 그리고 조 선생님 부부)

리에 그다지 놀라지 않았다. 정 선생님은 둘째 아들도 취직이 되어 너무 기쁘신 것 같았다. 브런치 식사가 끝나갈 쯤 정 선생님은 우리 모두에게 드라이브를 가자고 제안하셨다. 먼저 퀸즐랜드(Queensland)와 뉴사우스웨일즈(New South Wales)의 경계가 있는 핀갈 헤드(Fingal Head)에 가기로 했다.

핀갈 헤드는 서퍼스 파라다이스에서 남쪽으로 40분 거리에 있었다. 활처럼 생긴 모래톱의 가운데는 이름 그대로 모래톱이 동쪽으로 튀어 나와 있었다. 숲을 헤치고 끝까지 가보니 흰색의 작은 등대가 서 있었다. 등대 앞바다에는 쿡이라는 작은 섬이 있었다. 정 선생님은 예전에 쿡 섬 근처에서 스쿠버 다이빙을 즐기셨다면서 젊었을 때를 회상하셨다. 정 선생님은 항상 우리 가족의 모습을 동영상이나 사진으로 찍어서 보내주셨다. 현재가 가장 아름답다며 우리 가족이 가장 아름다운 추억을 갖도록 해주셨다. 지나가던 사

정 선생님이 근처에서 스쿠버 다이빙을 즐기셨던 쿡 섬

람들에게 부탁하여 작은 등대를 배경으로 우리 모두 사진을 찍었다. 사진은 우리를 잊지 못할 하나의 가족으로 묶어버렸다. 핀갈 헤드의 끝에 가니 반대편의 쿠란가타(Coolangatta)가 보였다. 다음

쿠란가타(Coolangatta) 앞 바다의 모습

쿠란가타(Coolangatta) 주말 시장의 모습

트위드 헤드(Tweed Head)의 바위 위에 홀로 앉아 있는 사람

트위드 헤드(Tweed Head)에서 바라본 바다

의 목적지는 트위드 헤드(Tweed Head)의 기념탑이있다. 작은 언덕 위에 서있는 기념탑은 퀸즐랜드와 뉴사우스웨일즈의 경계지점을 나타내고 있었다. 언덕 아래로는 많은 서퍼들이 서핑을 즐기고 있

었다. 정 선생님은 아들의 취직도 기쁘셨겠지만 기필코 오늘 우리를 사진 속에 하나의 가족으로 묶고 싶었던 것이 아니었을까 생각해 본다.

10월 6일 정 선생님께서 본인이 다니는 교회에서 바자회를 한다며 우리 가족도 같이 가자고 하셨다. 10시 반 교회에 도착하니 많은 한국 사람들이 물건이나 음식을 팔고 있었다. 정 선생님은 뉴질랜드에서 갖고 온 양모이불을 바자회에 기부하셨다. 교회는 작은 한국이었지만 교회 문을 나오면 온전히 호주이다. 사람들이 호주에 오게 된 사연은 각자 다르겠지만, 서로의 삶을 의지하며 하나의 공동체로 살아가고 있었다. 열심히 살아가는 그들의 모습을 보면서 작은 한국이 호주에서 더 큰 한국으로 자리매김하기를 빌었다. 어느 곳에 살든 한국의 정체성을 잃지 않길 바라며 말이다.

10월 30일 정 선생님께서 오늘은 다른 카페에서 모임을 갖자고 하셨다. 12시 반 우리는 에메랄드 호수(Emerald Lakes) 골프클럽 안의 커피숍에서 만났다. 오늘의 이야기 주제는 자녀의 인생이다. 정 선생님은 자녀가 1.5세대라 배우자로 교민의 자녀가 가장 적합하다고 생각하셨다. 한국에 사는 아가씨는 본인의 아들과 정서가 맞지 않을 거라고 하셨다. 유학을 온 한국 학생조차 본인의 아들과 정서가 맞지 않을 거라고 하셨다. 아드님의 겉모습은 영락없는 한국 사람이지만 호주교육을 받고 자라서 뼛속까지 개인주의 사고방식을 갖고 있다고 하셨다. 정 선생님 사모님은 가끔씩 아들이 "어머님도 이제 어머님의 인생을 사세요"라고 말할 때마다 가슴이 철렁 내려앉는다고 하셨다. 호주의 부모들은 자식이 일정 나이가

에메랄드 호수(Emerald Lakes)에서 바라본 동네 모습

되면 그들의 인생을 찾도록 놔준다. 부모가 자식을 놔준다는 표현은 한국식 표현인 것 같다. 자식은 일정 나이가 되면 부모로부터 독립을 한다. 따라서 자식이 떠난 후 부모는 새로운 삶을 찾아 인생을 다시 설계해야 한다. 바비큐 파티를 할 때마다 본인이 고기를 굽겠다며 내 손에 든 집게를 빼앗던 정 선생님 아들이 내 눈엔 영락없는 한국 사람으로 보였었다. 본인이 낳아 키운 자식으로부터 낯선 문화적 이질감을 느끼는 건 모든 이민자에게 마찬가지일 것이다. 이러한 문화적 이질감이 반평생을 한국에서 사셨던 정 선생님 부부에겐

선생님들과 같이 식사했던 음식들

가끔 버거우신 것 같았다. 그러나 한국에서도 부모와 자식 간의 관계가 많이 변해가는 것 같다.

가끔 부모와 자식 간에 재산소송의 소식을 접할 때마다 자식이 뭔지 혼란스럽기만 하다. 나도 점점 아이들의 미래가 걱정된다. 아이들이 본인의 인생을 잘 찾아갔으면 하는 바람이다. 아이들이 힘들고 지칠 때는 기꺼이 내 품을 내어 주겠지만 그들이 바른 길에서 벗어날 때는 어쩔 수 없이 개입해야 한다. 아이를 위한 바른 길이 아이가 원하는 길이 아님을 알면서도 헤쳐 나온 험한 세상을 뒤돌아보면 그 길이 아이의 꽃길일 거라 믿는 것이 부모의 마음이다. 자식이 돌부리에 넘어질세라 병들어서 아플세라 늘 노심초사(勞心焦思)했던 부모의 곁을 멀리 떠난다고 할 때 부모의 마음은 무너져 내릴 것이다. 첫째 아들은 시드니에서 훌륭한 금융인으로 자리를 잡았고, 둘째 아들은 든든한 약사로 자리를 잡았다. 그들은 이제 자기 인생을 찾아 떠난다고 말한다. 영원히 가슴에 품을 순 없겠지만 힘들고 지칠 때 내어 줄 부모의 품은 언제나 기다리고 있다는 것을 모든 부모는 아이들에게 말해주고 싶을 것이다.

몇 주 전부터 정 선생님 사모님의 안색이 안 좋으셨고 말수도 적어지셨다. 아내는 사모님께서 어디가 편찮으신지 걱정을 했었다. 활달했던 사모님께서 몇 주간 왜 말수가 적으셨는지 오늘에서야 알게 되었다. 10월 초순에 정 선생님 사모님의 어머님께서 돌아가셨다고 했다. 이러한 사실을 조 선생님 부부에게도 알리지 않으셨다. 그럼에도 불구하고 매주 만나는 커피 모임에 참석하셨던 것이다. 사모님께서 모임에 참석하지 않으시면 다른 사람들이 걱정할 것 같아 애써 참석하셨다고 했다. 사모님은 어머님이 돌아가셨다는 소식을 듣고 한국에 가려 해도 마땅한 비행기 편을 바로 구할 수 없어서 도착하면 장례식은 이미 끝난 뒤일 거라고 하셨다. 그래서 정 선생님 부부는 그냥 한국에 가지 않기로 하셨다. 어머님이 돌아가신 날 정 선생님 부부는 바닷가에 앉아 펑펑 우셨다고 했다. 이민자들의 슬픔이 이런 것일까 생각하면 코끝이 찡했다. 아내는 사모님의 어머님이 돌아가신 것보다 엄마의 임종을 지켜보지 못한 딸의 아픈 마음에 펑펑 울었다. 본인 때문에 우울해질 수 있는 다른 사람들을 생각하여 한 달간 슬픔을 참으신 사모님을 생각하니 가슴이 아려왔다.

10월 31일 아침 일찍 봉투에 조의금을 넣어 정 선생님 댁에 찾아갔나. 조의금을 전달해드리려 하니 정 선생님께서는 호주에선 조의금을 받지 않는다며 차나 한잔하고 가라고 하셨다. 같이 간 아이들에게 간식도 주시며 애써 웃으시는 사모님을 뵈니 마음이 더 아팠다. 사모님은 몇 년에 한번 볼까 말까한 한국의 가족보다 호주에서 만난 가족 같은 인연을 더 소중히 여기시는 것 같았다. 행복하기만 해야 하는 우리의 만남을 위해 살얼음 같은 행복을 조심조심 내딛는 사모님의 마음에 한 없이 감사하기만 했다.

나 때문에 다른 사람들이 우울해지지 않았는지 걱정했던 적이 있었는가? 나 때문에 다른 사람들이 상처받지 않았는지 걱정했던 적이 있었는가? 우리는 항상 자신만을 바라보며 살지 않았는지 모르겠다. 우리는 다른 사람들을 바라보며 살아갈 때 더 행복하다는 것을 잊은 것 같다. 나 때문에 다른 사람들이 행복해지도록 노력해야겠다.

5. 알록달록한 인생에도 누구나 원하는 색깔은 있다

승우에게 멜버른(Melbourne)은 지금의 승우를 있게 한 도시이다. 평상시 승우는 우리 가족이 멜버른 여행을 가게 되면 본인도 꼭 데려가 달라고 얘기했었다. 승우는 호주에서 가장 살고 싶은 도시가 멜버른이라고 했다. 승우가 호주에 정착하기로 마음을 먹고 지금의 자동차 기술을 배운 곳이 멜버른이다. 영주권을 따기 위해 근처 시골 농장에서 일할 때는 너무 심심해서 밤하늘의 별을 보며 기타를 배웠다고 했다. 힘들고 불안했지만 그때가 좋았다고 했다. 그렇게 힘든 시간을 보냈던 멜버른이 이제는 승우에게 행복한 추억의 도시로 자리매김한 것이다. 올해 초 정 선생님 가족은 멜버른 근처의 그레이트 오션로드(Great Ocean Road)에 갔다 오셨다. 정 선생님은 우리가 꼭 가볼 곳으로 그레이트 오션로드를 강력하게 추천하셨다. 한국에선 느낄 수 없는 시원함을 느낄 거라고 하셨다. 8월에 멜버른행 비행기 표와 숙소를 예약했었다. 승우와 멜버른 여행일정에 대해서도 논의했었다.

11월 15일 아침 7시 45분에 골드코스트 공항에서 멜버른으로 떠나는 비행기를 타야 했다. 우리 가족을 태워가기로 한 승우가 오전 6시가 되어도 나타나지 않았다. 승우가 전날 늦게까지 일을 해서 깜빡하고 늦잠을 잤다. 오전 5시 40분부터 아파트 앞에서 기다리던 우리 가족은 마음을 졸일 수밖에 없었다. 6시 반이 돼서야 머리에 까치집을 이고 승우가 나타났다. 우리는 전속력을 달려 7시 15분에 공항에 도착했다. 부랴부랴 체크인을 하고 비행기에 오

숙소에서 바라본 멜버른 시내의 빌딩 숲

르니 7시 30분이 되었다.

호주의 3대 도시하면 멜버른, 시드니 그리고 브리즈번이다. 멜버른은 골드코스트에서 2시간 정도 날아가야 한다. 현지시각으로 11시 정도에 멜버른의 툴라마린(Tullamarine) 공항에 도착하였다. 멜버른은 뉴사우스웨일스(New South Wales) 주에 속해서 퀸즐랜드(Queensland) 주에 속한 골드코스트보다 1시간 정도 빠르다. 우리는 공항을 나와 우버(Uber) 택시를 타고 시내로 들어섰다.

멜버른은 초창기 호주의 수도였다. 그러나 1900년에 호주연방이 출범하면서 호주수도를 두고 멜버른 출신 사람들과 시드니 출신 사람들이 자존심을 건 싸움을 시작했다. 이러한 수도결정 싸움의 타협안으로 1927년 수도는 멜버른과 시드니의 중간지점에 위치한 캔버라(Canberra)로 정해졌다. 캔버라는 원주민어로 "화합의 장소"라는 의미를 지니고 있다고 한다. 크루즈 여행에서 공연하던 마술사가 본인은 멜버른 출신이라며 관객들의 호응을 유도했을 때 그것이 무엇을 의미하는지 알지 못했었다. 한국에 빗대면 경상도 출신과 전라도 출신 사람들 간에 자존심 대결과 비슷한 것 같았다.

시내 중심지에는 영국풍의 오래된 건물들이 많이 보였다. 멜버른은 브리즈번이나 시드니와 비교하여 확실히 역사가 깊은 도시 같았다. 에어비앤비(Airbnb)를 통해 예약한 숙소는 CBD(Central Business District) 무료 트램존(Tram Zone)의 가장자리에 있었다. 숙소는 12층이어서 시내가 한눈에 들어왔다. 숙소에서 바라본 멜버른은 현대식 건물의 숲에 파묻힌 잃어버린 도시 같았다. 숙소를 나와 점

멜버른 거리의 모습

멜버른을 가로지르는 야라 강

심을 먹기 위해 '메콩'이라는 베트남 음식점에 갔다. 식당 앞에는 많은 사람들이 줄서 있었다. 이 식당은 전직 미국 대통령들이 식사를 해서 더 유명하다고 했다. 한참 후 막상 음식을 먹어보니 브리즈번 이날라의 베트남 음식점보다 못한 것 같았다. 거리에는 백인보다 유색인종이 더 많이 보였다. 왜 호주가 이민자의 나라인지 실감하게 하는 풍경이다. 우리는 계속 걸어서 플린더스(Flinders) 역에 다다랐다. 역 뒤로 야라(Yarra) 강이 흐르고 있었다. 야라 강은 브리즈번 강보다 작았지만 강 주변으로 화사시낌한 식당과 축제들이 열리고 있어서 더 정겹게 느껴졌다. 지나가는 길목마다 버스킹(busking)을 하는 청년들이 시선을 사로잡았다. 거리곳곳의 다양한 박물관과 벽화들은 멜버른이 문화와 예술의 도시라는 것을 말해 주었다. 멜버른은 브리즈번이나 시드니보다 좀 더 인간적인 냄새가 나는 것 같았다.

11월 16일 죽기 전에 꼭 가봐야 할 곳 중에 하나라는 그레이트 오션로드로 간다. 아침 8시 예약해 둔 일일투어버스를 타고 출발하였다. 멜버른에서 질롱(Geelong)이라는 도시를 거쳐 앵글시(Anglesea)라는 작은 바닷가 마을에 도착하였다. 멜버른 사람들의 휴양지라 그런지 한적하고 평화롭기만 하였다. 한참을 달려 점심을 먹기로 한 아폴로 베이(Apollo Bay)에 도착하였다. 짙푸른 바다와 인적 드문 바닷가 마을은 지구와 동떨어진 낯선 세계의 어느 곳과 같았다. 사람의 흔적이 느껴지지 않을 만큼 한적한 이곳엔 스산한 바닷바람과 눈을 뜰 수 없는 강렬한 햇살만이 가득하였다. 감자튀김으로 점심을 때우고 우리는 다시 버스에 올랐다. 버스 창 너머로 방금 전 우리의 흔적을 전혀 찾아볼 수 없을 만큼 인적이 없다.

오후 1시가 돼서야 그레이트 오션로드의 시작을 알리는 이정표

그레이트 오션로드(Great Ocean Road) 초입에 있는 별장들

에 도착했다. 오는 길에 가이드는 인적 드문 언덕 위에 집들이 유명한 영화배우들의 별장이라고 했다. 호주는 워낙 땅덩어리가 커서 도시에 있어도 저녁만 되면 한국과 달리 인적이 드물다. 그런데 호주 사람들은 이런 도시생활도 복잡하다고 느껴 여유만 되면 정말 사람들이 없는 곳에 별장을 짓는다. 한국에만 살았던 나에게 호주는 아무 곳이나 다 여유롭게 느껴졌다. 호주 사람들은 얼마나 여유로워야 여유롭다고 느끼는 것인지 가늠이 잘 되지 않는다. 세상을 보는 사람들의 눈은 모두 다르다는 것을 느낀다. 그레이트 오션로드는 1919년 1차 세계대전이 끝나고 할 일이 없던 군인들에게 일자리를 마련해 주기 위해 만든 도로이다. 이 도로는 빅토리아(Victoria)주 토르퀘이(Torquay)에서 와남불(Warrnambool)에 이르는 약 300km의 해안길이다.

오후 3시가 돼서야 우리가 보고 싶던 12사도(Twelve Apostles)에 도착하였다. 파도에 침식되어 해안에서 떨어져 나간 절벽이 비바람에 깎이면서 바다 가운데 우뚝 선 돌기둥 모양이 된 것이다. 처음에는 12개의 기둥이 발견되었으나 지금은 8개밖에 남지 않았다고 한다. 나머지 기둥들도 세월이 지나면 바다 속으로 사라질 거라고 했다. 12사도의 모습보다 나의 마음을 끌어당긴 것은 짙푸른 바다였다. 보이는 바다로 계속가면 남극이 나올 것이다. 언젠가 사라질 12사도처럼 언젠가 끝이 날 나의 인생에서 먼지 같이 작은 일들에 괴로워하지 말고 행복만 충만했으면 좋겠다. 푸른 바다를 바라보며 인생이 부질없는 미련과 집착으로 허비되지 않기를 빌어 본다.

한 중년 남성은 이곳에 다섯 번째 오는데 오늘처럼 좋은 날씨는

그레이트 오션로드(Great Ocean Road)의 12사도(Twelve Apostles) 모습

사라져가는 12사도(Twelve Apostles)의 모습

처음이라고 했다. 버스 안에서 한 젊은 여성과 이야기를 나누었다. 워킹홀리데이로 온 한국 대학생이었다. 몇 달 후면 한국으로 돌아가는데 지금 혼자서 호주일주 중이라고 했다. 다시 못 올 오늘을 위해 그녀는 최선의 선택을 한 것이다. 20대의 그녀를 보면서 나의 20대는 무엇으로 채웠었는지 아련하기만 했다. 남들이 가는 길로 남들만큼 가지 못하면 죽을 것만 같았던 나의 20대는 불안과 걱정으로 가득 차 있었던 것 같다. 더 넓은 세상을 본 그녀는 더 행복한 삶을 살 거라고 믿어 의심치 않았다. 장엄한 호주의 푸른 바다를 보며 먼지 같이 사라질 인생사가 더 작게만 보였다. 광활한 바다 앞에서 인생을 옥죌 만한 중요한 일은 별로 없어 보였다.

11월 17일 세계적인 명문대학 멜버른 대학교에 간다. 숙소에서 멀지 않아 걸어서도 갈 수 있었다. 학교 주변은 한창 공사 중이라 도로가 복잡하였다. 정문을 찾아 한참을 헤매다가 드디어 찾게 된 정문은 우리를 실망시켰다. 두 건물을 연결하는 통로에 대학교 이름을 알리는 초라한 표지판이 붙어 있었다. 그러나 학교 안에는

멜버른 대학의 오래된 건물과 현대식 건물이 결합 되어있는 모습

대학의 역사를 말해주듯 100년이 넘어 보이는 오래된 건물들로 가득하였다. 오래된 건물들은 간간히 보이는 현대식 건물과 결합하여 증축 또는 개축되어 있었다. 마치 과거의 영광이 오늘까지 이어지고 있음을 보여주는 것 같았다. 정문은 크고 멋있게 그리고 오래된 건물은 현대식 건물로 다시 지으려는 한국대학을 고려하면 멜버른 대학은 내실을 추구하는 호주의 실용주의 모습을 보여주었다. 중국 사람들이 주요 건물 앞 잔디밭에서 건물을 배경으로 사진을 찍고 있었다. 호주의 명문대학에만 가면 언제나 중국 관광객들이 넘쳐난다. 한국 부모들의 교육열이 뜨겁지만 중국 부모들의 교육열은 더 뜨거운 것 같았다.

세계 명문대학 중에 하나인 브리즈번의 퀸즐랜드 대학을 방문한 적이 있다. 우리 아이들이 넓은 세상과 명문대학의 체취를 느꼈으면 하는 바람이었다. 주말인데도 불구하고 대학에 버스가 들어오더니 중국 관광객들을 토해내고 갔다. 중국 관광객들은 대학교를 둘러보며 자녀들에게 꿈을 심어주는 것 같았다. 호주 관광지에서는 한국 사람들을 많이 봤지만 대학교에서는 본 적이 별로 없다. 중국 사람들의 광기어린 교육열은 세계가 중국을 두렵게 만드는 원동력일지도 모른다.

멜버른 대학을 뒤로하고 빅토리아 시장으로 갔다. 오래된 재래시장인데 과거의 명성과 달리 생각보다 초라한 모습이었다. 다양한 현대식 쇼핑몰이 생기면서 시장은 점점 사람들의 관심에서 멀어져 가는 것 같았다. 하루가 다르게 들어서는 대형 쇼핑몰과 맞서기 위해 빅토리아 시장도 변화가 있어야 할 것 같았다.

트램을 타고 야라 강으로 갔다. 강변에는 누들(noodle) 축제가 열리고 있었다. 많은 이민자들이 들어오면서 호주에 다양한 동양 음식들이 전파되었다. 이제는 국수나 라면을 먹는 호주 사람들이 어색하지 않다. 축제에 가 보니 많은 면 요리 가게가 줄지어 있었다. 일본, 베트남, 말레이시아, 인도네시아, 중국 그리고 싱가포르 등 많은 나라의 면 요리가 팔리고 있었다. 안타깝게도 한국의 면 요리 가게는 눈을 씻고 찾아봐도 없었다. 물론 한국의 컵라면은 세계적으로 유명한 것 같았다. 그러나 이러한 축제야말로 한국을 알릴 수 있는 절호의 기회라고 생각했다. 내가 만난 호주 사람들 중에는 한국의 컵라면을 베트남의 컵라면으로 착각하는 사람도 있었다. 내가 사랑하는 한국에 얼마나 맛있는 면 요리가 많은데 이곳에서 찾을 수 없다니 안타깝기만 했다. 해외에 나오면 누구나 다 애국자가 된다더니 내가 애국자가 되어가고 있다. 한국에 대한 얘기만 나와도 한국을 옹호하고 한국의 긍정적인 면만을 얘기하고 싶었다. 한국의 복잡한 정치상황과 소름끼치는 범죄 사건들을 접할 때마다 안타깝기 그지없었다. 느릿느릿 움직이는 야라 강처럼 느릿느릿 걷는 사람들처럼 느릿느릿 새어나오는 불빛들처럼 나의 행복한 시간도 느릿느릿 흘러갔으면 좋겠다.

11월 18일 늦은 아침을 해결하기 위해 승우가 추천한 브런치 식당에 갔다. 멜버른은 승우에게 힘들었지만 즐거웠던 추억을 소환하는 장소이다. 승우가 자주 갔던 식당에는 흔히 말하는 게이(Gay) 친구가 주문을 받고 있었다. 여자아이 같은 말투의 젊은 남성이었다. 민미리에 우비 같은 녹색치마를 입고 주문받던 그는 우리 가족을 당황스럽게 하였다. 승우는 멜버른에 특히 동성애자가

멜버른(Melbourne) 플린더스(Flinders) 역 앞에서 승우와 나

많다고 했다. 문화와 예술의 자유분방함이 동성애자들을 멜버른으로 불러 모은 것 같았다. 승우는 분홍색 옷을 입은 남자들이 손을 잡고 다니면 동성애자가 맞을 거라고 했다. 주위를 둘러보니 손을 잡고 다니는 남자커플들이 보이기 시작했다. 한국에서는 상상하기 힘든 모습들이었다. 음식은 달걀, 바게트 빵 그리고 절인 과일 등 프랑스식 음식이었다. 나는 얼큰한 해장국이 먹고 싶었는데 아내와 아이들은 너무 맛있다며 즐거워했다.

11시 45분 무료 셔틀버스를 타고 멜버른 시내에서 30분 떨어진 채드스톤(Chadstone) 쇼핑몰에 갔다. 남반구에서 가장 큰 쇼핑몰이라고 했다. 천장은 모두 유리로 덮혀 있었고 내부는 명품관들로 빼곡하게 차 있었다. 11월 중순인데도 벌써부터 쇼핑몰 천장과 가게에는 크리스마스 장식물들로 가득하였다. 한국에서는 12월 중순 넘어서나 크리스마스 분위기를 느낄 수 있었는데 호주는 11월부터 크리스마스 분위기에 들떠 있었다. 그들에게 크리스마스는 매우 중요한 의미를 지니는 명절 같았다. 저녁식사로 숙소근처의 한인 식당에서 삼겹살을 먹었다. 식당 안에는 한국 사람들로 바글바글 하였다. 대부분 젊은 친구들이었고 저마다의 꿈을 안고 호주에 온 것 같았다. 시내는 다양한 인종들로 활기가 넘쳤다.

승우는 이민을 꿈꾸는 누구나 호주에 살고 싶어 하기에 그만큼 살아남는 것도 치열하다고 하였다. 호주 사람으로 태어나지 못했기에 영주권이라는 벌칙을 받는다고 생각하니 마음 한편이 씁쓸하였다. 10년의 고생 끝에 승우는 호주시민이 되었다. 한국에서는 승우가 다른 사람들의 눈에 낙오자로 보였을지 몰라도 호주에서는 승리자이다. 승우가 호주에서 이방인으로서의 상처를 받지 않고 행복하게 살았으면 하는 바람이다. 아내와 아이들은 숙소에서도 브런치 식당의 종업원 얘기만 하였다. 자유로움 속에서도 그들이 지켜야 할 의무를 다했기에 이 사회가 돌아간다고 생각했다. 아름다운 멜버른이 계속해서 미지(未知)의 세계에 발을 딛는 누군가의 꿈이 되기를 빌어본다.

11월 19일 언제 나시 올지 모를 멜버른의 마지막 날이다. 냉장고에 먹다 남은 음식을 아침으로 대충 먹고 숙소를 나왔다. 모닝 커피를 위해 옛날에 우체국으로 쓰였던 건물 내 카페로 갔다. 호주의 역사는 짧지만 옛날 건물을 보존하려는 노력으로 멜버른 시내는 현대와 과거가 함께 살아 숨 쉰다. 그렇게도 긴 역사를 자랑하는 한국이 마땅히 내세울 흔적이 많지 않다는 것에 안타까움을 느꼈다. 야라 강에 아쉬운 마음을 던지고 골드코스트행 비행기에 몸을 실었다.

승우가 그렇게도 멜버른을 좋아했던 이유는 다양한 인종과 동성애자들을 차별 없이 끌어안는 멜버른의 포용력 때문 아니었을까 생각해 본다. 정해진 길에서 조금만 벗어나도 낙오자가 되어버리는 한국에서 승우가 벗어날 수 있었던 것은 진정 낙오자가 아니었기 때문 아닐까 생각해 본다.

누구나 갖고 있는 고유의 색깔은 틀리거나 잘못된 것이 아니다. 하나의 색깔보다 조화로운 다양한 색깔이 더 큰 아름다움을 만들 수 있다. 인생도 마찬가지로 하나의 색깔은 아닐 것이다. 다양한 색깔의 인생을 인정하고 존중할 때 우리의 인생은 더 풍요로워지고 가치는 빛을 발한다. 그래서 알록달록한 인생이 더 아름답다. 그러나 알록달록한 멜버른에서도 사람들이 원하는 색깔은 있었다. 규칙도 질서도 없어 보이는 그들의 자유분방함 속에서도 평화롭고 행복한 삶을 지켜내려는 그들만의 색깔을 발견할 수 있었다.

6. 마음여린 인도 아줌마

나도 체면을 따지는 한국 사람이었나 보다. 멋진 외모에 경제적으로 여유 있고 사회적 지위가 높은 사람에게 한 표가 더 간다. 디파는 그런 사람들과는 반대편에 서있다. 5월부터 다니기 시작한 어퍼 쿠메라(Upper Coomera) 도서관에서 아내와 난 디파를 만났다. 그녀는 뚱뚱한 외모와 160cm가 안 되는 작은 키에 항상 인도 복장을 하고 나타났다. 그래서인지 30대 중반의 나이에 비해 늙어 보였다. 옆에 앉으면 카레냄새가 진동하였다. 얘기할 때는 어눌한 말투와 달리 부릅뜬 눈으로 사람들을 쳐다봤다. 한국에서는 사람들과 눈을 마주보며 얘기하는 것이 부담스러웠었다. 호주에서는 눈을 보고 얘기하지 않으면 신뢰를 의심받게 된다.

생각보다 당당해 보였던 디파는 알고 보면 마음이 여린 아줌마였다. 도서관에 갈 때마다 아내는 디파 옆자리에 앉게 되었다. 어느새 아내는 디파와 전화번호도 교환하면서 친해지게 되었다. 디파는 아내가 자기의 친구가 되어 너무 기쁘다고 했다. 사실 그녀는 도서관에 다닌 지 5년이 되었지만 친구가 생기지 않았다고 했나. 작은 체구와 동그란 얼굴 그리고 뚱뚱하다는 열등감은 좀처럼 그녀를 다른 사람에게 다가가지 못하게 만들었다. 아내는 인도에서 온 디파를 신기해하면서도 영어수업 때만 되면 그녀의 단짝이 되었다.

10월 25일 아내는 도서관 밖 카페에서 헬렌과 디파랑 차를 마시기로 하였다. 콜롬비아 할머니 헬렌은 항상 2살 연하의 남편과 수업을 들으러 왔다. 언제부턴가 헬렌과 디파는 항상 아내를 기다리기 시작했다. 더듬거리는 서로의 영어는 서로의 신뢰를 쌓는 데 걸림돌이 되지 않았다. 언어를 뛰어넘는 사람의 중력은 그들을 하나로 묶어 버렸다. 영어수업에 참여할 때마다 생각보다 많은 사람들이 아내와 나를 반겼다. 얼마 남지 않은 호주 생활에서 내가 하지 못해 후회할 일은 없는지 자꾸 주변을 살피게 된다. 마치 시한부환자처럼 하루하루의 의미를 새기며 지내고 있다. 한국에서는 새털같이 많을 것 같던 나의 하루들이 호주에서는 시한부환자의 1초처럼 소중하게 느껴졌다. 파란 하늘과 활기찬 사람들의 웃음소리는 아쉬운 메아리가 되어 가슴을 때린다.

11월 1일 학교에서 일을 보고 집으로 돌아왔다. 아직도 헬렌과 헬렌 남편 루이스 그리고 디파가 집에 있었다. 아내가 헬렌 부부와 디파를 집으로 초대했다. 헬렌과 루이스 그리고 디파는 의외로 김치를 좋아했다. 인도에는 카레도 있지만 고추를 이용한 요리도 있다. 콜롬비아에는 고기에 찍어 먹는 피칸떼라는 매운 소스가 있다. 그래서인지 그들은 신기하게도 김치에 삼겹살을 싸서 맛있게 먹었다. 볼품없는 우리 집에서 한국 음식에 매료되어 기뻐하는 외국인들을 보니 너무 신기하고 재미있었다. 한국 음식만큼이나 우리 가족을 좋아하고 항상 우리의 안위를 살피는 그들에게 해줄 것이 많지 않아 안타까웠다. 이렇다 할 멋진 대접도 못해서 그들이 우리의 성의에 실망하지 않았는지 걱정된다. 한국에 있었다면 정말 맛있는 음식을 대접했을 텐데 호주에서의 대접은 초라하기만 하다. 그래도 즐거워하는 그들의 모습에 감사할 따름이다.

11월 23일 디파가 헬렌 부부와 우리 가족을 초대했다. 디파는 항상 자기 집에 큰 수영장이 있다며 놀러 오라고 했었다. 도서관에서 영어수업을 마치고 11시쯤 디파 집으로 갔다. 디파가 사는 집은 커다란 수영장이 딸린 타운하우스였다. 하버타운에서 산 망고 한 상자를 들고 찾아갔다. 디파의 집은 도서관에서 5분 거리에 있었다. 2층에 있는 방 하나는 다른 가족에게 월세로 주었다. 주방과 거실이 있는 1층에는 월세로 사는 가족들이 들락거렸다. 한국의 하숙집 풍경과 비슷하면서도 거리낌 없이 주인 집 주방과 냉장고를 이용하는 월세 가족들을 보면 다소 생소했다. 호주에서는 집세가 워낙 비싸서 디파도 집을 빌렸음에도 일부 방을 다른 사람들에게 빌려주어 월세를 받는 것이다. 호주에서 살아남기 위한 어쩔 수 없는 상생(相生)이 우리에게는 많이 불편해 보였다.

디파 집에서 뒹굴뒹굴 놀고 있는 헬렌 손자들

디파는 우리를 위해 인도의 전통음식을 한가득 내어 왔다. 대부분 카레음식과 튀김 음식이었다. 우리 가족은 인도 음식이 나름 익숙했는지 먹는 데 어려움은 없었다. 그러나 헬렌 부부는 카레 음식이 입에 맞지 않는 것 같았다. 헬렌은 며느리가 바쁜 일이 있다며 말도 못하는 어린 손자 둘을 데리고 왔다. 어찌나 잘 놀던지 파란 눈에 둥글둥글하게 생긴 아이들은 디파 집을 뒹굴뒹굴 굴러다녔다. 우리 아이들은 한국 사람들에게 익숙한 탄두리 치킨과 야채만두 같은 살모사를 맛있게 먹었다. 낯선 호주에서 인간의 정을 나눌 수 있는 친구가 생겼다는 것은 여간 다행스러운 일이 아니다. 헬렌은 디파나 우리 가족을 만날 때마다 작은 선물을 준비했다. 우리의 손이 늘 부끄러울 정도로 헬렌의 정은 항상 넘쳤다. 인도 사람들이 어떤 사람들인지 궁금했지만 콜롬비아 사람들에 대해선 훨씬 더 궁금했다. 한국 사람보다 더 한국적인 정을 가진 사람들이다. 보잘것없는 작은 선물이지만 우리는 선물로 서로의 마음을 확인하려고 노력하였다. 그들은 이방인으로서 느끼는 외로움의 무게를 서로의 정으로 떠받치고 있는 것이다.

디파가 우리 가족과 헬렌 가족을 위해 준비한 음식들

한국 사람들이 모여 사는 일부 동네는 여전히 작은 한국이다. 호주가 좋아 한국을 떠났다고 했지만 그들은 여전히 한국에 사는 것 같았다. 호주에서 다양한 사람들과 어울려 살면 삶의 모습은 더 풍요로울 텐데 한국의 삶을 그대로 고집하였다. 더 많은 한국 사람들이 호주 사회에 녹아들어 호주를 제2의 한국으로 만들어 주었으면 하는 바람이다. 생김새와 살아온 배경이 다를 뿐 지내보면 다 같은 사람이다. 사람들의 생각과 보는 눈은 크게 다르지 않았다.

12월 1일 토요일이라 심심하던 차에 아이들이 디파 집에 가고 싶다고 했다. 아내는 아이들에게 디파 집에 큰 수영장이 있다고 말했었다. 오전 10시 아이들을 어퍼 쿠메라 도서관의 블록교실에 집어넣었다. 나는 잠깐 유튜브에서 이민에 관한 동영상을 보았다. 이민에 대한 사람들의 다양한 의견들이 너무 재미있었다. 호주이민에 대한 환상으로부터 작은 해답을 얻을 수 있었다. 호주에 놀러오는 것과 살러오는 것은 천지차이라는 것이다. 나 같은 경우는 이미 호주가 원하는 이민자의 적정연령에서 벗어나 영주권을 얻기가 힘들다. 또한 언어의 제약으로 직업을 갖기도 어려울 것 같다. 여태껏 나이 때문에 새로운 도전을 포기한 적은 없었는데 호주의 이민법은 내가 늙었다고 말한다. 한국에선 그저 직장과 집만 왔다 갔다 하던 다람쥐였다. 호주로 이민을 고려하는 젊은 사람들이 이렇게 많은 줄 미처 몰랐다. 한번 태어난 인생을 어떻게든 행복하게 살고 싶다는데 누가 돌을 던지겠는가?

점심을 먹고 우리 가족은 디파 집으로 향했다. 주말이라 그런지 디파 집에는 가족들이 모여 있었다. 50대로 보이는 디파 남편과 아들 그리고 딸이 우리 가족을 반겼다. 디파 남편은 인도식당을 운영하고 있다. 생각보다 많은 돈을 벌지는 못하는 것 같았다. 그는 저녁에 식당을 운영하고 낮에는 택시기사를 하며 돈을 번다. 체구는 작지만 새까맣고 거친 얼굴의 디파 남편에게 쉽게 말을 붙이기 어려웠다. 그러나 디파 남편은 이내 우리 가족에게 다가왔다. 인도는 아직도 계급사회이다 보니 낮은 계급의 사람들에게는 출세의 기회가 없다고 했다. 그는 인도에서 디파와 결혼을 했지만 더 큰 꿈을 안고 홀연 단신으로 뉴질랜드로 이민을 왔다. 그리고 나중에 다시 호주로 넘어 온 것이다. 인도에서 태어난 아이들에게 더 큰 기회를 주고 싶어 이민을 선택했다고 했다. 인도는 여전히 사람을 계급으로 나누는 카스트 제도가 존재한다. 카스트 제도의 계급은 크게 브라만, 크샤트리아, 바이샤, 수드라로 나뉜다. 이러한 계급이 처음에는 신과 얼마나 가까이에 있는 사람인지를 나타내는 징표였다. 그러나 시간이 지나면서 자연스럽게 계급에 따라 사람들이 하는 일도 정해져 버렸다. 브라만 사람들은 주로 지식인들이며, 크샤트리아 사람들은 주로 정치 및 외교 부문에 종사한다. 바이샤 사람들은 상업에 종사하며, 수드라 사람들은 가장 밑바닥의 노동자로 살아간다. 계급에 따라 사는 지역, 병원, 사원 심지어 결혼 상대자까지도 정해져 버린다고 했다. 디파나 디파 남편은 바이샤나 수드라 계급의 사람인 것 같았다.

한참 있다가 헬렌 부부는 손자들과 함께 디파 집으로 왔다. 주말이라 그런지 수영장에는 우리말고도 많은 이웃들이 와 있었다. 파란 하늘 아래 푸른 수영장 속에는 우리와 호주 사람들이 뒤엉켜 수영을 하였다. 모두가 그냥 친구이다. 눈치보고 미안해하고 그런 것 없다. 그냥 그 시간이 서로에게 행복하면 그만인 것이다. 한국

디파가 살고 있는 타운하우스 내 수영장(왼쪽부터 디파, 나, 헬렌 부부와 손자)

처럼 다른 사람들이 자신을 어떻게 평가할까 고민할 필요가 전혀 없다. 뚱뚱한 호주 할머니가 손바닥만 한 수영복을 입고 자신 있게 물속으로 뛰어든다. 어느 누구하나 다른 사람의 그 무엇에 대해 함부로 평가하지 않았다. 그저 내 시간 내가 원하는 대로 쓰면 그만이었다.

오후 4시 반 옷을 갈아입으러 디파 집으로 갔다. 먼저 집에 온 디파는 우리들을 위해 감자튀김과 치킨 너겟(chicken nugget)을 준비해 놓았다. 사람 사는 곳은 다 똑같은 것 같다. 디파 남편과 큰 딸은 식당을 열기 위해 먼저 자리를 떴다. 큰 딸이 야무지게 일을 잘해서 디파 남편은 큰 딸과 식당을 운영한다. 아직 중학생밖에 안 된 디파의 딸은 어눌한 아빠의 영어를 대신하여 고객을 응대하는 것이다. 이 친구들을 좀 더 일찍 알지 못한 것이 호주 생활의 작은 아쉬움으로 남는다. 집으로 돌아가는 길에 디파가 얘기한 것이 생각났다. 디파 가족은 어쩌면 인도로 돌아가야 할지도 모른다고 했다. 디파 남편은 아직도 호주 영주권을 얻지 못한 것 같았다. 예전에는 호주 정부가 뉴질랜드 사람들에게 영주권을 그냥 주었다. 그러나 너무 많이 뉴질랜드 사람들이 넘어와 지금은 일정조건을 충족시키지 못하면 영주권을 주지 않는다고 했다. 디파 가족이 계급 없는 호주에서 행복하게 살 수 있도록 간절히 기도하였다. 디파 남편은 아내의 친구들이 놀러 온 것에 대해 몹시 기뻐하였다. 그는 어린 아내가 늘 외로워하는 것에 마음이 아팠다고 했다. 나중에 자기 식당에서 우리 가족에게 저녁을 대접하고 싶다고 했다. 그의 거친 얼굴과 투박한 말투 속에 인간적인 착한 마음이 보였다.

12월 22일 이른 아침부터 디파가 전화를 했다. 씨월드에 들어갈 수 있는 공짜 표가 생겼는데 자기 가족은 못 간다고 했다. 우리 가족은 이미 연간회원카드를 구입해서 필요는 없었다. 디파는 우리 가족이 한국으로 돌아가는 것을 슬퍼하여 매일 운다고 했다. 마음이 무겁다. 디파가 크리스마스 때 뭐할 거냐고 묻었다. 자기 집에 남는 방이 있으니 놀다가 자고 가라고 했다. 디파의 눈에서 어렵게 생긴 친구를 잃을까 봐 두려워하는 작은 소녀가 보였다.

12월 25일 기대할 것도 없는 크리스마스가 우리 가족에게 다가왔다. 무슨 일이 일어날 것처럼 부산했던 거리가 막상 크리스마스에는 쥐죽은 듯 조용하기만 하다. 특히 모든 쇼핑몰은 휴일이라고 문을 닫았다. 하버타운 주차장에 그 많던 자동차들이 한 대도 보이지 않았다. 한국 같으면 쇼핑몰이 돈을 더 벌기 위해 휴일에도

씨월드(Sea World)에서 물놀이하는 아이들 모습

문을 열었을 것이다. 호주에서는 그냥 누구나 할 것 없이 다 같이 쉰다. 크리스마스는 예외 없이 누구나 일과 가정의 균형을 맞출 수 있는 행복한 날이다. 어제 사온 한국전통과자와 목욕용품을 선물로 드리기 위해 정 선생님 댁으로 갔다. 정 선생님 사모님은 몸도 불편하신데 아이들을 위해 간식을 준비하셨다. 누군가가 호주에서 만나는 한국 사람들의 반은 사기꾼이고 나머지 반은 먹고 살기 힘들어 온 사람들이라고 말했다. 그러나 정 선생님은 자유로운 호주 문화를 사랑하여 힘든 역경을 딛고 이곳에 정착하셨다. 조 선생님은 퇴물이 될 나약한 모습 대신 역동적인 노후를 맞이하고 싶어 호주로 오셨다. 확실한 것은 두 분 모두 나에게 사기꾼이 아닌 은인이라는 것이다. 두 분 모두 다른 사람들을 불편하게 하는 한국 문화를 소스라치게 싫어하시는 것 같았다. 그런 분들이 우리 가족을 일 년 내내 따뜻하게 품어 주셨다.

오후 2시 반 아내가 구운 만두와 과일을 들고 디파 집으로 갔다. 언제나 그랬듯이 헬렌은 마음만큼 넓은 트레이에 콜롬비아 음식을 한가득 담아왔다. 수영장에는 동네 사람들이 다 모여 있는 것 같았다. 푸른 눈에 다른 외모를 가진 그들 사이에서 좋은 친구들 덕분에 기대하지 못한 안정감을 느꼈다. 호주에서 외롭지 않은 크리스마스를 보내게 되어 정말로 행복하였다. 디파는 우리 가족에게 자고 가라며 자꾸 잡는다. 그러나 우리는 한국으로 돌아갈 생각에 마음이 바쁘다. 돌아가는 길에 디파의 호의를 뿌리치려니 미안한 마음이 앞섰다. 그러나 그 무엇으로도 이별을 향해 흘러가는 시간을 막을 순 없었다.

12월 31일 2018년의 마지막 날이다. 올해는 내 인생에서 가장 행복했던 한 해였다. 헬렌은 아내를 위해 만든 양말을 디파 집에 맡겨 놓았다고 했다. 디파 집에 빈손으로 갈 수 없어서 과일을 사 가지고 갔다. 디파는 우리 가족에게 낮에 자기 집에서 쉬었다가 저녁에 브리즈번에 가서 불꽃쇼를 보자고 하였다. 우리 가족은 그냥 서퍼스 파라다이스에 가려고 했었다. 한국과 마찬가지로 호주의 대부분 도시에서 한 해의 마지막 날을 아쉬워하며 자정에 불꽃쇼를 한다. 그들에게 한 해의 마지막 날은 망년회(忘年會)가 아닌 송년회(送年會)를 갖는 날이다. 그들에게 한 해는 잊고 싶은 것보다 간직하고 싶은 것들이 더 많아 보였다. 어쩌면 그들은 망년회라는 개념조차 이해하지 못할지도 모르겠다.

디파의 애원을 뿌리치지 못했다. 우리 가족은 브리즈번에서 한 해의 마지막 날을 보내기로 했다. 오후 4시 쿠메라(Coomera) 역에서 디파 가족을 만났다. 디파 남편은 식당을 열어야 해서 가지 못했다. 기차로 브리즈번에 가기 위해 GO 카드라는 교통카드가 필요했다. 디파는 우리 가족을 위해 흔쾌히 자기 가족이 쓰던 GO 카드를 빌려 주었다. 사실 카드를 빌려준 것이 아니라 우리 가족의 교통비를 대신 내준 것이다. 디파는 한 해를 보내기 위해 우리 가족이 필요했나보다. 자동차로는 브리즈번을 자주 다녔었지만 기차로 가보기는 처음이었다.

기차는 1시간을 달려 사우스 브리즈번(South Brisbane) 역에 도착하였다. 불꽃쇼를 보기에 가장 좋은 장소는 사우스뱅크(South Bank)의 잔디밭이었다. 잔디밭에는 이미 많은 사람들이 돗자리를 깔고 누워 있었다. 디파는 간식으로 싸온 치킨 너겟과 감자튀김을 돗자리 위에 펼쳐 놓았다. 브리즈번에서 이렇게 많은 사람들을 보는 건 처음인 것 같았다. 오후 8시 반이 되니 불꽃쇼가 시작되었다. 폭죽이 한발 한발 밤공기를 가르며 하늘로 올라간다. 폭죽이 터질 때마다 사람들은 탄성으로 한 해의 아쉬움을 달랬다. 그러나 아쉬움도 잠깐이고 사람들은 새해의 기대감에 부풀어 있는 것 같았다. 최근에 전 세계는 테러로부터 위협을 받고 있다. 경찰은 사우스뱅크 전체를 펜스로 둘러싸고 들어가는 사람들의 소지품을 검사하였다. 잠시 후 불꽃쇼는 끝났지만 자정에 한 번 더 불꽃쇼가 있다고 했다. 어린 아이들을 데려온 사람들은 서서히 사우스뱅크를 빠져 나갔다. 디파는 아이들이 일찍 잘 수 있도록 불꽃쇼를 두 번 한다고 했다. 첫 번째 불꽃쇼는 아이들을 위한 것이고, 두 번째 불꽃쇼는 어른들을 위한 것이다. 투박하고 느리기만 할 것 같은 호주 사람들이 작은 것에도 세심한 배려를 한다. 정말로 정확히 자정이 되니

디파 가족과 2018년 마지막 날을 보낸 사우스뱅크의 모습

다시 한 번 불꽃쇼가 시작되었다. 브리즈번 강은 불꽃으로 물든 정원이 되었고 사람들의 탄성은 유유자적(悠悠自適) 브리즈번 강 위를 거닐었다. 새벽 12시 반 우리는 다시 골드코스트로 가는 기차에 몸을 실었다. 집에 와서 씻고 정리를 하니 새벽 3시가 되었다. 호주에서의 한 해를 맞는 기분은 다시 태어나는 기분이었다.

1월 2일 저녁 7시 디파 아들 알몬의 생일을 축하하기 위해 디파 남편이 운영하는 식당에 갔다. 헬렌 가족도 초대되었다. 디파 남편의 식당은 숲 속에 위치하여 아는 사람 아니면 찾기 어려울 것 같았다. 디파와의 만남은 오늘이 마지막일 것 같았다. 그렇게 활달하던 디파가 말이 없다. 디파 남편은 아들의 생일파티에 이렇게 많은 사람들이 온 것은 처음이라며 기뻐했다. 디파 남편은 연신

디파 아들 알몬의 생일 파티(왼쪽부터 디파 부부, 소정, 서진, 나, 알몬, 헬렌 부부, 아내 그리고 디파 딸)

음식을 내오면서 맛이 있는지 물어보았다. 맥주와 음료수도 한가득 내왔다. 돈으로 따지면 큰 금액일 텐데 우리에게 아낌없이 호의를 베풀었다. 하층 계급에 있던 그들에게 우리의 작은 손길은 그들의 삶에 큰 버팀목이 된 것 같았다. 인도에 대해 성폭행이나 부정부패 등 부정적인 소식만 접하다가 디파 가족을 만나니 인도를 다시 보는 계기가 되었다. 호주에서 이방인이었던 그들에게 우리 가족은 외로움의 피난처였던 것 같았다. 디파의 굳은 표정은 우리의 마음을 더 무겁게 했다. 디파에게 호주를 떠나기 전까지라도 자주 통화하자고 했다.

1월 27일 우리 가족이 한국으로 돌아가기 5일 전이다. 오늘까지만 자동차를 사용할 수 있어서 디파 집에 들렀다. 디파는 우리의 전화도 받지 않고 뾰로통해 있는 것 같았다. 우리를 보더니 디파는 놀이공원에서 엄마 잃은 아이처럼 허탈한 표정을 지었다. 디파를 어르고 달래며 우리는 다시 한 번 작별 인사를 하였다. 우리 가족이 떠나면 디파는 헬렌 부부와 만나겠지만 헬렌 부부는 70대 노부부라 아무래도 우리 가족보다는 공감대가 떨어질 것이다.

1월 31일 한국으로 돌아가기 전날이다. 디파에게서 전화가 왔다. 전해줄 선물이 있다며 만나자고 했다. 그러나 우리는 만날 수 없었다. 자동차는 이미 팔렸고 디파 집은 우리 집에서 상당히 멀리 떨어져 있다. 뾰로통했던 디파가 우리를 이제야 마음속에서 놓아 줄 준비가 된 것 같았다. 그러나 안타깝게도 디파를 더 이상 볼 수는 없었다. 디파는 운전을 못한다. 전화상으로 흔들리는 디파의 목소리를 통해 이별의 선물을 마음만 받기로 하였다. 부디 디파가 또 다른 친구를 만나 외롭지 않게 살았으면 하는 바람이다. 부릅뜬 눈에 당당한 디파 뒤로 작은 상처에도 쓰러져 버릴 여린 소녀가 웅크리고 있었다는 것을 그제야 깨달았다. 우리 가족이 잔잔했던 디파의 마음에 돌만 던지고 가는 것 같아 마음이 아팠다.

디파가 인도로 돌아갈지 호주에 계속 살지는 알 수 없다. 그러나 정해진 운명 속에서 좋은 추억만 간직했으면 좋겠다. 언젠가 다시 우리가 마주친다면 알아볼 수 있게 말이다.

7. 시드니 다시 보기

12월 중순 호주의 긴 여름방학이 시작되었다. 한국에서 아이들의 호주 교육과정을 인정받기 위해 서류가 필요하다. 필요한 서류를 학교에서 모두 발급받았다. 한 달 반만 지나면 우리는 이곳을 떠나게 된다. 평상시 말 한마디 섞지 않던 선생님들이 우리 가족을 볼 때마다 "너희들 한국으로 돌아간다며"라고 물어보았다. 우리 가족을 무심하게 스쳐 보낼 줄 알았던 그들도 아쉬운 말 한마디씩 거든다. 남은 시간을 아쉬움만큼 후회 없이 느끼며 보내고 싶었다.

12월 15일 자동차로 갔던 시드니를 다시 한 번 가슴에 품고 싶었다. 지난번에는 운전하느라 온전히 시드니의 속살을 느껴보지 못했다. 아침 6시 55분 골드코스트 공항에서 시드니로 향했다. 아이들은 아침 일찍 깨운 내가 야속한지 화가 나 있었다. 더 넓은 세상을 보여주려는 내 맘도 몰라준다. 1시간 반을 날아 우리는 시드니 공항에 도착했다. 시드니는 서머타임 적용기간이라 골드코스트보다 1시간이 빠르다. 하일린 가족 덕분에 가까워진 베트남을 호주에서 한 번 더 느끼고 싶었다. 우리는 시드니 외곽에 있는 카브라마타(Cabramatta)에 가기로 했다. 시드니에서 블루마운틴(Blue Mountains) 방향으로 1시간 떨어져 있는 카브라마타는 베트남 사람들이 모여 사는 동네이다. 카브라마타로 가기 위해 기차를 이용할 수도 있었지만 공항을 통과하는 기차는 너무 비쌌다. 우리는 한인이 운영하는 픽업서비스를 이용하였다.

카브라마타로 가는 길에 운전기사와 잠깐 얘기를 나눴다. 40대 중반으로 보이는 운전기사는 호주에 온 지 얼마 되지 않았다. 그는 한국에서 무역회사를 다녔었고, 아내는 바이오 회사의 연구원으로 일했었다. 아내의 전공이 호주의 이민자 직종과 맞아 현재 아내가 영주권 받기를 고대하며 시간을 보내고 있었다. 서글서글한 인상에도 불구하고 고생을 했는지 머리카락은 별로 없었다. 그는 학교생활에 만족해하는 아이들을 보면서 힘들지만 호주에 오길 잘한 것 같다고 했다. 본인은 비록 픽업서비스를 하고 있지만 남 눈치 안 보고 살기에 너무 행복하다고 했다. 가는 내내 동생 같은 운전기사가 삶의 희망을 잃지 않도록 응원해 주었다. 운전기사는 우리 가족이 이민가족인 줄 알고 다음에 자기를 또 불러달라며 할인권을 주었다. 영주권을 따는 일이 얼마나 어려운지 잘 알기에 만나는 사람마다 호주에서 행복한 삶을 누리도록 빌었다.

카브라마타(Cabramatta)의 어느 카페 앞

카브라마타에 도착하니 역을 중심으로 상가가 줄지어 서 있었다. 거리는 베트남 사람들로 가득했다. 동네는 브리즈번 이날라보다 10배는 더 큰 것 같았다. 거리 곳곳에는 호주식당과 백인들도 보이지만 아시아의 어느 마을에 와 있는 느낌이다. 유명하다는 베트남 식당을 찾아가 보니 중국 음식과 베트남 음식이 혼합된 국수집이었다. 국수는 중국 음식문화와 베트남 음식문화가 결합된 오묘한 맛이었다. 베트남 커피가게 앞에는 생각보다 많은 사람들이 베트남 전통복장을 하며 줄서 있었다. 이것이 진정 베트남 거리의 모습 아닐까 생각했다. 호주의 속살을 들여다보면 치열한 삶으로 일궈낸 베트남의 풍경이 보였다.

오후 1시 우리는 카브라마타를 떠나 시내로 들어갔다. 한국에 있을 때는 우리보다 못 산다고 무시했던 베트남이나 인도네시아 사람들이 호주에서는 우리보다 영어도 더 잘하고 응집력도 좋아 보였다. 이것이 나만의 착각이었으면 좋겠다. 한국에서 그렇게 잘났다고 외치던 사람들도 이곳에서는 그저 동양인 중 한 명일 뿐이다. 기차는 어느새 타운 홀(Town Hall) 역에 도착했다. 타운 홀 역의 지하상가에서 한인이 운영하는 작은 식당을 발견하였다. 한국의 영혼음식, 떡볶이와 잡채를 팔고 있었다. 작은 한국식당은 신기하게도 지나가는 호주 사람들의 발목을 잡고 있었다. 시드니 한가운데서 발견한 한국식당에서 한국이 좀 더 세계 속으로 뻗어 나갔으면 하는 바람을 가져본다.

12월 16일 블루마운틴(Blue Mountains)에 가기로 하였다. 사실 블루마운틴을 보기 위해 시드니를 다시 찾은 것이다. 일요일에는 교통비를 2.7달러만 지불하면 어떤 교통수단을 타든 더 이상 지불하지 않아도 된다. 센트럴(Central) 역을 떠난 기차는 1시간 떨어져 있는 펜리스(Penrith) 역에서 멈췄다. 블루마운틴까지 직접 가는 기차인 줄 알았는데 일요일에는 버스로 갈아타야 한다. 기차에서 만난 중국인 가족은 자기들도 블루마운틴을 간다며 우리에게 버스로 갈아타는 곳을 가르쳐 주었다. 호주에는 중국 사람들이 정말 많았다. 중국 사람들은 호주에서 동양인을 대표하여 영향력을 발휘하고 있었다. 요즘은 낯선 곳에서 중국 사람을 만나면 어색하기보다 오히려 반가울 정도이다. 많은 중국 사람들로 인해 호주 사람들이 동양인을 무시하지 못한다는 얘기도 있다. 다정한 중국인 가족 덕분에 우리는 무사히 카툼바(Katoomba) 역에 도착하였다. 에코 포인트(Echo Point) 방향으로 걸어가다가 도미노 피자집에서 점심을 때웠다. 에코 포인트에는 정말 많은 사람들이 세 자매 봉을 배경으로 사진 찍고 있었다. 블루마운틴은 140km가 넘는 트래킹 코스를 가지고 있다. 또한 수많은 전망대와 폭포 그리고 다양한 생태계를 아우르고 있다. 우리는 블루마운틴의 티끌만 느끼고 가는 것 같았다. 블루마운틴을 더 많이 느끼고 싶었지만 시간이 없기에 사진 몇 장으로 만족해야 했다. 끝없이 펼쳐진 유칼립투스나무의 숲은 우리를 포근히 감쌌다.

오후 2시 시내로 들어가는 길에 한국 사람들이 모여 산다는 스트라스필드에 들렀다. 카브라마타보다는 작지만 거리에는 한국 사람들로 넘쳐났다. 한 식당에서 한국보다 더 한국적인 감자탕 맛에 깜짝 놀랐다. 종업원은 워킹홀리데이로 온 대학생 같은데 서울 말씨를 썼다. 감자탕을 한입 물고 있으니 서울의 어느 식당에 와있는 느낌이었다. 오랜만에 느껴보는 한국 음식이다. 식당 문을 열고나오니 우리는 다시 호주 속으로 들어와 있었다. 스트라스필드의 한인 동네가 카브라마타의 베트남 동네보다 더 커지길 바라며 그곳의 한국 사람들에게 행복을 빌었다. 어느 곳에 살든 한국 사람이라는 자부심을 잊지 말라고 읊조리며 시내로 향했다.

시내로 들어오는 길에 시드니 대학을 들렀다. 시드니 대학은 1850년에 설립된 호주 최초의 대학이다. 수많은 노벨상 수상자들이 배출된 학교로 오래된 건물들이 역사를 말해주고 있었다. 아이들이 화장실에 가고 싶다고 해서 도서관에 들어갔다. 방학임에도 불구하고 다양한 인종의 학생들이 밤늦게 공부하고 있었다. 먼 훗날 아이들이 이곳을 기억하길 바라며 경비원 아저씨와 사진을 찍어주었다. 먹고 마시기만 할 것 같은 관광도시, 시드니에도 한 구석

바다에서 본 오페라하우스, 서큘러키, 시드니 항(왼쪽부터)

오페라하우스 옆에 있는 바에서 여유를 즐기는 사람들

에서는 끊임없이 불을 밝히며 세상의 근심을 해결하려는 누군가가 있었다. 어둠이 깔린 시드니를 아쉬워하며 오페라하우스 옆 한 바에서 맥주를 마셨다. 맥주 잔 너머 하버브리지 위에는 사람들이 옹기종기 모여 시드니의 여유를 즐기고 있었다.

12월 17일 두 군데의 해변을 가기로 하였다. 오팔(Opal) 카드를 충전하여 서큘러키로 갔다. 먼저 맨리(Manly) 해변에 가기로 하였다. 서핑을 즐기는 젊은이들에게 인기 있는 장소라고 한다. 서큘러키에서 고속 페리로 20분 정도 가면 도착했다. 우리는 부두에서 아이스크림을 하나씩 입에 물고 천천히 걸어갔다. 부두에서 반대편으로 10분 정도 걸어가니 해변이 나타났다. 수증기에 뒤덮인 바다 위로 많은 사람들이 수영을 즐겼다. 그러나 해변은 골드코스트가 최고인 것 같았다. 부두에서 반대편 해변으로 연결된 거리는

언젠가는 사라질 맨리(Manly)의 거리와 끝에는 맨리 해변

캐럴송과 함께 크리스마스 분위기로 흠뻑 젖어 있었다. 맨리 해변은 좁다란 모래톱 위에 있는 해변이다. 점점 세월이 지나면 부두와 반대편 해변 사이의 거리가 바다에 침식되어 맨리 해변은 사라질 것이라고 한다. 먼 훗날 없어질지 모를 이 거리에서 점심식사를 하였다.

오후 1시에 우리는 서큘러키로 돌아왔다. 페리에서 내리자마자 갭 파크(Gap Park)가 있는 왓슨 베이(Watsons Bay)행 페리로 갈아탔다. 도착 후, 아이들은 부두 근처의 놀이터에서 호주 아이들과 한참을 놀았다. 바로 뒤의 갭 파크로 갔다. 이곳은 영화 '빠삐용'의 주인공이 절벽에서 바다로 떨어드는 장면을 찍은 곳이라고 한다. 운무가 끼어 바다와 절벽은 거의 보이지 않았다. 버스를 타고 본

안개 낀 본다이(Bondi) 해변의 모습

다이(Bondi) 해변으로 갔다. 본다이 해변은 호주를 대표하는 장소로 수영복을 입은 많은 사람들이 알록달록 해변을 수놓고 있었다. 젊은 사람부터 나이 든 노인까지 그저 파라솔 하나에 책만 있으면 그들에게 천국이 따로 없는 것 같았다. 본다이 해변에는 상어가 자주 나타나 안전요원(safeguard)의 필요성이 처음 제기된 장소이기도 하다. 관광과 상업이 공존하는 시드니에서 지칠 줄 모르는 사람들의 활기가 느껴졌다. 가는 곳마다 활기찬 시드니에서 도시의 어두운 그림자는 찾아보기 어려웠다.

12월 18일 시드니의 마지막 날이다. 오늘은 여유롭게 시드니의 풍미를 느끼려고 했다. 아내는 타운 홀 근처 오래된 카페에서 진한 향이 흘러나오는 커피를 샀다. 건너편 퀸 빅토리아(Queen Victoria) 빌딩으로 들어갔다. 산타클로스 복장을 입은 여직원이 우리 아이들을 품에 안더니 같이 사진을 찍었다. 호주 언니의 품에 안긴 아이들은 세상을 다 가진 표정이었다. 트램 설치공사로 거리는 복잡하지만 크리스마스는 여전히 오고 있었다. 항상 눈을 기다렸던 크리스마스였지만 이곳의 거리는 반팔 티셔츠에 반바지를 입은 사람들로 북적거렸다.

홍콩 식당에서 점심을 먹고 달링 하버(Darling Harbour)로 갔다. 놀이터 한쪽에는 아이들의 얼굴에 무료로 그림을 그려주는 행사를 하고 있었다. 화가는 아이들의 얼굴에 천사를 그려 넣었다. 시드니에 살 것 같은 천사를 아이들의 얼굴에 그려 넣은 것이다. 해양 박물관 옆에서 페리를 타고 다시 서큘러키로 갔다. 아내와 난 시드니의 아쉬움을 Munich 식당에서 5달러에 제공하는 맥주 한 잔

달링 하버(Darling Harbour)에서 공연하는 학생들

으로 달랬다. 지금 이 순간의 평화로움이 오래도록 기억되었으면 좋겠다.

오후 7시 우리 가족은 예약해둔 한인 픽업 자동차를 타운 홀에서 탔다. 운전기사는 30대 중반으로 보이는 젊은 남성이었다. 그는 학생비자로 호주에 왔다가 벌써 6년째 살고 있다. 현재는 학생비자도 만료되어 불법체류자가 되었다. 근근이 한인 픽업 서비스로 생계를 이어가고 있었다. 그는 한국으로 다시 돌아갈 자신도 없고 생계를 위해 일만 하다 보니 영어를 공부할 시간도 없었다고 했다. 호주에서 영주권을 얻기 위한 마지막 방법으로 호주 시민권자와의 결혼을 생각하고 있었다. 그는 한국에서 이름만 대면 알 만한 반도체 회사에서 근무했었다. 막연한 환상만을 좇는 철부지는 아니었다. 그는 호주 생활과 한국 생활의 차이점을 극명하게 이해하고 있었다. 1주일 내내 일을 하지만 한국에 있을 때보다 더 행복하다고 했다. 어떤 직업을 갖든 얼마를 벌든 간에 어느 누구도 자기를 천대하지 않는다고 했다. 한국의 직장에서는 눈칫밥 먹으며 야근하고 수시로의 갑질을 견뎌야 했다. 그는 일한 만큼 보상받고 노동이 존중되는 호주의 삶을 포기하기 어려웠던 것이다.

누구나 자기의 삶을 결정할 권리가 있다. 권리 뒤로 의무만 다 한다면 어느 누구도 그 삶이 옳다 그르다 평가할 수 없을 것이다. 그 삶은 온전히 그 사람의 것이기 때문이다. 많은 사람들은 함부로 남의 인생을 제멋대로 평가하고 맞으면 좋고 틀리면 망각의 쓰레기통에 집어 던진다. 우리는 행복한 삶의 기준을 설정하고도 늘 행복을 좇는다. 우리는 정형화시킬 수 없는 행복을 부질없는 기준으로 찾아 헤맸던 건 아닌지 모르겠다. 아직도 많은 한국 사람들은 행복의 기준을 만들었다가 허물기를 반복하는 것 같다. 다른 사람들이 만든 행복의 기준에 내 인생이 벗어날까 봐 전전긍긍하며 불안한 삶을 이어가는 것이다.

호주 사람들이 행복한 이유는 다른 사람이 살아가는 방식과 자기가 살아가는 방식이 다르다는 것을 인정하고 그 다름을 존중하기 때문일 것이다. 수많은 삶 중에 자기가 추구하는 삶이 가장 행복한 삶이라고 믿는다. 다른 사람의 삶과 비교하지도 두려워하지도 않는 그들이야말로 호주를 행복한 나라로 만드는 것 같다. 난 운전기사가 믿는 가장 행복한 삶이 호주에 있기를 바랐다. 다양한 민족의 이민자들이 어울려 살 수 있었던 것은 서로의 삶을 존중하고 자신의 기준을 고집하지 않는 겸손한 마음 때문일 것이다. 시드니에서 만난 많은 사람들로부터 나만의 행복한 삶을 찾아야 하는 과제를 떠안게 되었다.

크리스마스 분위기의 시드니 거리 모습

시드니를 다시 보고 느낀 것은 내 인생은 아무도 책임져 주지 않는다는 것이다. 다양한 인생들은 제 각각의 모습으로 자기가 뜻한 대로 달려간다. 어느 인생이 옳다 그르다 말하기에는 우리의 인생이 너무 짧다. 남의 인생을 좇아가다 마음대로 살지 못한 자기 인생을 후회할지도 모른다. 결국 인생은 어떻게 살든 자기가 행복하면 되는 것 같다. 다양한 인생을 보며 인생을 너무 무겁게 바라볼 필요는 없을 거라고 생각했다.

8. 아프지 말고 오래오래 행복해야 해!

헬렌이 한국에 살았다면 한국 사람들은 그녀를 싫어했을지도 모른다. 그녀는 영어수업만 되면 사람들의 관심을 주도 하곤 하였다. 자원봉사자 수잔이 떠날 때도 돈을 걷어 선물을 사주자고 했고, 수잔을 위해 소풍을 가자고도 했었다. 시간만 되면 산에 놀러 가자고 했었고, 같이 음식도 해먹자고 했었다. 천안에서 온 할머니는 헬렌이 말만 하면 "저 여편네 또 나서네"라고 말했다. 헬렌은 도서관에서 무료로 가르치는 뜨개질 교실, 요리교실 등 모든 수업에 참여했다. 배우는 것이 너무 즐겁다고 했다. 그녀의 나이는 올해 73세이다. 엄마보다도 더 언니였다. 그런 그녀를 만날 때마다 난 친구처럼 포옹하며 반말로 헬렌이라고 불렀다. 그런 그녀가 이렇게 아련한 그리움으로 남을 줄 몰랐다.

헬렌은 콜롬비아(Colombia)에서 왔다. 콜롬비아는 콜럼버스의 탐험과 함께 스페인의 식민지가 되었다. 그러나 1819년 스페인의 권위에 도전하며 '그란 콜롬비아(Gran Colombia)'라는 이름으로 건국을 선포하였다. 이후 1829년에는 베네수엘라가 1830년에는 에콰도르가 각각 분리 독립하면서 지금의 콜롬비아가 되었다. 콜롬비아는 소수의 유럽계 인종들이 정치적, 경제적 그리고 사회적 주도권을 장악하고 있다. 콜롬비아는 전체 수출량의 약 45%가 석유일 정도로 석유매장량이 높은 산유국이다. 그러나 높은 실업률과 극단적인 빈부격차는 심각한 사회문제로 대두되고 있다. 특히 마약과 테러 등으로 치안이 열악하고, 밀수와 위조지폐 등으로 사회

전반에 불신이 퍼져 있다. 그런 이유로 헬렌 부부는 어렵게 호주에 오게 된 것 같았다. 헬렌은 가끔씩 분단된 한국을 걱정하지만 콜롬비아도 상황이 만만치는 않은 것 같다.

하얀 얼굴을 가진 헬렌의 몸에는 스페인의 피가 흐르는 것 같았다. 그러나 그녀의 삶은 정복자의 삶과 멀어보였다. 아들과 딸은 먼저 호주로 이민 와서 시민권자로 살고 있다. 작년에 아들이 헬렌 부부를 초청비자로 불러들였다. 헬렌은 콜롬비아에 여러 채의 집을 소유하고 있지만 무슨 이유에서인지 국가가 매도하는 것을 허용하지 않는다고 했다. 그래서 헬렌은 많은 돈을 갖고 있지 않았다. 헬렌 부부는 호주에서 집을 살 여유가 없어서 아들 집의 마당에 캐러밴을 놓고 생활하고 있다. 헬렌은 연하 남편 루이스와 항상 같이 다녔다. 사람들은 그들을 잉꼬부부라고 불렀다. 선한 눈매의 루이스는 항상 아픈 헬렌을 누나처럼 따라다녔다.

11월 30일 헬렌이 식사를 초대하였다. 운전을 못하는 디파를 태워서 헬렌 집으로 갔다. 헬렌은 디파와 우리 가족 말고도 영어교실에서 만난 사람들을 더 초대하였다. 그중에는 우리가 어제 도서관에 가지 않아 만나지 못했던 중국 아줌마가 와 있었다. 중국 아줌마는 어제 우리를 만나기 위해 도서관에서 기다렸다고 했다. 그녀는 조만간 중국으로 돌아가게 되어 우리 가족과 마지막 인사를 하려고 했었다. 그녀의 아이들이 우리 아이들과 나이가 비슷하여 교육에 대해 자주 얘기하곤 했었다. 생각지도 않은 중국 아줌마의 기다림에 마음이 뭉클해졌다. 누군가를 향한 내 마음이 나를 향한 누군가의 마음보다 이렇게 초라해 보인 적이 없었다. 그녀는 자신을 기억해 달라며 작은 선물을 우리에게 주었다. 부끄러운 손으로

디파 집에서 기념사진(왼쪽부터 헬렌 손자, 헬렌, 디파 그리고 아내)

그녀의 정성을 감사히 받았다. 누군가는 다시 못 올 인연을 잊지 못할 추억으로 간직하려 하는데, 누군가는 다시 못 올 인연이라 무심히 마음속에서 지우려 한다. 무심하게 흘려보냈던 많은 인연들을 생각하면 그녀의 선물 앞에 한없이 부끄럽고 미안했다. 헬렌이 준비한 점심을 먹으면서 아내와 그녀는 연락처를 교환하였다. 한국에 오면 꼭 연락하라고 말이다. 내 인생에 어쩌면 다시 못 볼 사람이라 생각하니 그녀의 마음이 커다란 빚이 되어 다가왔다.

헬렌이 준비한 음식은 콜롬비아 전통음식이었다. 팥으로 만든 스프, 쌀밥, 소시지, 와카몰리라는 아보카도로 만든 음식 그리고 전통음료로 잔디밭의 식탁에 차려져 있었다. 호주에서 남미 음식을 먹게 될 줄은 상상도 못했었다. 식사를 하는 도중 한국 사람들에게는 낯선 상황을 마주하게 되었다. 헬렌의 며느리도 주방에서 음식을 내오더니 우리와 같이 식사를 하였다. 한참 식사를 하고 있는데 일찍 식사를 마친 헬렌과 루이스는 주방에 들어가 설거지를 하고 있었다. 헬렌의 며느리는 여전히 초대된 사람들과 얘기를 나누며 식사를 하고 있었다. 헬렌의 며느리는 부모님이 콜롬비아 사람이지만 본인은 호주에서 태어났다.

시부모가 주방에 있는데 한국의 며느리가 시부모 친구들과 웃고 떠들며 식사를 할 수 있을까? 사실 우리는 헬렌과 루이스의 친구이지 며느리의 친구는 아니었다. 어떻게 생각해 보면 며느리가 우리가 사용한 식기를 설거지할 필요는 없어 보였다. 헬렌과 루이스는 자기들이 초대한 친구들로 인해 아들 부부가 불편해할까 봐 배려하는 것 같았다. 설사 그렇다 해도 한국의 며느리가 그런 상황에서 식탁에 앉아 있을 수 있는지 의문이었다. 나의 잣대로 세상을 보지 않겠다고 다짐했지만 불편하고 낯선 이 느낌은 어쩔 수 없었다.

자연스럽게 아내와 난 헬렌과 루이스를 돕기 위해 주방으로 갔다. 그들은 우리보고 식탁에 가서 앉아 있으라고 했다. 어쩌면 헬렌과 루이스는 그렇게 배려를 해야 아들 부부와 같이 살 수 있다고 생각한 것 같았다. 허드렛일은 아랫사람이 해야 한다는 잘못된 인식을 갖고 있는 한국 문화야말로 그들에게 이상해 보일지도 모른다. 잠시 후 헬렌은 우리에게 아들 집을 구경시켜 주겠다며 데리고 다녔다. 며느리는 할 일이 있다며 자기 방으로 들어갔다. 합리적인 사고방식은 헬렌 부부와 며느리가 불편함 없이 공존할 수 있는 윤활유 역할을 하는 것 같았다. 40년 이상 한국에서만 살아온 나에겐 여전히 받아들이기 힘든 상황이었다. 어쨌든 고부간의 갈등은 없는 것 같았다. 나이를 먹었다는 이유만으로 젊은 사람들로부터 대접받으려는 우리의 사고방식이 오히려 우리의 설자리를 줄어들게 만드는 것 아닐까 생각해 본다. 한국이 세계 속에서 더 큰 날개 짓을 하려면 젊은 세대와 기성세대가 서로 소통할 수 있는 공감문화가 형성되어야 할 것이다.

12월 20일 헬렌은 아내의 발을 보자고 했다. 손 뼘으로 아내의 발 크기를 재더니 뜨개질을 시작했다. 헬렌은 한국의 겨울이 춥다는 말을 듣고 아내에게 양말을 만들어 주려고 했다. 그날 이후로 헬렌은 온몸이 쑤시고 아플 텐데도 볼 때마다 뜨개질을 하고 있었다. 헬렌은 관절염으로 고생하여 항상 아프다고 하면서도 우리를 만날 때면 엄마처럼 웃기만 했다. 그러나 툭하면 눈물이 글썽이는 쭈글쭈글한 헬렌 안에는 여전히 여린 소녀가 살고 있었다. 그녀는

헬렌 부부가 사는 캐러밴(왼쪽)과 헬렌이 아내를 위해 만들어준 양말(오른쪽)

아내가 한국에 돌아가기 전까지 양말을 만들지 못할까 봐 전전긍긍하였다. 헬렌은 나이에도 불구하고 항상 긍정적이고 활기에 넘쳐 젊은 사람들과의 대화에서도 어색함이 없었다. 오지랖은 어찌나 넓던지 영어교실에 잠깐 스쳐 지나가는 사람들에게도 선물을 주거나 파티를 하자고 제안하였다. 우리가 한국으로 돌아가면 헬렌을 볼 수 있는 기회는 영영 없을 것 같았다. 그녀는 나이도 많고 몸도 아파 언제 세상을 떠날지 모르는 영락없는 할머니이다. 그럼에도 불구하고 헬렌은 사람들과 만나면 아는 언니와 누나로 회춘한다. 그 열정이 어디에서 왔는지 한국의 할머니들과는 분명히 달라 보였다. 그녀와 헤어질 것을 생각하니 함께 했던 시간들이 소중한 만큼 아프게 다가왔다.

1월 25일 새해도 벌써 3주가 지났다. 여름방학 때 도서관은 영어교실을 운영하지 않는다. 모두들 산으로 바다로 여행을 떠났다. 한산한 거리에 이글거리며 내리꽂는 뜨거운 햇빛처럼 아쉬움들이 강렬하게 나의 뇌리에 꽂혔다. 헬렌 부부에게서 전화가 왔다. 다음 주면 떠나는 우리 가족을 위해 점심을 사겠다고 했다. 점심 때 우리는 사우스포트 도서관 앞에서 만났다. 우리 가족에게 한국 음식을 사주고 싶다고 했다. 가까운 곳에 돌솥비빔밥을 파는 식당이 있었다. 매워서 잘 먹지도 못하는 헬렌은 우리 가족을 위해 한국 음식을 선택하였다. 그녀는 한 달 전부터 그녀의 아들에게 우리 자동차를 팔아달라고 부탁도 했었다. 헬렌은 아직 팔지 못한 물건이 무엇이 있냐고 물어보았다. 아내는 냉장고가 팔리지 않았다고 말했다. 그러자 헬렌은 딸이 냉장고를 가지고 있지만 작은 냉장고가 하나 더 필요하다며 우리의 냉장고를 사겠다고 했다. 우리를 도와주기 위해 냉장고를 사는 건 아닌지 걱정되면서도 고마웠다. 아내는 헬렌을 위해 준비한 작은 선물과 우리 아이들이 사용했던 물놀이기구를 주었다. 헬렌은 우리가 준 별것 아닌 것에 대해 감사해했다.

1월 29일 아침 일찍부터 헬렌은 아들과 함께 작은 트럭을 타고 왔다. 우리의 냉장고를 아들의 트럭에 실었다. 헬렌에게서 돈을 받고 우리는 건강하라고 인사를 건넸다. 정말로 오늘이 헬렌과의 마지막일 거라고 생각했다. 헬렌은 우리 가족이 마지막 남은 시간을 더 즐기도록 배려해 주었다. 헬렌을 보내고 우리는 한국에 있는 지인들의 선물을 사기 위해 하버타운으로 갔다. 오후에 헬렌으로부터 전화가 왔다. 잠깐 우리 집에 들르겠다고 했다. 오후 3시쯤 헬렌과 루이스는 손에 작은 가방을 들고 웃으며 나타났다. 헬렌은 아직도 우리 가족을 볼 수 있어서 다행이라는 안도의 눈빛이었다. 그녀는 우리 가족을 위해 쇼핑몰에 가서 반팔 티셔츠를 사가지고 왔다. 헬렌이 눈대중으로 사온 티셔츠가 아내와 아이들에게 잘 맞았다. 그러나 나를 위해 사온 티셔츠는 좀 작았다. 난 헬렌에게 그냥 입을 수 있을 것 같다고 말했다. 헬렌은 본인이 마음에 안 들었는지 가지고 한 치수 더 큰 티셔츠로 바꿔다 주겠다며 가지고 갔다. 헬렌은 떠나보내면 잊힐 우리에게 너무 많은 수고를 하였다. 우리의 빈자리가 헬렌을 아프게 하지 않을까 걱정되었다.

1월 31일 내일이면 우리는 한국으로 돌아간다. 헬렌 부부가 오전에 왔다. 헬렌은 가지고 교환한 티셔츠를 나에게 입혀 보더니 그제야 만족하고 안도의 한숨을 쉬었다. 아쉬움과 긴장감이 교차

된 헬렌의 눈에는 웃음이 번졌다. 잠깐 얘기를 나누다가 헬렌은 내일이면 우리가 호주에서 사라진다는 사실을 깨달은 것 같다. 헬렌은 갑자기 엄마 잃은 아이처럼 펑펑 울기 시작했다. 아내도 함께 울었다.

헬렌은 딸이 호주에 오고 나서 무슨 이유에서인지 자기에게 퉁명스러워졌다고 했다. 피부색깔도 언어도 다른 아내로부터 헬렌은 살가웠던 딸의 모습을 보았던 것 같았다. 시간은 기어코 헬렌과 아내를 떼어 놓았다. 헬렌은 다시 돌아오지 못할 자식을 떠나보내는 심정으로 울고 있었다. 한국에 돌아가면 선물로 사준 티셔츠를 입고 가족사진을 찍어 보내주겠다고 약속했다. 우리 가족이 떠나도 헬렌은 오지랖 넓은 왕언니처럼 씩씩하게 살 거라고 믿어본다.

평행선을 달리는 기타 줄처럼 우린 어쩌면 평생 만날 수 없을지도 모른다. 그러나 각자의 소리가 하나의 화음이 되듯 각자의 그리움은 우리의 삶을 아름답게 지탱할거라고 믿는다. 우린 스펙트럼 같은 1년의 호주 생활을 지나 각자의 삶으로 다시 퍼져 나갈 것이다. 지구 어딘가에서 그렇게 각자의 삶을 살며 서로를 그리워하고 추억할 것이다. 삶이 우리를 지치고 힘들게 할 때마다 축복 같던 우리의 만남을 상기하며 다시 일어설 것이다. 엄마의 나이에 누나 같던 헬렌이 아프지 말고 오래오래 행복하게 살았으면 하는 바람이다.

9. 빈 둥지 증후군

9월부터 한국의 고향집에 지인들에게 줄 선물을 택배로 보냈다. 골드코스트에는 다행히 우체국보다 저렴한 한인 택배회사가 있었다. 선물은 주로 호주에서 만들어진 영양제나 양봉제품들이었다. 한국으로 돌아갈 때 한꺼번에 많은 선물을 가지고 갈 수 없어서 몇 차례 나눠 택배로 보냈다. 택배회사에 자주가다 보니 일하시는 아주머니와 친해지게 되었다.

1월 3일 엄마에게 도움이 될 관절약과 우리 가족이 먹을 영양제를 한국으로 보냈다. 이제는 더 이상 택배회사에 올 일이 없을 것 같았다. 택배회사에 가면 유독 우리 아이들을 예뻐해 주셨던 직원분이 있었다. 나이는 50대 중반으로 보이나 나이보다 젊어 보이는 아주머니였다. 가끔씩 아주머니는 물건을 사러 온 호주 사람들을 응대하였다. 나는 아주머니의 영어실력에 깜짝 놀라곤 했었다. 생각보다 많은 이민자들이 호주에 오래 살았음에도 불구하고 영어는 잘 하지 못했다.

아주머니는 30대에 이민을 오신 것 같았다. 본인과 아이들이 호주에 먼저 들어와 정착하였고 나중에 한국에서 일하던 남편 분이 들어오셨다고 했다. 어떠한 계기로 호주이민을 결심하셨는지는 모르겠다. 아주머니는 처음에 영어를 배우기 위해 한 손에는 큰 아이를 쥐고, 등에는 작은 아이를 업고 하루 종일 쇼핑몰 의자에 앉아 있었다고 했다. 호주 사람들이 얘기하는 것을 듣고 이해가 안 가는 것은 직접 다가가서 물어보셨다고 했다. 항상 본인의 영어는 제대로 된 영어가 아니라며 겸손해 하셨다.

본인이 하고 싶은 말과 감정을 상대방에게 충분히 전달할 수 있다면 언어는 그 이상 그 이하도 아닌 것 같다. 방학 때만 되면 한국 엄마들이 아이들의 영어교육을 위해 골드코스트에 온다. 2달 정도 체류하는 데 적게는 500만 원에서 많게는 1천만 원 이상이 든다고 했다. 영어교육의 효과는 분명히 있을 것이다. 그러나 돈 주고 산 영어보다 아주머니처럼 뼛속 깊이 각인된 영어가 더 오래 갈 것 같았다. 생존을 위해 배운 영어가 시험점수를 위해 배운 영어와 어떻게 같겠는가? 이민 와서 한 손에는 큰 아이를 쥐고, 등에는 작은 아이를 업고 다니며 영어를 배웠던 아주머니를 생각하면 가슴이 뭉클하다. 남편 분은 LG그룹에서 일하시다가 퇴직하셨다. 호주에 와서는 늦은 나이에 공부하여 변호사가 되셨다. 그때 당시 남편 분의 나이가 30대 후반이셨다고 하니 쉽지 않은 길을 결정하신 두 분이 정말 대단하게 느껴졌다.

한인 택배회사가 있는 사우스포트(Southport) 전경

지금은 안정된 생활을 하고 계시고 아이들도 남부럽지 않게 잘 키우셨다고 했다. 첫째 딸은 현재 오스트리아에서 음악공부를 하고 있다. 음악 실력을 인정받아 악기회사로부터 굉장히 비싼 악기를 지원받고 있다고 했다. 둘째 딸은 호주에서 대학교를 다니고 있는 것 같았다. 아주머니는 가끔씩 첫째 딸에게 안부전화를 했다. 딸은 잘 지내고 있으니 엄마나 즐겁게 살라며 차가운 대답이 돌아온다고 했다. 둘째 딸에게 식사를 챙겨주려고 하면 자기도 언니처럼 독립하겠다고 얘기한다고 한다. 아이들이 엄마 품에서 훨훨 떠나면 엄마는 외로움과 슬픔을 겪게 될 것이다. 이것이 아마 빈 둥지 증후군(empty nest syndrome)일 것이다. 아주머니는 외로움과 슬픔을 이겨내려고 택배회사에서 일하신다고 하셨다.

한국에서 자란 아이들과 달리 호주 아이들은 어렸을 때 용돈을 주면 왜 이 돈을 나에게 주는지 이유를 묻는다고 했다. 대부분의 호주 아이들은 이유 없는 공짜 돈은 받지 않는다고 했다. 아주머니는 딸들에게 용돈을 주기 위해 어쩔 수 없이 설거지나 청소 등 가벼운 일을 시켜야 했다. 어렸을 때는 자기의 인생을 개척하겠다는 딸들이 기특해 보였을 것이다. 지금은 본인의 인생을 살겠다며 떠나려고만 하는 딸들이 야속하게 느껴지실 것이다. 이런 얘기는 정 선생님에게 익히 들어서 알고 있었지만, 생존만을 위해 고생했던 이민 1세대에게는 받아들이기 힘든 또 다른 고통일 것이다.

아주머니는 수시로 안부전화 드리고 명절이면 부모님을 찾아뵙는 살가운 아이들을 기대했을 것이다. 호주에서 자란 아이들은 독립성이 강하여 본인의 인생이 다른 사람으로부터 간섭받는 것을 매우 싫어한다. 한국에서도 빈 둥지 증후군이 나타나지만 호주에서는 그러한 증후군이 더 크게 느껴질 것 같았다. 이민 1세대는 부푼 꿈을 안고 호주로 와서 토끼 같은 아이들을 키우며 젊음을 보냈을 것이다. 이제 아주머니에게 남은 것은 더 커 보이는 빈 둥지와 늙은 남편만 있다. 요즘은 한국도 이러한 현상이 똑같이 일어난다며 아주머니를 애써 위로했다. 택배회사를 떠나며 아주머니가 행복한 여생을 보내도록 빌었다. 집으로 돌아오는 길에 우리 아이들을 보면서 많은 생각들이 교차했다. 어차피 둥지를 떠날 아이들이라면 품안에 있을 때 좀 더 살갑게 대해야겠다고 다짐했다.

한국에서는 경제상황이 좋지 못해 둥지를 떠나지 못하는 자식들이 많아지고 있다. 부모는 자식이 둥지를 떠나지 못해도 걱정이고 둥지를 떠나도 걱정이다. 아이들이 본인의 인생을 잘 개척하여 행복하게 살았으면 좋겠다. 그렇지만 부모의 안부를 위해 둥지에도 자주 들렀으면 하는 바람이다.

10. 최선의 선택이 최고의 선택

1월 7일 그리피스 네단 캠퍼스의 민 교수님께서 메일을 보내셨다. 우리 가족이 한국으로 잘 돌아갔는지 안부차 연락하신 것이다. 민 교수님은 2년 전 이 교수와 함께 공동연구를 하면서 알게 되었다. 개인적인 친분은 없었지만 60세에 가까운 나이에 보여준 연구에 대한 열정은 나를 매료시켰다. 연세에도 불구하고 논문 속에 그의 펜은 어떤 젊은 교수보다도 날카롭게 살아 있었다.

교수님은 젊었을 때 호주에서 박사학위를 취득하시고 한국으로 돌아와 정착하려고 노력하셨다. 그러나 여러 가지 이유로 인해 다시 호주로 돌아오게 되셨다. 민 교수님은 어느새 60대를 바라보는 할아버지가 되셨다. 민 교수님은 사모님을 호주에서 만났다. 사모님은 중국 사람이라고 하셨다. 사모님이 여전히 회계사로 일하신다는 것 외에는 아는 바가 없다.

민 교수님은 1년 전 청주에 들른 적이 있었다. 민 교수님은 주로 한국의 자료를 이용하여 논문을 쓰셨다. 내가 정리해서 보내드린 자료가 마음에 든다며 한국에 가면 연락하겠다고 하셨다. 얼마 후 여름이 되어 민 교수님은 한국에 오셨다. 내가 서울로 올라가겠다고 말씀드렸는데도 극구 본인이 청주로 오시겠다고 하였다. 자기는 시간이 많기 때문에 괜찮다고 하셨다. 미국과 캐나다에서 친한 교수들을 만나고 호주로 돌아가는 길에 부모님을 뵙기 위해 한국에 들르신 것이다. 허름한 청바지에 반백발의 머리 그리고 깊게 패인 주름이 여느 60대 남성과 다를 바 없었다. 검은 배낭을 식탁 위에 올려놓더니 지퍼를 내려 검은 봉지 하나를 툭 꺼내 놓으셨다. 그것을 나에게 주며 선물이라고 했다. 봉지 안에는 그리피스 대학의 로고가 찍혀 있는 구겨진 반팔 티셔츠가 있었다. 반팔 티셔츠는 오랜 시간 미국과 캐나다를 거치며 주름지고 구겨졌지만 나에겐 의미 있는 선물로 다가왔다. 짧은 인연이었지만 그의 마음에 내가 깊이 각인되어 있었던 것 같았다. 그는 내가 가져간 노트북 안의 자료를 어린 아이처럼 신기하게 보셨다. 젊은 나이도 아닌데 연구 자료에 집착하시는 모습이 나에겐 신선하게 다가왔다. 난 한국자료가 필요하시면 언제든지 연락 달라며 그렇게 헤어졌다. 그날도 점심값을 내겠다는 민 교수님을 간신히 말려 내가 계산하였다. 오후에 민 교수님은 누나가 사는 서울에 간다고 하셨다. 민 교수님 누나는 막내 동생에게 옷을 사주려고 기다리신다고 했다. 누나는 60대 노인이 되어 돌아온 막둥이에게 옷이라도 사 입혀서 무심한 세월의 간극을 메우고 싶었던 것 같았다.

민 교수님이 사실 것 같은 브리즈번 강 언저리의 집들

1월 11일 우리 가족은 민 교수님을 뵈러간다. 우리에게 식사를 대접하고 싶다고 하셨다. 알려주신 대로 그리피스 네단 캠퍼스로 갔다. 민 교수님은 반팔 티셔츠에 반바지 그리고 샌들을 신고 우리를 맞이하셨다. 나는 주로 골드코스트에만 있었기 때문에 브리즈번에 살고 계신 민 교수님을 뵐 일이 없었다. 서니뱅크(Sunnybank)의 식당으로 가는 길에 교수님은 차창너머 풍경을 보면서 아이들과의 추억들을 혼잣말로 읊조리셨다. 어렸을 때 아들보다 딸이 달리기를 더 잘했다며 딸과 달리기 경기를 보러 갔던 일을 떠올리셨다. 민 교수님의 자제분들은 벌써 대학생이거나 사회인이 되어 부모의 손을 벗어난 것 같았다. 어린 나이부터 독립하는 호주 아이들을 생각하면 민 교수님의 자제분도 독립에서 예외는 아닌 것 같았다. 한국 사람인 민 교수님도 자녀의 삶에 간섭하지 않아야 한

어딘가에 민 교수님 자제분들이 있을 것 같은 학교 축제의 아이들 모습

다는 호주의 불문율에 못내 아쉬워하시는 것 같았다. 아이들을 데리고 나온 나를 보니 옛날 생각이 더 새로우신 것 같았다. 민 교수님은 우리 아이들이 좋아하는 식당으로 가자고 하셔서 베트남 식당으로 갔다. 많은 음식을 시키지 않으셔도 되는데 아이들에게 자꾸 메뉴판을 들이미셨다. 우리 가족이 한국으로 돌아가면 다시 보기 쉽지 않다며 식사 대접을 하셨다. 민 교수님의 부모님은 아직도 한국에 살아 계셨다. 지금도 교수님이 한국에 가시면 아버님께서는 언제 한국으로 돌아올 거냐고 물어보신다고 했다.

겉모습은 한국 사람이지만 아이들의 머릿속은 온전한 호주 사람이다. 아내는 일을 좋아하는 중국 사람이다. 본인은 한국에 돌아가도 딱히 할 수 있는 일이 없다고 생각하시는 것 같았다. 이 모든 상황은 민 교수님이 한국으로 돌아갈 수 없는 이유가 되어버렸다. 그는 아내와 영어로 대화해야 하고 아이들과도 거의 영어로만 대화해야 했을 것이다. 한국 사람도 호주 사람도 아닌 어정쩡한 이민 1세대의 모습이 민 교수님에게서도 보였다. 사랑하는 호주의 가족과 본인을 낳아 길러주신 한국의 부모님 사이에서 인생을 살 만큼 사신 민 교수님도 여전히 갈 길을 잃으신 것 같았다.

민 교수님은 흐려지는 한국의 기억들을 우리 가족이라는 끈으로 잡고 싶으신 것 같았다. 필요한 일이 있으시면 언제든지 연락 달라고 말씀드렸다. 우리의 인생에서 최선의 선택은 있어도 최고의 선택은 없는 것 같다. 최선의 선택 뒤로 어른거리는 최고의 선택을 아쉬워하며 항상 힘들어 한다. 행복할 수 있는 최선의 선택 뒤로 더 행복해질 수 있다고 믿는 최고의 선택이 늘 존재하기 마련이다. 최고의 선택은 손을 뻗을수록 멀어지기만 하는 것 같다. 우리는 최고의 선택을 위해 회생될지 모를 최선의 선택이 다시 오지 못할 최고의 선택일지 모른다며 노심초사(勞心焦思)해한다. 작은 입을 가진 항아리 속 보물들은 손을 넣어 잡아볼 순 있겠지만 내 것으로 만들려면 내 손만큼만 욕심 부려야 한다. 항아리 속의 행복을 내가 가질 수 있는 만큼만 꺼낼 때 나는 비로소 행복해질 것이다. 나는 민 교수님이 본인이 할 수 있는 최고의 선택을 했다고 생각했다. 가질 수 없는 보물에 흔들리는 것은 아까운 시간낭비이다. 가진 보물들과 함께 민 교수님이 끝까지 행복하게 사시길 기원하였다.

우리는 한 번 만날 때마다 몇 년의 세월이 지나가고 있었다. 몇 년 후에 우리가 다시 만날지 아무도 모른다. 잘못하다간 영영 못 만날지도 모른다. 세월은 그렇게 우리의 기억을 둔감하게 만든다. 먼 훗날 내가 민 교수님을 만났다는 것을 기억해 내지 못해도 행복하게 사셨으면 좋겠다.

11. 스치기만 해도 아쉬운 인연

1월 중순이 되자 걱정했던 살림살이들이 거의 다 팔렸다. 그러나 아직도 발코니 한편에는 건이네 가족과의 추억이 담긴 낚싯대가 새 주인을 기다리고 있었다. 건이네 가족이 뉴질랜드로 떠난 후, 우리 가족은 새로운 낚시 친구를 찾지 못했다. 낚싯대는 거의 8개월째 발코니 구석에 틀어 박혀 있었다. 퀸즐랜드 비전에 낚싯대를 팔겠다고 올려놓았지만 좀처럼 팔리지 않았다.

1월 12일 낚싯대를 사겠다는 사람이 오후에 오기로 했다. 전화를 받고 1층으로 내려가 보니 내 예상과 달리 60대 할머니가 서있었다. 낚싯대를 사기 위해 젊은 친구가 올 줄 알았다. 웃는 인상의 할머니는 경제적으로 안정된 생활을 하고 계신 것 같았다. 커다란 자동차에 낚싯대를 실으며 자기 집에 놀러오라고 하셨다. 집안 사정으로 인해 현재는 본인과 손자 둘만 집에 있다고 하셨다. 우리 가족이 2월에 한국으로 돌아간다고 하니 그 전만이라도 자기 집에 놀러오라고 하셨다. 집에 수영장도 있고 작은 잔디밭도 있어서 자기 손자들과 우리 아이들이 같이 놀면 좋겠다고 하셨다. 낯선 사람에게 쉽게 주기 어려운 집주소를 우리에게 선뜻 주셨다. 할머니가 어찌나 간곡하게 말씀하시는지 한 번은 찾아뵈어야 할 것 같았다. 낚싯대를 팔았다는 후련함과 호주를 떠난다는 아쉬움이 교차하면서 별생각 없이 할머니가 주신 집주소를 전화기에 저장했다.

1월 20일 아쉬운 일요일을 파라다이스 컨트리(Paradise Country)

파라다이스 컨트리(Paradise Country)의 대(大)자로 누워 있는 캥거루들과 팔자 좋은 코알라

동물농장에서 보냈다. 오는 길에 낚싯대를 사갔던 할머니가 생각났다. 구글 맵으로 집주소를 찾아보니 생각보다 가까웠다. 전화를 드리고 오후 6시쯤 잠깐 찾아뵙기로 했다. 할머니의 집은 퍼시픽 파인(Pacific Pines)의 작은 언덕 위에 있었다. 길옆의 정문을 통과하면 집 뒤로 작은 수영장과 잔디밭이 있었다. 그 너머로는 탬버린 산이 펼쳐져 있었다. 바다보다 산을 좋아하는 사람에게는 정말 멋진 집일 것 같았다. 차를 마시면서 누구나 그렇듯이 호주에 어떻게 오게 되셨는지 말씀하셨다. 할머니 남편 분은 한국에서 사업을 하셨다고 했다. 남편 분의 나이가 40세가 될 무렵 한국에는 호주로의 이민열풍이 불

파라다이스 컨트리(Paradise Country)에서 기니피그를 안고 좋아하는 아이들

었다. 그때 당시는 생각보다 쉽게 영주권을 얻었던 것 같았다. 할머니 부부는 한국의 삶도 좋지만 새로운 삶도 살아보고 싶어 호주 이민을 결정했다고 했다. 처음에 정착한 곳은 애들레이드(Adelaide)였고 그곳에서 작은 카페를 시작하셨다. 애들레이드에 피는 꽃들이 참 예뻤다면서 행복한 추억을 되살리셨다. 그러나 누구나 그러하듯이 낯선 땅에서의 정착에는 시련이 따르기 마련이다.

호주로 이민을 올 때 이민대행사의 실수로 할머니의 두 딸이 서류에서 누락되었다. 다행히 따님 한 분은 호주에서 대학을 졸업해 영주권을 취득했다. 그러나 다른 한 분은 영주권을 취득하지 못했다. 현재 그분은 한국에서 살고 있다고 했다. 할머니가 카페를 운영하실 때 그 따님이 정말 많이 도와주었다고 했다. 지금은 그 따님과 생이별을 하고 계셨다. 그때 딸에게 진 마음의 빚이 너무 커서 지금은 손자들을 호주 학교에 보내며 빚을 갚고 계셨다. 첫째 손자의 이름은 민재였다. 호주에서 살고 있지만 호주 아이들과 달리 민재는 진중하고 차분한 아이였다. 그래서인지 내성적인 소정이와 잘 노는 것 같았다.

골드코스트로 이사 오시게 된 이유는 호주에서 태어난 막둥이 딸이 그리피스 대학에 진학했기 때문이었다. 내가 볼 때 카페를 접고 이사 오시게 된 더 큰 이유는 남편 분이 암에 걸리셨기 때문이다. 얼마 전 남편 분은 한국에 들어가 수술을 받으시고 현재 한국에서 회복 중에 있다고 하셨다. 민재 할머니가 골드코스트에 이사 온 시기는 우리 가족이 호주에 온 시기와 비슷하였다. 서로 좀 더 일찍 알았더라면 서로를 위로하며 좀 더 행복한 추억을 만들었을 텐데 아쉬웠다. 며칠 후면 돌아올 내 생일에 자기 집에서 밥 먹자며 놀러오라고 하셨다.

1월 24일 우리 가족은 민재 할머니 집에 갔다. 다음 주면 우리는 한국으로 돌아간다. 굳이 떠날 사람들에게 이렇게까지 할머니가 수고할 필요가 있을까 생각했다. 하지만 할머니는 사람을 좋아하셨고 사람이 그리운 것 같았다. 그녀는 수시로 이웃 사람들에게 음식을 돌렸고 필요한 일이 있으면 서슴없이 그들을 찾아가 도와달라고 부탁을 했다. 고단한 삶의 무게를 사람들의 정으로 극복하고 계신 것이다. 식사준비로 귀찮게 해드리는 것 같아 미안하다고 했지만 그녀는 있는 반찬과 밥 한 공기만 떠놓으면 그만이라며 대수롭지 않게 말씀하셨다. 정말로 할머니가 준비하신 것은 마트에서 사온 삼겹살과 반찬 몇 가지가 전부였다. 그러나 할머니는 필요 이상으로 많은 음식을 준비하는 번거로움에 사람을 놓치는 일은 없었던 것 같았다. 있는 그대로를 보여주며 사람들과 친해지려고 노력하셨다. 생각지도 않은 생일상을 호주의 민재 할머니가 차려주셨다. 아쉬움만큼 이제는 놓아주려했던 호주 생활을 민재 할머니가 되돌려 놓았다. 호주에서의 마지막 생일도 민재 할머니의 축복 속에 외롭지 않게 보냈다.

스치기만 해도 인연이라 생각하시는 민재 할머니의 소박한 밥상이 오랫동안 나의 마음을 울렸다. 한국에서는 옆집에 누가 사는지도 모르며 애써 누가 사는지 알고 싶어 하지도 않았다. 인연을 소중하게 여기고 쉽게 버리지 않는 민재 할머니로부터 진한 인간의 사랑을 느낀다. 필요에 의해 사람을 만나고 필요가 없어지면 잊어버리는 한국의 풍토에서 우리는 스스로 중요하지 않은 것을 중요하다고 믿으며 진정한 행복의 삶을 포기한 건 아닌지 생각해 본다. 할머니 남편 분이 얼른 회복되셔서 할머니의 허전한 옆자리를 채워 주셨으면 좋겠다. 민재도 훌륭한 사람으로 자라 따님에 대한 할머니의 짐을 덜어주었으면 하는 바람이다. 전화번호는 교환했지만 할머니에 대한 아쉬움은 커져만 갔다. 바쁜 세상에 산다는 핑계로 서로가 마음의 문을 닫고 사는 한국에서 민재 할머니는 나의 마음에 큰 울림을 주었다. 너무나 짧았던 인연이라 더욱 더 그립다.

12. 말하지 않으면 몰라요

호주에서 1년 정도 살아보니 한국과 호주의 사고방식이 많이 다르다는 것을 느꼈다. 이러한 사고방식의 차이는 개인주의를 중시하는 호주와 집단주의를 중시하는 한국의 역사적 배경에서 비롯된 것 같았다. 개인주의와 집단주의 중 어느 것이 더 우월하냐의 문제는 아빠가 더 좋은지 엄마가 더 좋은지를 묻는 질문과 똑같을 것이다. 그러나 이러한 사고방식의 차이는 의사소통에 영향을 주는 것 같다.

1월 2일 오전에 골드코스트 리저널 보타닉 가든(Gold Coast Regional Botanic Gardens)에서 커피 모임을 하였다. 정 선생님은 우

골드코스트 리저널 보타닉 가든(Gold Coast Regional Botanic Gardens)의 전경

리가 지나가는 길목마다 지키고 계셨다가 사진과 동영상을 찍어 주셨다. 우리 가족의 추억이 정 선생님의 손에서 만들어지고 있었다. 정원 내 커피숍이 문을 닫아 가까이에 있는 퍼시픽 페어(Pacific Fair) 쇼핑몰로 갔다. 이미 점심시간이 되어 버렸다. 호주방식대로 각자 좋아하는 음식으로 식사하고 커피숍에 다시 모이기로 하였다. 호주에 사는 한국 분들은 식사와 관련하여 상대방을 불편하게 하지 않으려고 하셨다.

한국의 식사모임에서는 어떤 식당에서 어떤 음식을 먹을 것이며 식사비는 누가 낼 것인지 애매모호하고 불편한 과제를 해결해야 한다. 요즘은 많이 변했다지만 여전히 이러한 문제로 친했던 사람들끼리도 미묘한 감정이 교차하면서 서먹서먹해지기도 한다. 호주에서는 각자 식사를 하고 만나거나 같이 먹더라도 상대방이 무엇을 먹든지 신경을 쓰지 않는다. 한국 사람들에겐 이러한 식사문화가 정(情) 없다고 느낄지도 모른다. 사람을 앞에 두고 혼자 식사할 때는 상대방에게 식사는 했는지 물어보거나 맛이라도 보라고 권유해야 마음이 편해진다. 호주에서는 식사자리에서 미묘해질 감정의 원인이 처음부터 제거된 것이다. 호주의 식사문화는 그들에게 가장 합리적이고 편리한 방향으로 진화된 결과일 것이다.

그리피스 대학의 점심시간 때 보면 어느 누구도 자기 음식을 먹어보라고 상대방에게 권유하지 않는 것 같다. 서로 대화를 하면서도 각자가 준비한 음식을 먹으면 된다. 사람들은 상대방이 점심으로 무엇을 먹든지 간섭하지 않는다. 본인이 먹는 음식을 상대방이 먹는 음식과 통일시킬 필요도 전혀 없다. 심지어 점심을 혼자 먹는 친구들도 눈에 많이 띈다. 그러나 그들은 혼자 식사하는 것에 대해 어색해하지 않는다. 그들은 취향과 선택이 다르다고 서로를 배척하지 않고 오히려 존중하였다. 내가 대학생일 때는 점심시간에 어떤 친구와 식사를 해야 할지 신경이 쓰였었다. 간혹 식당에서 혼자 식사하는 친구를 보면 나는 무리에서 따돌림을 당했거나 인간관계가 좋지 않은 친구로 추측해 버렸다. 뼛속까지 한국인인 나의 머릿속에는 한국인의 상황에 맞는 답변들이 준비되어 있었다. 한국 문화에 의해 만들어진 자동 답변들은 나만의 새로운 답변을 가로막았다. 이러한 답변들이 생각조차 시도해 보지 못하는 편견으로 굳어졌다.

오후에 정 선생님은 커피를 마시면서 호주에서 사업하기 힘든 점을 말씀해 주셨다. 어떤 식당의 사장님이 종업원들에게 열심히 일해 달라는 의미로 회식을 자주 시켜 주셨다. 그러나 회식 후에도 종업원들은 퇴근시간만 되면 들고 있던 펜도 그 자리에 놓을 정도로 칼같이 퇴근했다. 한국 사람들은 상대방에게 호의를 베풀면서 대개 상대방으로부터 상응하는 보상을 자연스레 기대할 것이다. 호주는 그런 것이 전혀 없다. 한국인 사장님은 종업원에게 서운해 했겠지만 종업원이 사장님에게 회식을 시켜달라고 부탁한 적은 없었다. 회식에 말하지 못한 기대를 담은 사장님이 잘못일 수도 있다. 호주에서 사고방식의 차이를 이해하지 못하면 사람을 부리기 쉽지 않다.

대부분의 호주 사람들은 집단을 위해 개인을 희생하려 하지 않는 것 같다. 또한 그들은 굳이 상대방이 말한 의중을 깊이 헤아리려 하지도 않고 헤아릴 필요도 없다고 생각하는 것 같다. 그들은 누군가가 베풀어 준 호의에 대해 그저 "탱큐"하고 만다. 그들은 처음 만난 사람들이 말하는 것을 그대로 믿는 것 같다. 그 사람의 말 뒤로 다른 모습이나 다른 의도를 의심하지 않는다. 물론 호주 사람들도 누군가를 믿었다가 배신을 당하면 한국 사람보다 더 많이 화내는 걸 본 적 있다. 그러나 적어도 처음부터 사람을 의심하지는 않았다. 그들은 있는 그대로를 믿고 받아들인다. 이러한 사고방식이 살아남기 위해 가장 효율적이고 합리적인 방식이라고 생각했던 것 같다.

사람을 대하는 한국 사람들의 사고방식은 한 광고의 CM송 가사를 통해 분명히 알 수 있다. "말하지 않아도 알아요. 눈빛만 보아도 알아. 그저 바라보면 마음속에 있다는 걸." 호주 사람들은 말하지 않고 눈빛만으로 상대방의 마음을 읽으려 하지 않는다. 왜냐하면 이러한 방식은 사람의 의중을 파악하는 데 많은 시간과 비용이 들고 의사전달이 잘못될 수도 있기 때문이다. 그들이 처음 만난 사람과 왜 악수를 하겠나? 상대방에 대한 우호적 감정을 나타내기 위해 악수만큼 간단하고 효과적인 방법이 없기 때문이다.

우리는 겉으로 다른 사람에게 너그러운 호의를 베풀지만 원하는 대답을 듣지 못할까 봐 속으로 전전긍긍(戰戰兢兢)하지는 않았는가? 집단주의 문화에서 대놓고 듣기 어려운 대답을 정(情)이라는 이름으로 얻고자 했던 것은 아닌가 생각해 본다. 어쩌면 우리는 얻을 수 없는 대답을 집단주의의 정으로 무리하게 얻으려 했던 것은 아닌지 모르겠다.

최근에 호주에서 자라 명문대학교를 졸업하고 한국의 대기업에 취업했다가 퇴사한 사람을 만났다. 한국 조직에서 상대방의 의중을 헤아리지 못하는 사람은 눈치 없는 사람, 사회성이 떨어지는 사람 그리고 조직에 적응하지 못하는 사람으로 낙인찍힐 수 있다. 회사에서 일만 충실히 하면 될 것 같지만 한국 조직에서는 공식적인 업무 외에도 보이지 않는 많은 규칙들을 잘 준수해야 살아남을 수 있다. 업무 매뉴얼에도 나와 있지 않고 어느 누가 가르쳐 주는 것도 아닌 규칙들이지만 한국에서 살아온 사람들이면 누구나 알 수 있는 그런 규칙들이다.

퇴사한 친구는 퇴근시간이 되면 호주 방식에 따라 퇴근을 하였다. 물론 그는 상사에게 퇴근하겠다고 말했고 상사도 그에게 퇴근하라고 했다. 다른 동료들은 할 일이 없었는데도 퇴근시간에 자리를 지키고 있었다. 다음날 그가 직면한 동료들의 미묘한 눈빛은 짧은 한국 생활로는 도저히 이해하기 힘든 보이지 않는 장벽이었다. 그것이 무엇을 의미하는지 물어봐도 의미 없는 대답만 돌아올 뿐이었다. 그러나 동료들은 집단주의 문화에서만 이해될 수 있는 그들만의 공통적인 대답을 공유하고 있었다. 상사가 퇴근하지 않으면 부하직원도 퇴근하면 안 될 것 같은 불편한 한국문화 말이다. 이것 말고도 그는 매사 업무에서 이해하기 힘든 의사소통으로 고통을 겪어야 했다. 결국 그는 호주로 다시 돌아왔다.

말하는 사람의 숨겨진 의중을 파악해야 하는 한국의 조직문화보다 정은 없지만 말하는 대로 믿으면 되는 호주의 조직문화가 머리로는 이해하기 훨씬 편하다. 물론 호주의 기업들은 직원의 개인주의를 존중하지만 조직의 목표에 부합하지 못하면 서슬 퍼렇게 등을 돌린다. 그러나 이렇게 합리적이고 개인주의를 중시하는 호주 사람들도 최근에 이민 온 동양인들로부터 집단주의의 장점을 발견하곤 한다. 누군가가 힘들고 아프면 서로 위로하고 도와주는 집단 문화는 호주 사람들이 부러워하는 그 이상의 새로운 것이다. 맞벌이 자녀를 위해 부모가 손주들을 돌봐주는 문화도 그들에겐 신선했을 것이다. 개인주의를 존중하기 때문에 감수해야 할 외로움이 바빠지는 호주 사람들에게 부담스러워지기 시작했다. 사람과 사람의 체온이 더해져 얻을 수 있는 마음의 안정감이 홀로 방해받지 않는 자유로운 외로움보다 더 부러워지기 시작한 것이다.

한국에서도 사고방식의 간극은 젊은 세대와 기성세대 간에 벌어지기 시작했다. 기성세대들은 밤늦게 야근하며 본인의 인생을 희생하여 한국의 발전에 이바지했다. 일부 기성세대들은 요즘의 젊은 세대들에게 자기밖에 모르는 이기주의적 사고방식을 가졌다고 폄하한다. 기성세대가 볼 때는 젊은 세대가 이기주의적일지 몰라도 젊은 세대들은 그들 자신을 개인주의적이라고 할 것이다. 바쁘게 돌아가는 현대사회 속에서 젊은 세대들은 집단주의적 사고방식보다 개인주의적 사고방식이 살아남는 데 더 유리하다고 판단했을지도 모른다.

이제는 집단주의와 개인주의 중에 어느 것이 더 우월하다고 비교할 시점은 아닌 것 같다. 우리의 인생은 집단주의의 장점과 개인주의의 장점만 활용하기에도 너무 짧다. 세계는 점차 글로벌화되면서 하나의 공동체로 발전해 나가고 있다. 세계 속에 한국이 되기 위해 굳이 불편한 집단주의의 단점을 고집할 필요는 없는 것 같다. 지금은 기성세대와 젊은 세대가 함께 공존해야 하고 한국 사람과 외국 사람이 함께 공존해야 한다. 이러한 공존이 더 이상 사고방식에 기인한 소통의 어려움으로 이어지지 않기를 바란다. 옳고 그름에 관계없는 사고방식의 변화는 단지 행복해지기 위해 겪어야 할 작은 진통일지도 모른다. 말하지 않으면 모른다. 오해만 쌓일 뿐이다. 집단주의와 개인주의가 융합된 그 무엇이 긍정적인 방향으로 흘러가 우리의 삶이 더 행복해졌으면 좋겠다.

13. 눈물을 머금은 쉽지 않은 이별

서로에 대한 마음은 같아도 그 무게는 다를 수 있다는 걸 깨닫는다. 잠깐 있다 떠날 우리에게 정 선생님이 베풀어 주신 마음은 우리가 정 선생님께 드린 마음보다 훨씬 더 무겁고 깊었다. 헤어질 수밖에 없는 우리 인연이 더욱 아름답고 소중한 것은 영원할 수 없기 때문 아닐까 생각한다.

2018년 1년 동안 우리 가족은 정 선생님 부부와 조 선생님 부부를 매주 만났다. 항상 우리는 공통된 주제를 준비해서 담소를 나누었다. 지나고 보면 정 선생님 부부와 조 선생님 부부는 개인의 사생활을 침해받지 않으면서도 인간적인 만남을 유지하고 싶어 했던 것 같다. 언젠가 정 선생님께서 우리에게 커피를 마시러 오라고 초대하셨다. 정 선생님은 조 선생님 부부와 2년 동안 만나왔지만 본인의 집에 초대한 적은 한 번도 없었다고 하셨다. 정 선생님과 조 선생님은 서로의 사생활을 존중했기 때문에 그렇게 오랜 만남이 지속되었던 것 같았다. 그러나 조 선생님은 위급한 일이 발생하면 언제나 정 선생님에게 연락하여 도움을 받곤 하셨다. 정 선생님은 타지에서의 외로움을 달래기 위해 많은 한국 사람들과 교류했었다고 하셨다. 누구네 집의 숟가락 젓가락이 몇 개인지까지 알 정도로 친하게 지내셨다고 했다. 그러나 만남이 지속될수록 서로의 지나친 관심이 간섭의 불편함이 되어 만남을 멈추셨다고 했다. 아무리 인생이 외로워도 다른 사람들과의 만남으로 해결할 수는 없다. 어차피 인생은 나 혼자 짊어지고 가야 할 굴레이다. 다

정 선생님과 같이 갔던 트위드 헤드(Tweed Head)의 기념탑에서 바라본 풍경(바다에는 서핑을 즐기는 사람들)

른 사람들과의 만남은 인생에서 지친 나를 잠시 일으켜 줄 뿐이다.

정 선생님을 통해 왜 한국에서는 이웃과의 만남이 지속되기 어려운지 어렴풋이 이해할 수 있었다. 행복한 인간관계를 지속하기 위해서는 서로의 사생활에 관여하지 말고, 서로의 처지를 비교하지 말고, 서로의 의견을 존중해 주며 감당할 수 있는 만큼만 기꺼이 서로를 도와주는 것이다. 이렇게 얘기하면 정 선생님이 굉장히 개인주의적이신 것 같지만 호주에 있는 동안 우리에게 많은 도움을 주셨다. 우리 역시 정 선생님에게 불편함을 드리지 않기 위해 해결할 수 있는 일들은 최선을 다해 해결하려고 노력하였다. 그래서 우리의 만남은 아무런 부담없이 지속되었던 것 같았다. 멀리 있으면 추워서 얼어 죽고 가까이 가면 뜨거워서 데 죽는 한국의 인간관계에 대해 늘 고민해 왔었다. 우리가 멀리 있어도 가까이 있어도 언제나 그 자리에서 기다리셨던 정 선생님이 너무도 그립다.

12월 19일 시드니 여행의 여독이 풀리기도 전에 우리는 음식 장만을 해야 했다. 정 선생님의 제안으로 우리는 송년회를 갖기로 하였다. 사실 먹기 민망할 정도로 대부분의 음식은 정 선생님과 조 선생님께서 준비하셨다. 우리 가족은 약간의 샐러드와 음료수 정도밖에 준비하지 못했다. 오후 5시 아파트 8층의 손님 접대용 라운지로 갔다. 각자 준비해 온 음식들을 식탁 위에 올려놓았다. 우리는 한 해의 아쉬움을 와인 잔에 담아 부딪혔다. 갑자기 정 선생님께서 식탁을 박차고 일어나시더니 소정이와 서진이에게 라운지 서랍을 가리키며 열어보라고 하셨다. 주춤하는 아이들을 대신하여 정 선생님은 "짜잔" 하며 문을 열어 젖히셨다. 서랍 안에는 아이들을 위해 정 선생님께서 준비하신 작은 선물들이 들어 있었다. 작은 선물은 예쁜 그림이 그려져 있는 유리로 된 저금통이었다. 우리 부부에게는 행복한 가정을 꾸미라는 의미의 글이 담긴 액자를 선물로 주셨다. 정 선생님은 1시간 전에 미리 라운지로 와서 선물들을 숨겨 놓고 아이들을 기쁘게 해주려고 하셨다. 조 선생님께서도 손에 든 종이가방을 열더니 아이들에게 지갑을 선물로 주셨다. 일 년 동안 우리 가족을 지켜주신 것만으로도 감사한데 정 선생님과 조 선생님은 잊지 못할 감동을 선물로 주셨다. 정 선생님과 조 선생님에 대한 우리의 마음이 우리에 대한 정 선생님과 조 선생님의 마음과 비교되지 않을 정도로 초라한 것 같아 부끄러웠다. 식사하는 내내 그분들을 위해 아무것도 준비하지 못한 좁은 마음을 자책하였다. 이 분들과 헤어질 생각을 하니 마음이 답답하고 아려오기만 했다. 남겨둘 호주의 추억도 소중하지만 남겨질 좋은 사람들을 생각하니 마음이 아팠다. 짧은 인생을 살아왔지만 좋은 사람 만나기는 정말 힘들다.

1월 12일 전날 그리피스 대학의 민 교수님을 만나 뵙고 브리즈번 시내로 들어갔었다. 정 선생님의 첫째 아드님이 올해 5월에 결혼을 한다. 우리는 한국으로 돌아가기 때문에 결혼식에 참석할 수 없다. 아내가 백화점에서 이것저것 고르다가 고민 끝에 작은 식기 세트를 샀다. 아침 일찍 정 선생님을 찾아뵙고 어제 산 식기세트를 아드님의 결혼 선물로 전해 드렸다. 차 한 잔하고 가라는 정 선생님의 손을 감사한 마음으로 뿌리쳤다. 주말이라 정 선생님의 귀중한 시간을 빼앗고 싶지 않았다.

1월 29일 예상했었지만 믿겨지지 않는 날이다. 1년 전에 시작했던 커피 모임이 오늘로 마지막이 될 것이다. 우리는 오후 5시에 한국 식당에서 만났다. 정 선생님과 조 선생님께서는 우리 가족을 위해 입을 맞추신 것 같았다. 정 선생님과 조 선생님께서 언제 볼지 모를 우리를 위해 마지막 저녁식사를 대접하셨다. 식사 후, 우리는 가까운 커피숍에서 이야기를 나누었다. 뒤늦게 알게 된 사실은 내 마음을 더욱 아프게 하였다. 당연히 받았을 거라고 생각했던 정 선생님 부부의 영주권이 아직도 심사 중에 있었다. 정 선생님은 뉴질랜드 시민권자이지만 호주에서는 일정 조건을 충족해야 영주권을 얻을 수 있었다. 정 선생님은 호주에서 식당도 열려고 했었지만 몇 번의 사기로 사업을 포기하셨다. 많은 시련 끝에 지금의 버스회사에서 운전기사로 일하고 계신다. 뉴질랜드 시민권자가 호주 영주권을 신청하려면 호주에서 일정 금액 이상의 소득을 발생시켜야 한다. 정 선생님의 소득은 몇 년 동안 영주권을 신청할 수 있는 일정 금액을 넘지 못하였다. 최근에 급여가 인상되면서 영주권을 신청할 수 있게 되셨다. 일정 금액의 얘기를 듣고 내 마음은 더 무거워졌다. 일정 금액은 내가 생각했던 것보다 적은 금액이었다.

작년에 사모님께서 굉장히 큰 수술을 받으셨다고 했다. 호주 정부는 영주권자에게 무상으로 의료서비스를 제공하므로 사모님께서 큰 수술을 받으셨어도 돈이 많이 들지 않았을 거라고 생각했었다. 정 선생님은 사모님의 수술로 많은 돈을 지출하셨을 것이고 버스회사에서 얻은 수입은 수술비를 충당하기에 턱없이 부족했을 것이다. 본인의 삶도 고단하고 지쳤을 텐데 1년 동안 우리 가족에게 베푼 호의를 생각하면 너무나 존경스럽고 감사하게 느껴진다. 오늘이 마지막 커피 모임이라는 아쉬움의 무게보다 내 평생 만나기 힘들 좋은 사람들을 떠나는 슬픔의 무게가 나를 더 짓눌렀다. 집으로 돌아오는 길이 유난히도 어둡게 느껴졌다.

2월 1일 아침 정 선생님 댁에 들렀다. 전날 정 선생님은 우리 가족에게 아침식사를 대접하겠다고 하셨다. 며칠간 꾸린 짐들을 집에 두고 우리는 위층으로 올라갔다. 사모님은 아이들이 좋아하는 음식들로 준비하셨다. 사모님은 우리 아이들을 보면 처음 이민 왔을 때의 본인 아이들이 생각나시는 것 같았다.

우리의 뜨거운 정(情)도 흘러가는 시간을 붙잡을 수는 없었다. 오후 1시에 예약했던 픽업 자동차가 아파트에 도착했다. 조 선생님 부부는 우리가 앞으로 호주 체리를 먹기 힘들 거라며 한 바구

떠나는 날 아침, 정 선생님 사모님께서 차려주신 아침식사

니 가져오셨다. 출근하셔야 하는 정 선생님과 사모님도 우리를 배웅하셨다. 급기야 아내는 참았던 눈물을 터뜨렸다. 정 선생님 사모님은 다시 만날 수 있을 거라고 말씀하셨지만 쉽지 않은 이별만큼 쉽지 않은 만남을 예감하셨다. 1년 동안 정 선생님께 폐를 끼치지 않으려고 노력했지만 생각해 보면 받기만 하고 떠나는 것 같았다. 서서히 픽업 자동차는 아파트를 빠져나왔다. 저녁때만 되면 늘 아내와 산책했던 정든 동네가 지나간다. 금방이라도 돌아서면 볼 수 있을 것 같은 정든 사람들이 작은 점이 되어 멀어져 갔다.

지난 1년을 돌이켜 보면 하룻밤의 꿈처럼 순식간에 지나간 것 같았다. 내가 만난 많은 사람들이 그저 꿈속에서나 나타날 법한 그런 사람들로 느껴졌다. 브리즈번 공항으로 가는 M1 고속도로에 아쉬운 마음들을 하나씩 정리하여 던져버렸다.

모두 안녕히…….

14. 다시 또 제자리로

호주를 떠나는 마지막 길목을 같은 픽업 아저씨와 함께 하고 싶었다. 1년 전 브리즈번 공항에서 우리 가족을 골드코스트까지 태워 주었던 그분에게 골드코스트에서 브리즈번 공항으로 가는 길도 부탁하였다. 그는 우리 가족을 기억하셨다. 나와 비슷한 연령대일 것 같지만 일찍 결혼해서 아이들은 모두 대학생이 되었다. 그는 골드코스트의 한 숙소에 우리를 내려놓으면서 마중 나온 이 하나 없는 우리가 걱정되었었다고 했다. 그러나 골드코스트를 떠날 때 우리 가족을 배웅하는 사람들을 보고 안심했다고 했다. 우리가 1년 동안 행복하게 지냈다고 믿은 것이다.

최근에 픽업 아저씨도 새로운 인생설계에 대해 고민하고 있었

점점 멀어져가는 우리 가족이 살던 아파트(가운데 중간)

다. 아이들은 호주 교육과정을 거치면서 자랐고 이제 독립하겠다며 떠난다고 했다. 아이들의 인생을 한국 부모처럼 관여할 수 있는 것도 아니고 아이들이 부모 곁에 사는 것도 아니다. 그는 호주에서 본인의 남은 인생에 대해 고민하기 시작했다. 아이들이 독립을 하면 한국으로 돌아갈까도 생각하고 있었다. 그도 한국 사람이라 한국 사람과의 정에 묶인 인간관계가 얼마나 피곤한지 잘 알고 있다. 그러나 괴로울 때 술 한 잔 기울일 수 있는 친구가 있고 조건 없이 받아 줄 부모가 있기에 한국으로 돌아가고 싶은 것 같았다. 사람마다 삶의 방식은 다 다르지만 한국을 떠날 때는 몰랐던 많은 것들이 소중함이 되어 다시 그들을 한국으로 끌어당긴다. 아이들의 삶이 행복해질 거라는 믿음으로 호주에 왔지만 결국 본인의 삶을 위해 아이들을 두고 한국으로 돌아갈 생각을 하는 것이다.

그는 한국으로 돌아가도 언젠가 아이들을 보기 위해 호주로 올 것이다. 우리 가족도 정든 사람들을 두고 떠나지만 언젠가 그분들을 보기 위해 다시 호주로 올 것 같다. 각자의 인생에서 최선을 다하면 언젠가 우리는 다시 또 제자리에 있을 거라고 생각한다. 그 시기는 그리움만큼 앞당겨질 거라고 믿는다.

소정이에게 물어보았다.

"소정아! 호주에서 가장 좋았던 것이 무엇이냐?"
"아빠가 자주 웃어서 좋았어요."

소정이의 의외의 대답에 나는 당황했다. 증권회사에서 근무할 때 나의 표정은 수시로 변하는 주가에 의해 결정되었다. 퇴근 후

집에 가면 태어난 지 얼마 안 된 소정이가 내게 달려왔었다. 그러나 소정이에 의해 바뀐 나의 미소도 잠시뿐이었다. 그래서인지 분명히 소정이와 함께 했었는데도 소정이의 어린 모습이 잘 기억나지 않는다. 삶의 무게는 아이에 대한 기억마저 앗아가 버리는 것 같았다.

서진이는 대학교에 임용되기 전 해에 태어났다. 그때 당시 다니던 증권회사는 다른 증권회사로 흡수합병될 예정이라 나의 운명이 어디로 흘러갈지 알 수 없었다. 축복으로 다가와야 할 서진이가 늘어난 삶의 무게처럼 느껴졌었다.

호주에 와서 비로소 아이들의 사랑스러운 모습이 눈에 들어왔다. 그것이 나의 축복이라는 것을 깨닫게 되었다. '우리 아이들이 이렇게 사랑스러웠었나! 왜 예전에는 아이들의 소중함을 알지 못했었지?' 이런 나의 생각이 표정 속으로 번져 나를 자주 웃게 만들었던 것 같다. 설레는 호주 생활보다 아빠의 웃음을 기다렸던 아이들의 마음을 늦게나마 알게 되어 너무 기뻤다.

12년의 증권회사 생활에서 남은 거라곤 거친 세상에 살아남기 위해 메말라버린 감정뿐이었다. 대학교에 와서는 다시 신입사원이 되어 적응하느라 10년 가까이 시간을 흘려보냈다. 하루하루 반복되는 일들은 나를 지치게 했지만 미래에 대한 불안과 초조가 나를 채찍질하며 반백년으로 이끌었다. 거울 속에는 세상 물정 모르던 시골소년이 세상 풍파에 찌든 중년 남성이 되어 우두커니 서있다. 불안과 초조가 알려준 그곳으로 달려왔지만 여전히 끝이 보이지 않는 길 앞에서 나는 방황을 한다. 끝없이 많을 것 같던 시간들이 어느 날 줄어들고 있는 것을 보고 한 없이 당황스럽기만 하다. 다가오는 50대는 어떤 원동력으로 살아갈까 고민하다가도 다시 돌아가고 싶은 추억을 생각하면 한 번 더 일어서게 된다.

수많은 사람들이 "인생은 별것 없다"고 외치며 죽어 갔지만 세상은 여전히 어디론가 빠르게 질주하고 있다. 바쁜 세상에 떠밀려 나 역시 어디론가 흘러가고 있다. 그러나 다시 돌아가고 싶고 다시 느껴보고 싶고 다시 해보고 싶은 많은 것들이 내 인생에 행복을 가져다주는 것 아닐까 생각해 본다. 인생은 그러한 아쉬움들을 징검다리 삼아 행복하게 흘러가는 것이다. 우리 가족이 함께 보냈던 호주 생활이 아이들이 거친 세상을 건너갈 수 있는 행복의 징검다리가 되기를 빌어본다.

누더기 같은 시간을 이어 붙이면 7시간 남짓 잘 수 있다. 다시 한국의 일상으로 돌아왔다. 꿈만 같았던 호주 생활은 지면으로만 남게 되었다. 여유롭게 살아야지 다짐에 다짐을 하였건만 한국에 돌아온 지 2년이 지난 나는 다시 바쁜 한국 사람이 되었다.

얼마 전 정 선생님께 전화를 드렸다. 잠깐 잊고 있었던 선생님의 목소리는 가슴깊이 가라앉아 있던 호주의 그리움을 몽글몽글 피어오르게 하였다. 정 선생님은 여전히 눈부신 햇살 아래 골드코스트를 지키며 우리를 그리워하셨다. 만나기는 힘들지만 한국 생활이 지치고 힘들 때면 언제든지 전화하라고 하셨다. 호주에 전화할 수 있는 누군가가 있다는 것만으로도 위안이 될지 모른다고 말이다.

정신없이 흘러가는 인생에서 지치고 힘들 때면 모든 것을 던져버리고 낯선 곳으로 떠날 것을 권유한다. 아마 인생의 행복을 익숙하지 않은 것에서 찾을 수 있다는 걸 깨닫게 될 것이다. 낯선 곳에서 살아남으려고 꿈틀거리는 생존의 본능이 새로운 행복으로 다가올지 모른다.

뒤를 돌아보니 조심스럽게 내디뎠던 발걸음 덕분에 별일 없이 살았다는 안도감을 느낀다. 그러나 훌쩍 지나간 세월을 마주할 때면 다시 돌아가고 싶진 않지만 공허한 것이 사실이다. 그렇게밖에 시간을 보내지 못했을까 하는 자책을 하며 말이다. 잠 못 들며 몸부림치고 그렇게 얻으려 했던 행복이 고작 삼시세끼와 깨끗한 옷 몇 벌 그리고 작은 집이라는 사실에 허무할 때가 있다.

무심코 뽑은 삐진 머리가락이 흘러간 세월과 함께 흰색으로 변해 있었다. 이렇게 빨리 세월이 지나갈 줄 알았다면 좀 더 느긋하게 대했을 텐데 아쉽기만 하다. 젊었을 때는 마주한 세월 너머 무엇이 있을지 항상 조급하기만 했다. 취직, 결혼, 승진, 아파트 당첨 그리고 돈 많이 벌지 궁금한 것이 너무 많아 항상 세월을 재촉했다. 다가올 세월이 뭐가 그렇게 궁금하다고 지나간 세월을 무심히 보냈는지 작은 후회가 밀려온다. 남은 인생은 행복하게 살자고 외쳐보지만 이젠 몸도 마음도 기우는 석양의 그림자처럼 늘어지기만 한다.

20대에는 어디로 가야 할지 불안해하며 안개 속에서 헤맸었다 그러나 끝이 보이지 않는 인생은 막연한 기대감이 되어 나의 작은 위로가 되었었다. 불안하지만 머물러 있을 줄 알았던 20대는 대학 생활과 군대 생활로 그렇게 지나갔다. 30대에는 남들처럼 가정을 꾸리고 돈이라는 욕심을 시간과 맞바꾸며 전속력으로 달렸다. 어딘가로 열심히 달리다보면 그 끝에는 내가 생각지 못한 행복한 삶이 있을 거라고 믿으며 말이다. 나도 내 친구들도 모두 그렇게 무조건 앞만 보며 달렸다. 삶이 지치고 힘들 때도 있었지만 생각보다 많이 남아 보이는 인생은 나보고 계속 달리라고만 했다. 40대가 되어보니 내가 세상의 중심에서 조금씩 멀어지고 있는 것을 느꼈다. 그러나 가장이라는 무게는 나를 세상 속에서 계속 달리라고 채찍하였다. 지쳐 쓰러지는 친구들을 보면서 불안과 초조는 나를 더 일으켜 세웠다. 그러나 세월을 조금 먼저 간 형들은 인생의 끝이 보이기 시작한다고 말했다. 50대가 되어 뒤를 보니 별일 없이 달려온 세월에 안도의 한숨을 내쉰다. 그러나 아직도 어린 아이들을 보면 한참은 더 달려야 할 것 같다. 전속력을 다해 달리고 싶지만 예전 같지 않은 몸과 가끔씩 전해 듣는 갑작스런 인생의 끝은 나를 머뭇거리게 한다. 그래도 느리지만 달려야 한다.

흐르는 시냇물 속 예쁜 조약돌을 꺼내려면 시냇물을 갈라야 한다. 흐르는 시간 속에 인생의 축복을 느끼려면 일상을 탈출해야 한다. 문득 남은 인생을 생각해 보면 지구의 행복을 누리기에 턱없이 부족하다는 걸 깨닫는다. 지구에 태어난 행운을 저버리고 허황된 욕심에 매몰되어 시간을 낭비한 건 아닌지 뒤돌아본다. 미래에 대한 불안한 마음을 바쁘게 지내는 일상으로 위로해 왔다. 그러나 행복을 누리기 위해서는 현재를 천천히 즐기고 때로는 지루함도 기쁘게 받아들일 여유가 필요한 것 같다. 어차피 미래는 우리 손에 달려있지 않다.

내 의지로 내 존재가 만들어진 것은 아니지만 인생이 그리 길지 않음에 가끔씩 놀란다. 내 존재의 의미가 무엇인지 이리저리 찾아 헤매지만, 다시 또 제자리에 나를 발견한다. 짧지만 행복했던 호주 생활은 나에게 존재의 의미를 알려 주었다. 내 존재 자체가 무엇을 의미하는지가 중요한 것이 아니라 내 존재가 다른 사람들에게 무엇을 의미하는지가 더 중요하다는 것을 깨달았다. 나를 그리워하고 내가 그리워하는 사람들을 생각하면 난 이미 내 존재의 의미를 충분히 발견한 것이다.

이렇게 죽을 때까지 내 존재의 의미를 만드는 것이 내 인생의 행복 아닐까 생각해 본다. 내 인생이 얼마나 남았는지가 중요한 것이 아니라 내 존재의 의미를 얼마나 만들 것인지가 더 중요한 것 같다. 내 존재의 의미가 만들어질 때마다 인생이 축복이고 행복이라고 느낄 것이다. 지구상에 내가 살았었다는 흔적을 남기기 위해 더 열심히 살아야겠다.

잠시 고개를 들어보니 어디에 살든 무엇을 하든 지나간 세월이 아쉽기만 하다. 인생은 처음부터 정답이 없었다. 먼지 같은 작은 일들에 내 인생을 너무 허비하지 말자. 행복해지기 위해 해야 할 일들이 너무도 많다. 남은 세월에 이 세상에 잘 태어났다는 생각을 다시 한 번 할 수 있으면 좋겠다.

저자소개

박범진

충북 옥천에서 시골 촌놈으로 태어났다. 첫 직장으로 현대투자신탁증권에 입사하였다. 이후 푸르덴셜투자증권을 거쳐 한화투자증권에서 부지점장을 끝으로 증권업계를 떠났다. 천신만고 끝에 지금은 순천향대학교 경영학과에 재직 중이다.

sunguja72@naver.com

넌 지금 잘 가고 있니?

2021년 12월 20일 제 1 판 1쇄 발행
2022년 4월 25일 제 1 판 2쇄 발행

저 자 박 범 진
발행인 권 영 섭
발행처 (주)신 영 사

저자와의 협의하에 인지생략

경기도 파주시 심학산로 12(출판문화단지)
등 록 : 1988. 5. 2 / 제406-1988-000020호
전 화 : 031-946-2894(代)
F A X : 031-946-0799
e - mail : sys28945@naver.com
홈페이지 : http://www.shinyoungsa.co.kr

정가 17,000원

ISBN 978-89-5501-782-3